中·小·微企业管理实务系列

| 中·小·微企业 |

目标管理实务

池永明 ◎ 编著

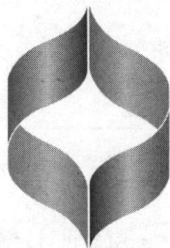

TARGET MANAGEMENT PRACTICE

中国铁道出版社
CHINA RAILWAY PUBLISHING HOUSE

内 容 简 介

本书从中·小·微企业的目标与任务管理出发，详细介绍目标管理常见的目标任务设计、分解、描述、绩效考核、目标实现与改进设计及应用工具。

其中，精细、务实地提出目标任务部门、岗位、人员、事项 4 类落实，以及人才、资金、市场、机遇、管理短板和困难解决 6 类问题的实现，方便读者高效运用，以达成目标管理工作标准化、流程化和规范化。

本书适合中·小·微企业各层级管理人员、从事人力资源管理领域工作的人员及从事规划计划制订的人员使用，还可作为管理咨询人员、高校相关专业师生和培训机构的参考用书。

图书在版编目（CIP）数据

中·小·微企业目标管理实务 ／ 池永明编著. —北京：
中国铁道出版社，2017.6
ISBN 978-7-113-22937-5

Ⅰ．①中⋯ Ⅱ．①池⋯ Ⅲ．①中小企业－企业管理－
目标管理 Ⅳ．①F276.3

中国版本图书馆 CIP 数据核字（2017）第 054358 号

书　　名：中·小·微企业目标管理实务
作　　者：池永明　编著

策　　划：王　佩	读者热线电话：010-63560056
责任编辑：杨新阳	
责任印制：赵星辰	封面设计：MXK DESIGN STUDIO

出版发行：中国铁道出版社（北京市西城区右安门西街 8 号　邮政编码：100054）
印　　刷：三河市兴达印务有限公司
版　　次：2017 年 6 月第 1 版　　　　2017 年 6 月第 1 次印刷
开　　本：787mm×1 092mm　1/16　印张：16.5　字数：331 千
书　　号：ISBN 978-7-113-22937-5
定　　价：49.00 元

中·小·微企业的管理从来就不缺少理论，缺少的是制度设计、流程设计、目标管理、财务会计和风险控制等关键事项的系统设计。

《中·小·微企业管理实务系列》是一套专门为中·小·微企业量身打造的实用型指导丛书。丛书围绕中·小·微企业管理的五大关键事项，旨在为中·小·微企业的管理工作提供科学的实践范例、实用的工具方法和规范的管理标准，以期引导中·小·微企业快速走上发展壮大之路。

本系列图书包括《中·小·微企业制度设计实务》《中·小·微企业流程设计实务》《中·小·微企业目标管理实务》《中·小·微企业财务会计管理实务》和《中·小·微企业风险控制实务》，整套系列图书具备以下特色。

这是一套"一竿子插到底"的管理实务经典。本系列图书能帮助广大中·小·微企业摆脱用工成本上升、原材料价格上涨、订单量减少及资金链紧张等困扰，走出"温水煮蛙"的艰难处境。

这是一次"逢山开路、遇水搭桥"的实战演练。本系列图书引导成百上千的年轻人在"梦工厂"实现创业梦想。崇尚创业、鼓励冒险、宽容失败、创造条件，让年轻人的激情、热情、想象力、创新能力得到充分的释放和发挥。

这是一种"更加快捷、更加高效"的模式模板分享。"操千曲而后晓声，观千剑而后识器。"本系列图书既为中·小·微企业梳理了管理系统、构建了业务管理体系，还针对具体的业务事项给出了流程、标准、制度、方案、方法、工具等方面的模板和范例。为小微企业管理者可能遇到的困惑提供了一套切实可行的解决方案。

综上所述，"中·小·微企业管理实务系列"图书本着促进中·小·微企业管理人员**"知识体系化、管理规范化、操作模板化、范例分享化"**的设计理念，向读者提供了全方位的中·小·微企业管理方法和执行工具，推进了管理工作的高效执行，是中·小·微企业管理人员在工作中必不可少的工具书。

目标管理是中·小·微企业战略和规划实现的关键所在，是对战略规划的梳理、目标任务的分解及考核与改进，是中·小·微企业管理体系中不可缺少的一环。但是，在目标管理实践过程中，以目标为导向、以人为中心、以成果为标准，使个人或组织取得良好业绩，并不是那么轻松，或者易强调短期目标而对长期目标漠不关心；或者目标执行有瑕疵且动态性差等。因此，必须做好目标管理工作，并使之操作达到标准化、流程化和规范化。

《中·小·微企业目标管理实务》共分为四大部分，即通过目标任务设计与描述的梳理阐明目标任务考核指标、绩效评估与改进，详细介绍了中·小·微企业常见的 4 类落实与 6 类问题实现的操作事项，并提供了计划、方法、方案与各类范例。本书主要有如下三大特点。

1．业务体系设计系统，针对性强

本书内容设置全面、整合、深入，梳理了中·小·微企业目标管理工作的各项具体目标、任务和操作关键点，层层分解，环环相扣。同时，解读国家对于中·小·微企业的扶持政策，针对中·小·微企业管理发展的现状。

2．业务模块设计精细，操作性强

本书阐述的中·小·微企业目标管理过程系统、划分细致。同时，建立了目标管理量化与定性体系、设计、分解、变更、关键、改进等操作事项的工作标准，既有规范、标准设计，又有明确设计理念和指导步骤。

3．业务执行设计务实，借鉴性强

本书提供了中·小·微企业目标管理的多种模式模板与范例，涉及部门、岗位、人员、事项落实的计划、方法、方案、目标责任书、任务责任书和关键，以及人才、资金、市场、机遇、管理短板和困难解决的实现重点等，方便读者查阅、借鉴，或者**"拿来即用"**，或者**"稍改即用"**。

本书适合中·小·微企业各层级管理人员、从事人力资源管理领域工作中的人员及从事规划计划制订的人员使用，还可作为管理咨询人员、高校相关专业师生和培训机构的参考用书。

在本书编写的过程中，孙立宏、刘井学、程富建、董建华、孙宗坤负责资料的收集和整理，周海静、贾月负责图表编排，李亚慧参与编写了本书的第 1 章，张天骄参与编写了本书的第 2 章,滕金伟参与编写了本书的第 3 章,杨晓溪参与编写了本书的第 4 章,毕春月参与编写了本书的第 5 章,程淑丽参与编写了本书的第 6 章,李艳参与编写了本书的第 7 章,高玉卓参与编写了本书的第 8 章,韩燕参与编写了本书的第 9 章,齐艳霞参与编写了本书的第 10 章,王瑞永参与编写了本书的第 11 章,全书由池永明统撰定稿。

编 者

2017 年 3 月

第 1 章

中小微企业目标任务设计

1.1 中小微企业目标管理设计

1.1.1 目标制定设计

目标一般来源于企业的战略目标、部门目标、所在岗位的工作职责及内部或外部的客户需求。

1. 目标制定的方法

（1）传统目标设定方法

① 传统目标设定方法的界定

传统目标设定方法是指由企业的最高管理者制定，然后分解为子目标落实到各个组织和层次中。这种方法一般适用于单向管理，权力集约化的企业。

② 传统目标设定方法的操作步骤

传统目标设定方法的操作步骤具体如图 1-1 所示。

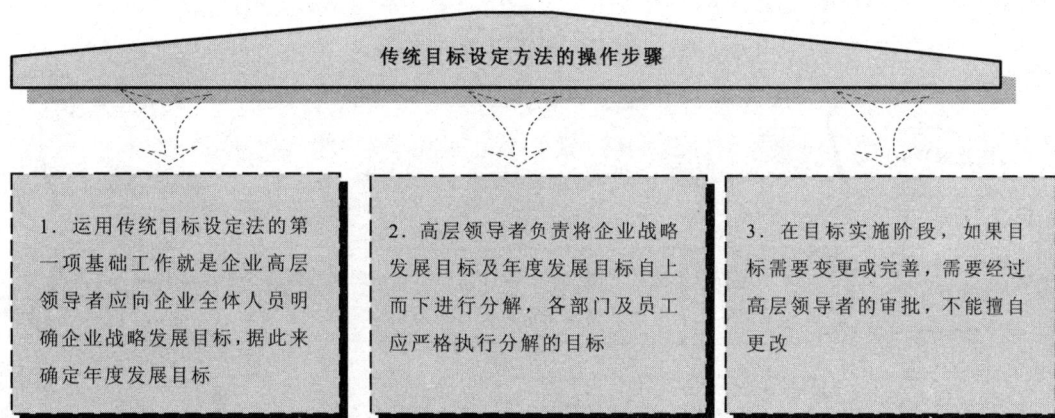

传统目标设定方法的操作步骤

1. 运用传统目标设定法的第一项基础工作就是企业高层领导者应向企业全体人员明确企业战略发展目标，据此来确定年度发展目标

2. 高层领导者负责将企业战略发展目标及年度发展目标自上而下进行分解，各部门及员工应严格执行分解的目标

3. 在目标实施阶段，如果目标需要变更或完善，需要经过高层领导者的审批，不能擅自更改

图 1-1 传统目标设定方法的操作步骤

③ 传统目标设定方法的注意事项

运用传统目标设定法设定的目标更加具有权威性，有利于上下级目标保持一致。但是采用这种方法时要求最高管理者能准确把握公司战略发展方向，熟悉各部门业务流程和关键工作绩效，确保目标分解到位，与岗位职责紧密联系。

（2）参与式目标设定方法

① 参与式目标设定方法的界定

参与式目标设定法是指由上级与下级共同决定具体的目标，并定期检查目标完成情况，它是由上至下和由下至上的反复过程。参与式目标设定法适用于管理方式比较开放，倡导员工建言献策的企业。

② 参与式目标设定方法的操作步骤

参与式目标设定方法的操作步骤具体如图1-2所示。

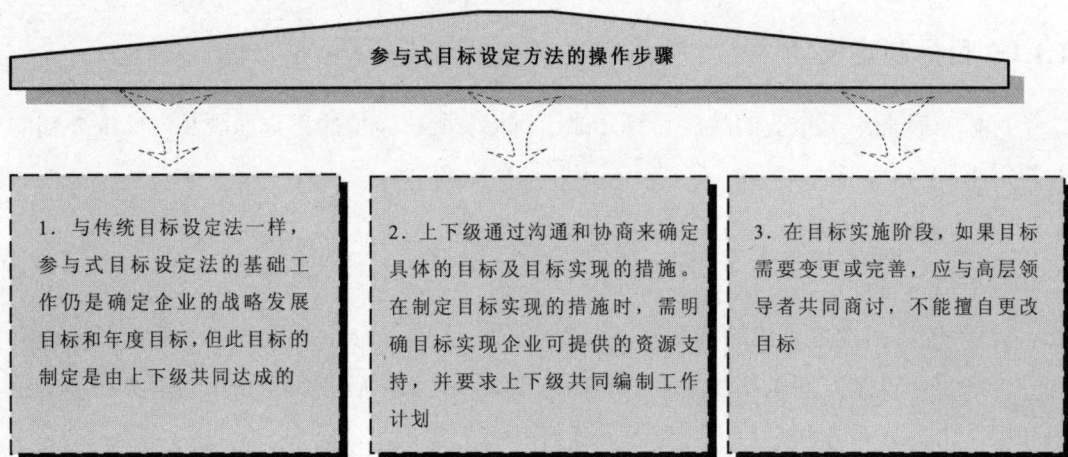

参与式目标设定方法的操作步骤

1. 与传统目标设定法一样，参与式目标设定法的基础工作仍是确定企业的战略发展目标和年度目标，但此目标的制定是由上下级共同达成的

2. 上下级通过沟通和协商来确定具体的目标及目标实现的措施。在制定目标实现的措施时，需明确目标实现企业可提供的资源支持，并要求上下级共同编制工作计划

3. 在目标实施阶段，如果目标需要变更或完善，应与高层领导者共同商讨，不能擅自更改目标

图1-2　参与式目标设定方法的操作步骤

③ 参与式目标设定方法的注意事项

参与式目标设定方法的注意事项具体如图1-3所示。

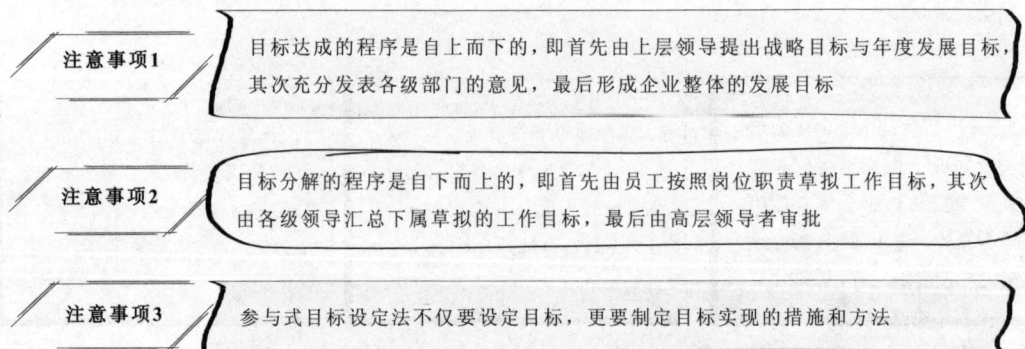

注意事项1　目标达成的程序是自上而下的，即首先由上层领导提出战略目标与年度发展目标，其次充分发表各级部门的意见，最后形成企业整体的发展目标

注意事项2　目标分解的程序是自下而上的，即首先由员工按照岗位职责草拟工作目标，其次由各级领导汇总下属草拟的工作目标，最后由高层领导者审批

注意事项3　参与式目标设定法不仅要设定目标，更要制定目标实现的措施和方法

图1-3　参与式目标设定方法的注意事项

2. 目标制定的步骤

目标制定是企业管理的关键环节，必须严格按照其制定步骤进行操作，才能确保制定的目标符合管理要求，为企业发展指明方向，更好地发挥导向作用。

目标制定的步骤具体如图 1-4 所示。

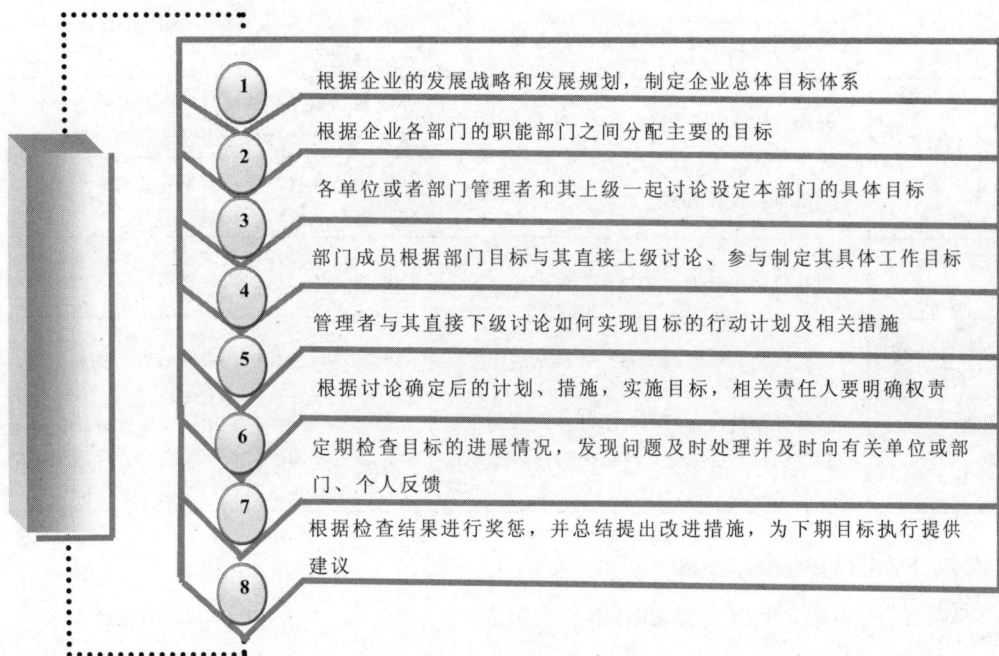

1　根据企业的发展战略和发展规划，制定企业总体目标体系

2　根据企业各部门的职能部门之间分配主要的目标

3　各单位或者部门管理者和其上级一起讨论设定本部门的具体目标

4　部门成员根据部门目标与其直接上级讨论、参与制定其具体工作目标

5　管理者与其直接下级讨论如何实现目标的行动计划及相关措施

6　根据讨论确定后的计划、措施，实施目标，相关责任人要明确权责

7　定期检查目标的进展情况，发现问题及时处理并及时向有关单位或部门、个人反馈

8　根据检查结果进行奖惩，并总结提出改进措施，为下期目标执行提供建议

图 1-4　目标制定的步骤

1.1.2　目标计划设计

由于企业是在一定的外部环境条件下运行的，企业资源也是有限的，目标计划实际是在外部环境和内部条件的约束下，确定企业在一定时期内要达到的目标，制定实现目标的措施。

目标计划设计的目的是有组织、有计划地科学管理目标，提高员工工作效率，促进目标的实现。目标计划包括对企业内部的人力、物力、财力在数量上进行综合平衡，在时间上合理安排，以及使企业内部结构和企业行为与外部环境之间相互协调，保证目标的实现。

1. 目标计划设计的方法

目标计划主要是解决企业实现目标的 6 个方面的问题，即为什么要做，做什么，谁去做，在什么地方做，在什么时候做，以及怎么样做的问题。因此，目标计划的设计可以采用 5W1H 的方法。

（1）5W1H法的界定

5W1H法的界定具体如表1-1所示。

表1-1 5W1H法的界定

5W1H法	在目标计划设计中的内容	在某一具体目标计划设计中的内容
为什么做（Why）	明确目标设定的背景和需要达到的效果	明确某一具体目标实现的必然性及需要解决的问题
做什么（What）	根据目标设定背景确定总体企业目标规划	识别和确定具体的目标内容，明确目标的关键环节，将总体目标进行细化与分解
在哪里做（Where）	明确目标设计各环节的实施地点、环境	明确具体目标各项事项设计的开展地点、层级、部门、区域、环境等
什么时候做（When）	明确目标项目的工作日程安排表	明确具体目标的内容事项开展的时间限制
谁来做（Who）	用正式文档明确说明每一位成员的职责	明确具体目标中各内容事项的执行主体
怎么做（How）	目标计划的执行阶段，项目成员按照目标计划时间和任务执行，严格控制目标变更的申请与处理	明确完成具体目标所需要进行哪些步骤、环节，将各步骤的结构框架进行合理细化，确定目标的所有步骤事项和关键节点

（2）5W1H法的操作步骤

5W1H法的操作步骤具体如图1-5所示。

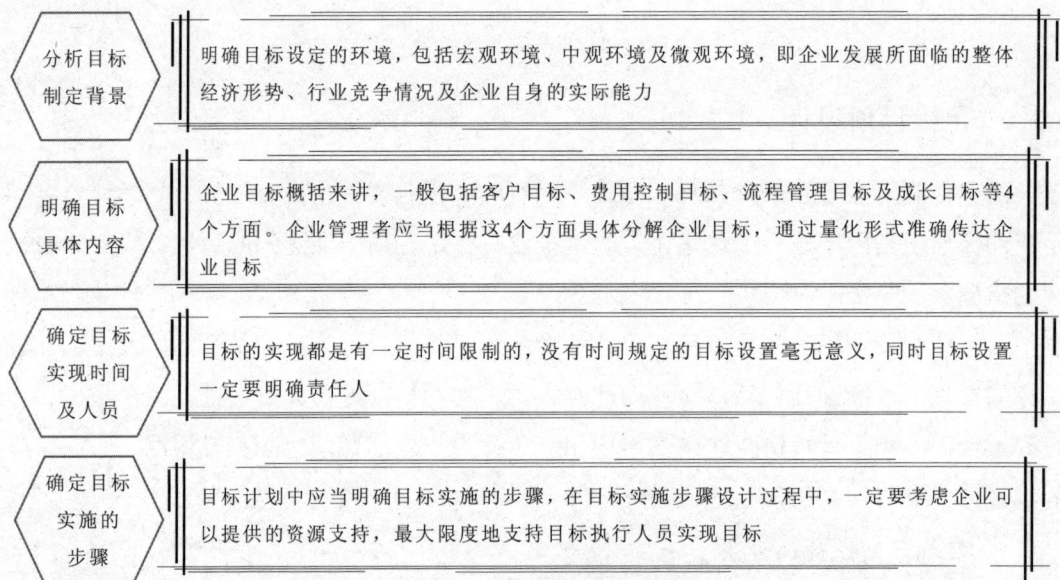

分析目标制定背景	明确目标设定的环境，包括宏观环境、中观环境及微观环境，即企业发展所面临的整体经济形势、行业竞争情况及企业自身的实际能力
明确目标具体内容	企业目标概括来讲，一般包括客户目标、费用控制目标、流程管理目标及成长目标等4个方面。企业管理者应当根据这4个方面具体分解企业目标，通过量化形式准确传达企业目标
确定目标实现时间及人员	目标的实现都是有一定时间限制的，没有时间规定的目标设置毫无意义，同时目标设置一定要明确责任人
确定目标实施的步骤	目标计划中应当明确目标实施的步骤，在目标实施步骤设计过程中，一定要考虑企业可以提供的资源支持，最大限度地支持目标执行人员实现目标

图1-5 5W1H法的操作步骤

2. 目标计划设计的步骤

不同的企业，目标计划设计的步骤有所不同，但通用的目标计划制定流程一般要经过以下7个步骤，具体如图1-6所示。

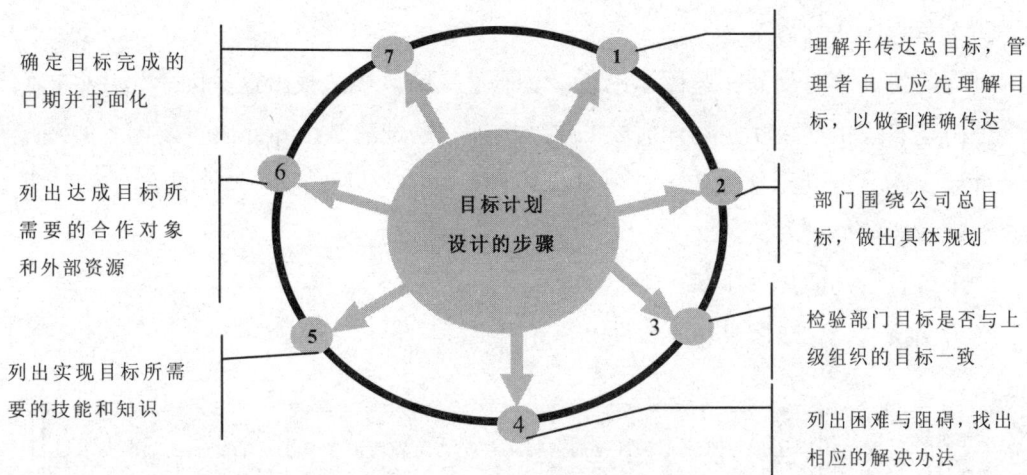

图 1-6　目标计划设计的步骤

1.1.3　目标分解设计

目标分解就是将总体目标在纵向、横向或时序上分解到各层次、各部门以至具体人，形成目标体系的过程。目标分解是明确目标责任的前提，是使总体目标得以实现的基础。

1. 目标分解的形式

目标分解的形式主要有两种，即按时间顺序分解和按时间关系分解。两种形式的具体内容如图 1-7 所示。

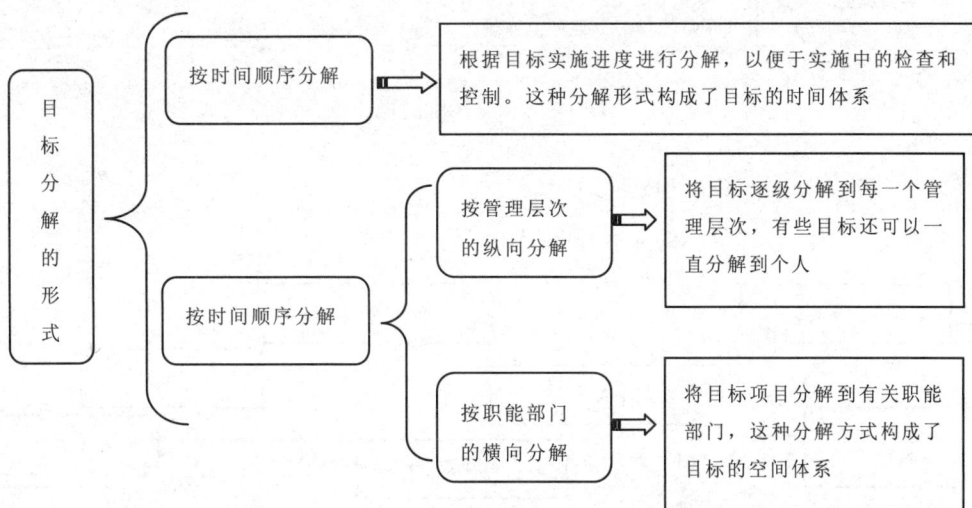

图 1-7　目标分解的形式

2. 目标分解的方法

常用的目标分解方法是鱼骨图法，最早是由日本质量管理大师石川博士首先提出的，所以也叫作"石川图"，它表示到达目的、目标的方法，因图形像鱼骨，所以叫作鱼骨图。

（1）鱼骨图法的界定

问题的特性总是受到一些因素的影响，通过头脑风暴法找出这些因素，并将它们与特性值一起，按相互关联性整理而成的层次分明、条理清楚，并标出重要因素的图形叫作特性要因图。因其形状如鱼骨，所以又叫作鱼骨图（以下称为鱼骨图），它是一种透过现象看本质的分析方法。

（2）鱼骨图法的操作步骤

鱼骨图法的操作步骤具体如图 1-8 所示。

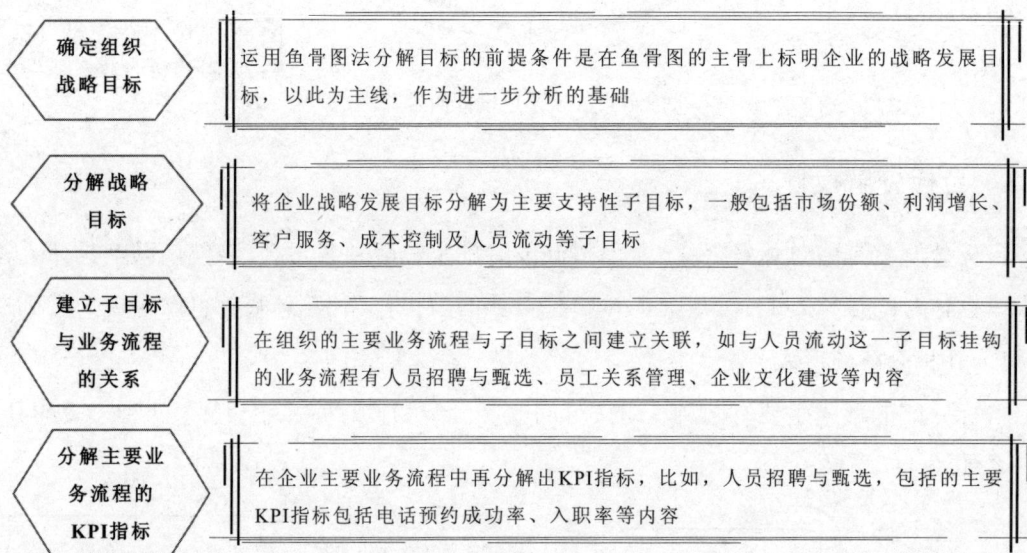

确定组织战略目标	运用鱼骨图法分解目标的前提条件是在鱼骨图的主骨上标明企业的战略发展目标，以此为主线，作为进一步分析的基础
分解战略目标	将企业战略发展目标分解为主要支持性子目标，一般包括市场份额、利润增长、客户服务、成本控制及人员流动等子目标
建立子目标与业务流程的关系	在组织的主要业务流程与子目标之间建立关联，如与人员流动这一子目标挂钩的业务流程有人员招聘与甄选、员工关系管理、企业文化建设等内容
分解主要业务流程的KPI指标	在企业主要业务流程中再分解出KPI指标，比如，人员招聘与甄选，包括的主要KPI指标包括电话预约成功率、入职率等内容

图 1-8　鱼骨图法的操作步骤

（3）用鱼骨图法分解目标的示例

用鱼骨图法分解目标的示例如图 1-9 所示。

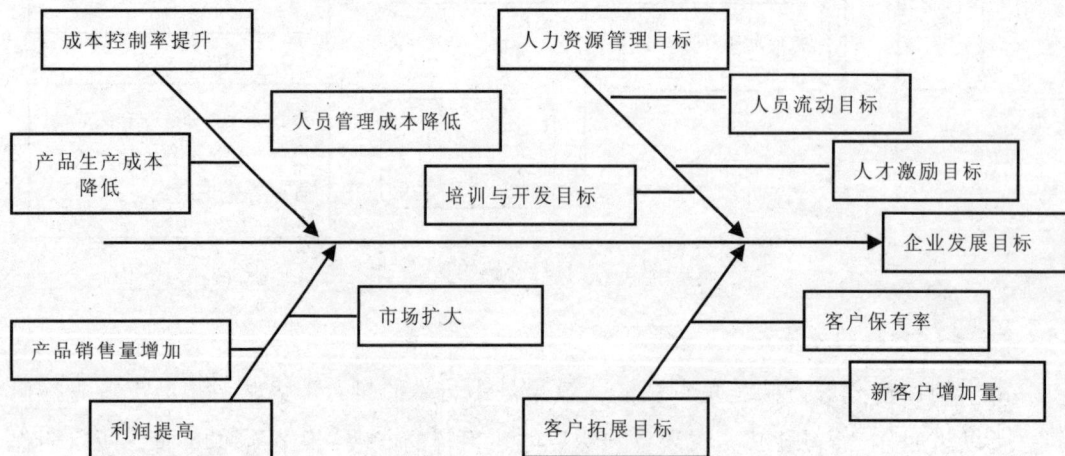

图 1-9　用鱼骨图法分解目标的示例

3. 目标分解的流程

目标分解的流程具体如图 1-10 所示。

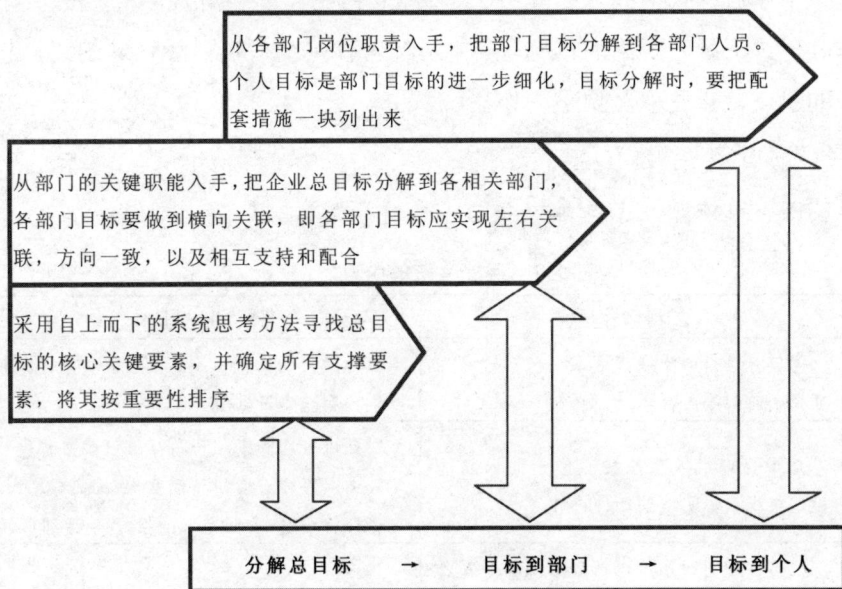

从各部门岗位职责入手，把部门目标分解到各部门人员。个人目标是部门目标的进一步细化，目标分解时，要把配套措施一块列出来

从部门的关键职能入手，把企业总目标分解到各相关部门，各部门目标要做到横向关联，即各部门目标应实现左右关联，方向一致，以及相互支持和配合

采用自上而下的系统思考方法寻找总目标的核心关键要素，并确定所有支撑要素，将其按重要性排序

分解总目标 → 目标到部门 → 目标到个人

图 1-10　目标分解的流程

4. 目标分解的要求

目标分解的标准是"纵向到底，横向到边"。所谓"纵向到底"，是从目标开始，一级一级从上向下，从组织目标到次级组织目标，再到部门目标，最后到个人目标。这一层一层展开的过程是以延伸到每一位员工为终点。所谓"横向到边"，是指在目标的横向分解过程中，每一个相关的职能部门都要相应的设立自己的目标，不能出现"盲区"和"失控点"。横向分解后的分目标是处于同一层次的。

具体来说，在进行目标分解时，应遵循以下 5 点要求，具体如图 1-11 所示。

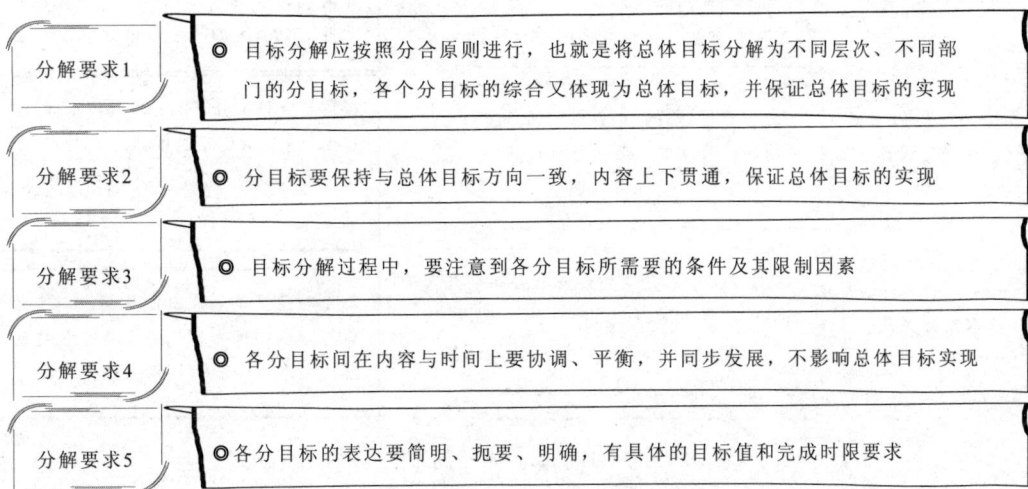

分解要求1	目标分解应按照分合原则进行，也就是将总体目标分解为不同层次、不同部门的分目标，各个分目标的综合又体现为总体目标，并保证总体目标的实现
分解要求2	分目标要保持与总体目标方向一致，内容上下贯通，保证总体目标的实现
分解要求3	目标分解过程中，要注意到各分目标所需要的条件及其限制因素
分解要求4	各分目标间在内容与时间上要协调、平衡，并同步发展，不影响总体目标实现
分解要求5	各分目标的表达要简明、扼要、明确，有具体的目标值和完成时限要求

图 1-11　目标分解的要求

1.1.4　目标考核设计

目标考核是企业目标管理的重要环节,其基本目的是检验目标成果、考核管理绩效、改进领导工作和促进下级向更高的目标奋斗。目标考核是上一轮目标管理的终点也是下一轮目标管理的起点,起着承上启下的作用。

1. 目标考核的内容

目标考核的内容具体如表 1-2 所示。

表 1-2　目标考核的内容

考核内容	内容界定	评价指标计算公式
目标项目达成度	即目标项目的实现程度,它包括数量、质量、时限等内容	目标成果的评价标准=原定目标值+新增加目标值-新减少目标值
进度的均衡性	是指管理组织系统按照预定的计划进度,组织目标实施的一种特性	目标进度均衡率=1-目标进度偏离程度 其中,目标进度偏离程度=目标完成率-100% 目标完成率=实际完成的目标值/计划目标值
协作情况	是指管理组织系统内部各部门和个人之间为实现总体目标而进行的联系与配合	——

2. 目标考核的方法

目标考核的方法主要有综合评定法、逐月评分累计法及名次排列法。各方法的操作步骤和操作要点如图 1-12 所示。

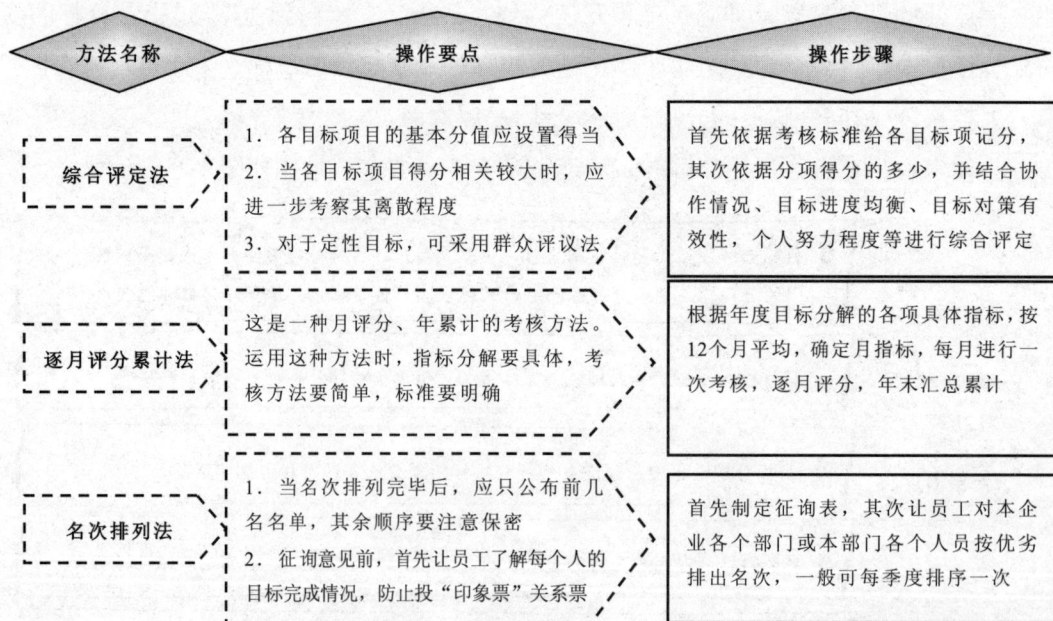

图 1-12　目标考核的方法

3. 目标考核实施的注意事项

在目标考核实施过程中，应注意以下事项，具体如图1-13所示。

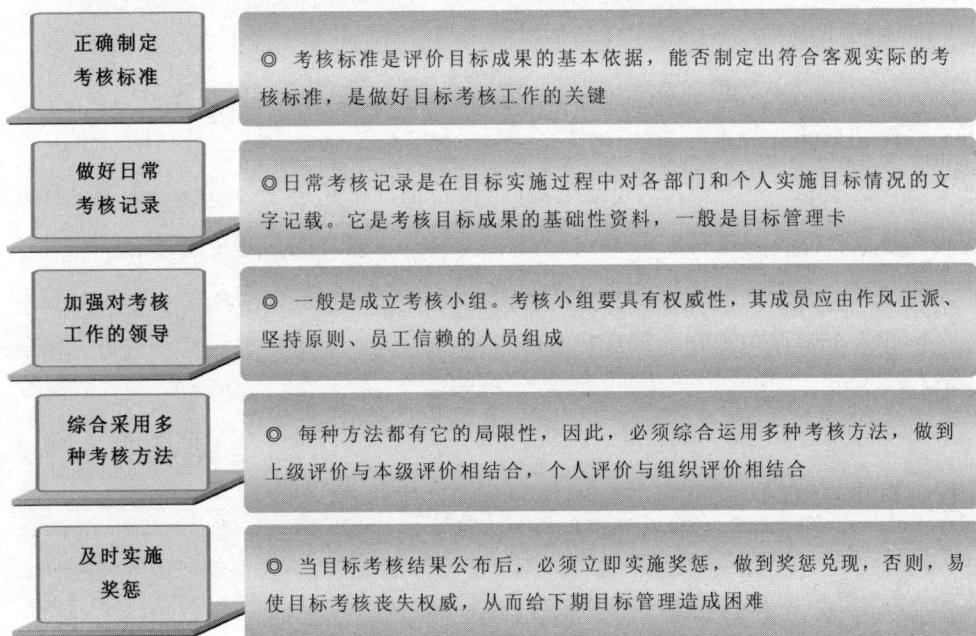

正确制定考核标准	◎ 考核标准是评价目标成果的基本依据，能否制定出符合客观实际的考核标准，是做好目标考核工作的关键
做好日常考核记录	◎日常考核记录是在目标实施过程中对各部门和个人实施目标情况的文字记载。它是考核目标成果的基础性资料，一般是目标管理卡
加强对考核工作的领导	◎ 一般是成立考核小组。考核小组要具有权威性，其成员应由作风正派、坚持原则、员工信赖的人员组成
综合采用多种考核方法	◎ 每种方法都有它的局限性，因此，必须综合运用多种考核方法，做到上级评价与本级评价相结合，个人评价与组织评价相结合
及时实施奖惩	◎ 当目标考核结果公布后，必须立即实施奖惩，做到奖惩兑现，否则，易使目标考核丧失权威，从而给下期目标管理造成困难

图1-13 目标考核实施的注意事项

4. 目标考核结果等级划分

目标考核的结果主要分为3个级别，具体如表1-3所示。

表1-3 目标考核的结果

序号	级别	级别标准
1	未达到预期	1. 员工职责范围内的关键工作中，有数项或多数未达到基本目标 2. 关键工作表现低于合格水平，妨碍了上级单位整体业务目标和本单位工作目标的实现 3. 未表现出任职职位应有的个人素质及能力
2	达到预期	1. 员工在职责范围内，大部分关键工作达到了基本目标 2. 在少数领域中的表现达到了挑战目标 3. 为上级单位整体业务目标和本单位工作目标的实现做出了贡献 4. 表现出了稳定、合格的个人素质及能力
3	超出预期	1. 员工在职责范围内的许多关键工作中，实际表现达到挑战目标 2. 成功完成了额外的工作，并为上级单位的整体业务目标和本单位工作目标的实现做出贡献 3. 表现超出了预期基本目标要求的个人素质及能力

1.1.5 目标改进设计

目标考核的目的不仅是作为员工薪酬、奖惩、职位变动等的人事政策的重要依据，还包括推动员工能力的提升和目标的实现。因此，目标考核之后，应当开展和实施目标改进工作。

1. 目标改进的方法

标杆超越是企业提高管理水平的有效方法，也是企业目标改进较为常用的方法。

（1）标杆超越法的界定

施乐公司的罗伯特·开普于20世纪70年代首创标杆超越法，是标杆超越法的先驱和著名的倡导者。标杆超越法是指通过寻找和研究行业内外的、有助于本公司战略实现的其他优秀企业的有利实践，以此来作为标杆，将本企业的目标实现情况与标杆企业进行比较，分析本企业存在的问题和标杆企业优秀的原因，从而制定最优策略赶超标杆企业的过程。

（2）标杆超越法的操作步骤

标杆超越法的操作步骤具体如图1-14所示。

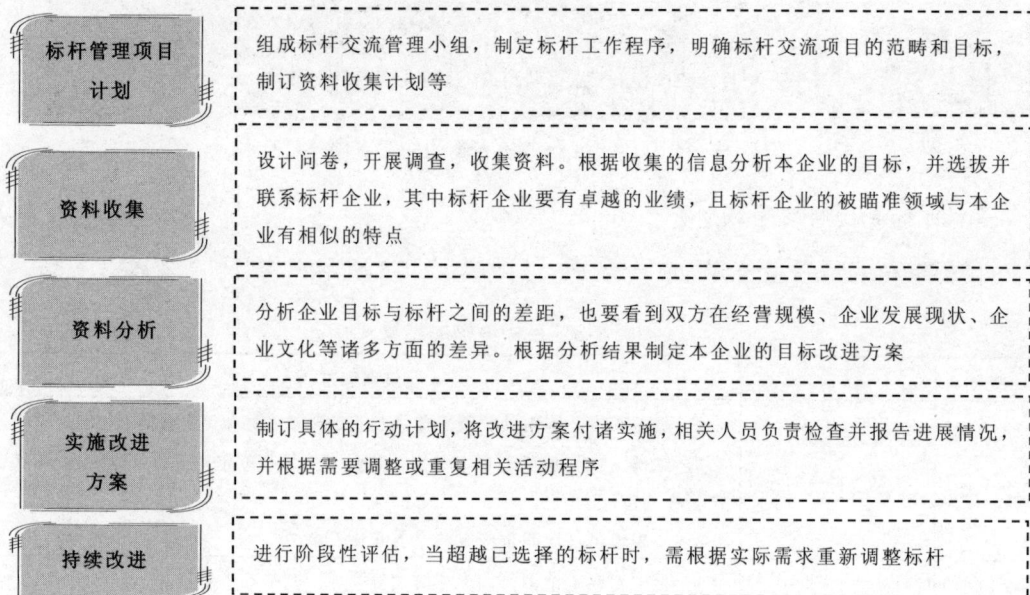

标杆管理项目计划	组成标杆交流管理小组，制定标杆工作程序，明确标杆交流项目的范畴和目标，制订资料收集计划等
资料收集	设计问卷，开展调查，收集资料。根据收集的信息分析本企业的目标，并选拔并联系标杆企业，其中标杆企业要有卓越的业绩，且标杆企业的被瞄准领域与本企业有相似的特点
资料分析	分析企业目标与标杆之间的差距，也要看到双方在经营规模、企业发展现状、企业文化等诸多方面的差异。根据分析结果制定本企业的目标改进方案
实施改进方案	制订具体的行动计划，将改进方案付诸实施，相关人员负责检查并报告进展情况，并根据需要调整或重复相关活动程序
持续改进	进行阶段性评估，当超越已选择的标杆时，需根据实际需求重新调整标杆

图1-14　标杆超越法的操作步骤

2. 目标改进的流程

通常情况下，目标改进的流程分为4个部分，即找出差距、查明产生差距的原因、制订目标改进计划及实施目标改进计划。目标改进的流程具体如表1-4所示。

表1-4　目标改进的流程

序号	流程名称	具体流程内容
1	找出差距	根据企业或员工目标考核的结果，找出计划实现的目标与企业或员工实际实现的目标结果之间的差距

序号	流程名称	具体流程内容
2	查明产生差距的原因	主要从两个方面进行分析，一方面是从组织角度出发，从工作流程的设计、部门结构的设置等方面进行诊断；另一方面是从员工自身的角度出发，分析员工的工作能力、工作态度等因素
3	制定目标改进计划	1．计划内容一般包括有待发展的项目、发展这些项目的原因、方式和步骤、目前水平和期望达到的水平及目标实现的期限 2．计划内容要有可操作性，应与须改进的目标工作相关联 3．拟定的计划最好有分阶段执行的时间进度安排 4．计划应获得管理者与员工双方的认同
4	实施目标改进计划	计划在具体实施过程中，应严格按照计划中规定的方式、步骤和时限进行，如果发生需要调整计划的情况，应报上级领导审批，不得擅自更改

1.2　中小微企业任务管理设计

1.2.1　任务分析设计

任务分析是企业领导分配任务和下属员工执行任务的第一项工作，任务分析的到位、彻底、明确能够使任务分配更加合理，任务执行更加高效。

1. 任务分析的内容

任务分析首先应当明确分析的内容，具体如图 1-15 所示。

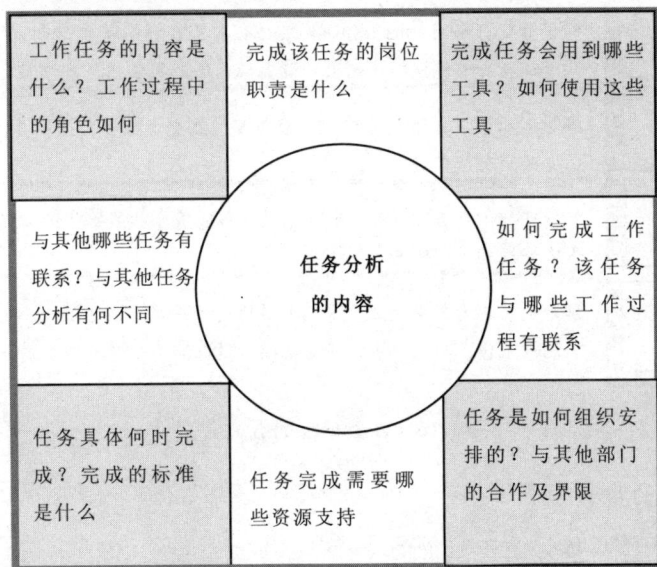

图 1-15　任务分析的内容

2. 任务分析的工具

任务分析的工具主要有以下 5 种，具体如表 1-5 所示。

表 1-5 任务分析的工具

序号	工具名称	工具界定	适用范围
1	决策表	决策表把工作活动中的条件与行动加以区分，根据不同的条件，采取不同行动的对应关系，并以表格形式揭示	决策表、流程图比较适合那些任务之间存在前后顺序或逻辑关系的流失作业岗位
2	流程图	以工作活动流程图的形式来揭示工作任务的操作要素与流向	
3	语句描述	用语言形式来揭示工作任务中的要素、关系及运作要求	语句描述、时间列形式、任务清单比较适合那些缺乏逻辑关系与顺序关系的岗位任务分析
4	时间列形式	依据工作时间长短与顺序来揭示整个工作过程中各种任务的轻重与关系的形式	
5	任务清单	把岗位工作活动中所有的任务逐个列出，让被调查的人选择并标明前后顺序、重要程度及困难程度等	

1.2.2 任务分配设计

为有效完成任务，必须根据组织内部每个人的岗位职责、工作特点及工作能力进行分配，做到各尽所能，责任明确，目标一致。

1. 任务分配的五大要素

领导在分配任务时，至少应当按照以下 5 个要素进行分配，具体如图 1-16 所示。

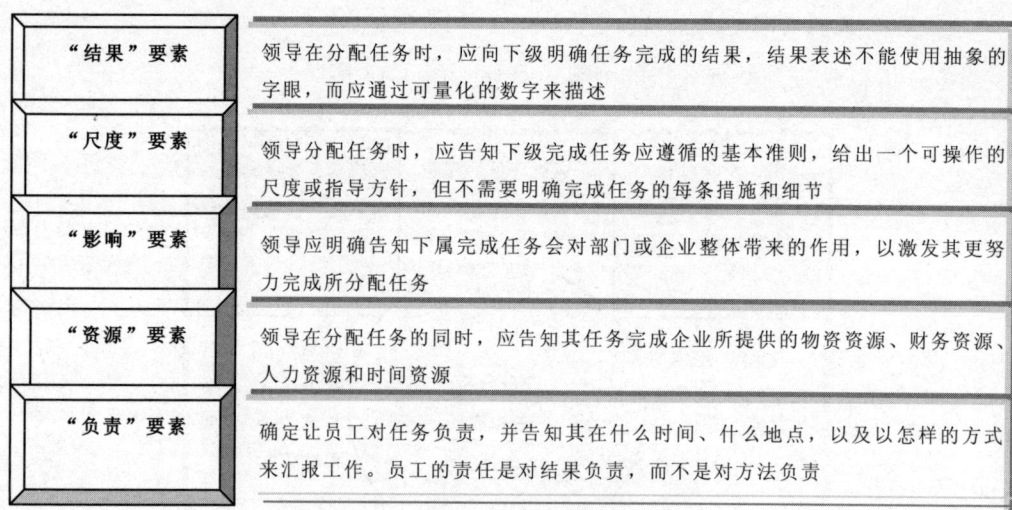

"结果"要素	领导在分配任务时，应向下级明确任务完成的结果，结果表述不能使用抽象的字眼，而应通过可量化的数字来描述
"尺度"要素	领导分配任务时，应告知下级完成任务应遵循的基本准则，给出一个可操作的尺度或指导方针，但不需要明确完成任务的每条措施和细节
"影响"要素	领导应明确告知下属完成任务会对部门或企业整体带来的作用，以激发其更努力完成所分配任务
"资源"要素	领导在分配任务的同时，应告知其任务完成企业所提供的物资资源、财务资源、人力资源和时间资源
"负责"要素	确定让员工对任务负责，并告知其在什么时间、什么地点，以及以怎样的方式来汇报工作。员工的责任是对结果负责，而不是对方法负责

图 1-16 任务分配的五大要素

2. 任务分配的步骤

任务分配的步骤具体如图 1-17 所示。

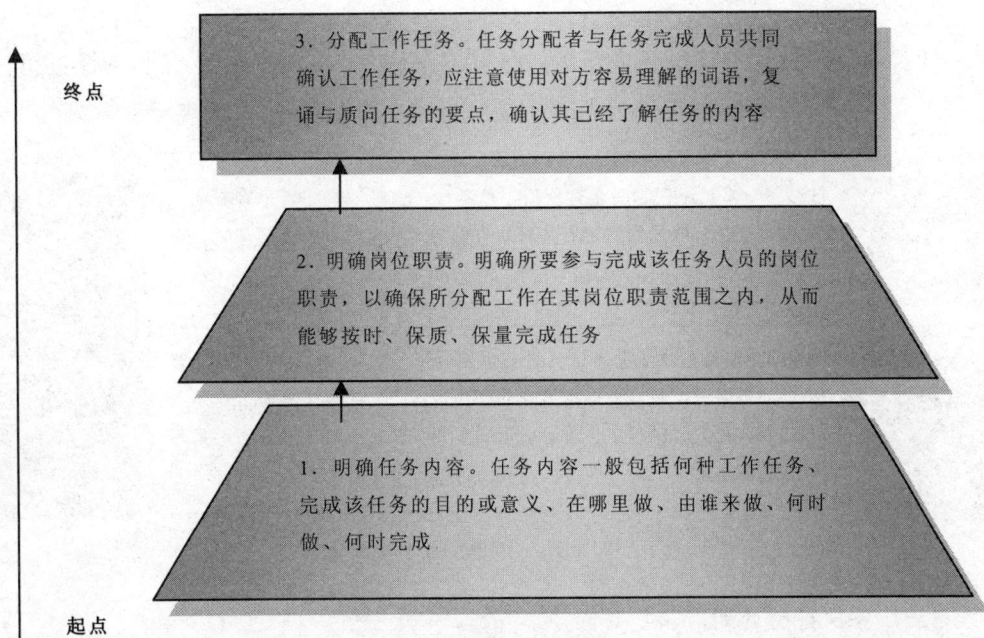

3. 分配工作任务。任务分配者与任务完成人员共同确认工作任务，应注意使用对方容易理解的词语，复诵与质问任务的要点，确认其已经了解任务的内容

2. 明确岗位职责。明确所要参与完成该任务人员的岗位职责，以确保所分配工作在其岗位职责范围之内，从而能够按时、保质、保量完成任务

1. 明确任务内容。任务内容一般包括何种工作任务、完成该任务的目的或意义、在哪里做、由谁来做、何时做、何时完成

终点

起点

图 1-17　任务分配的步骤

1.2.3　任务执行设计

执行是任务完成的过程，就是把行动变成结果，按质按量地完成工作任务。任务执行设计主要包括 4 个方面的内容，即任务执行的标准、任务执行的目标、任务执行的计划及任务执行的步骤。

1. 任务执行的类型

在具体执行任务时，可以将任务分成四类，即紧急且重要的任务、不紧急但重要的任务、紧急但不重要的任务、既不紧急又不重要的任务。

任务执行人员可按照图 1-18 对各项任务的优先顺序进行合理安排，而且在考虑任务执行的先后顺序时，应先考虑任务的"轻重"，再考虑任务的"缓急"。

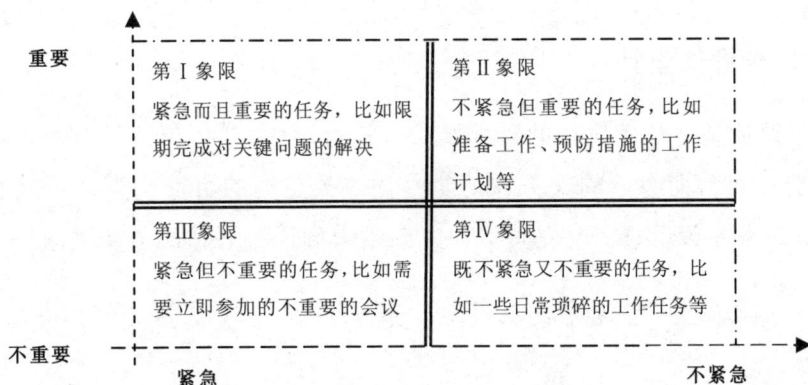

重要

第 I 象限	第 II 象限
紧急而且重要的任务，比如限期完成对关键问题的解决	不紧急但重要的任务，比如准备工作、预防措施的工作计划等
第 III 象限	第 IV 象限
紧急但不重要的任务，比如需要立即参加的不重要的会议	既不紧急又不重要的任务，比如一些日常琐碎的工作任务等

不重要

紧急　　　　　　　　　　　　　　不紧急

图 1-18　任务执行的优先顺序排列

13

2. 任务执行的目标

任务执行的目标不仅是完成任务，还要取得成果。因此，企业在明确任务执行目标时，首先应当区分成果与任务。成果与任务的区别具体如图 1-19 所示。

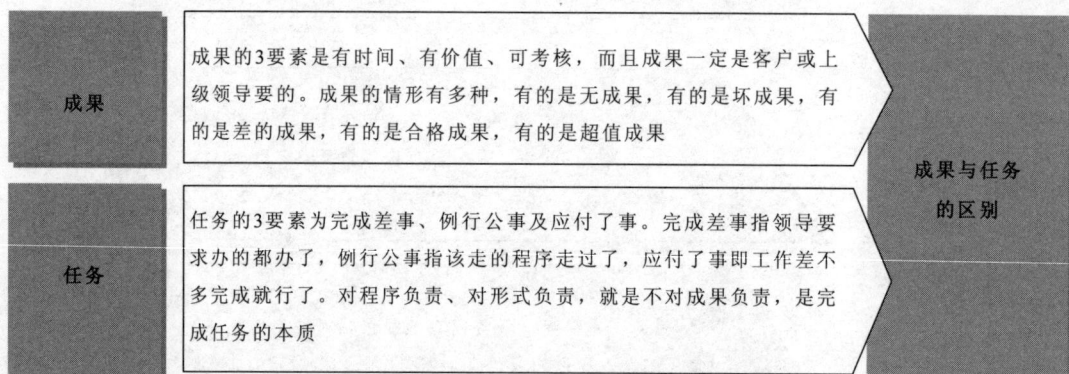

成果	成果的3要素是有时间、有价值、可考核，而且成果一定是客户或上级领导要的。成果的情形有多种，有的是无成果，有的是坏成果，有的是差的成果，有的是合格成果，有的是超值成果	成果与任务的区别
任务	任务的3要素为完成差事、例行公事及应付了事。完成差事指领导要求办的都办了，例行公事指该走的程序走过了，应付了事即工作差不多完成就行了。对程序负责、对形式负责，就是不对成果负责，是完成任务的本质	

图 1-19　成果与任务的区别

3. 任务执行的计划

任务执行计划的内容具体如图 1-20 所示。

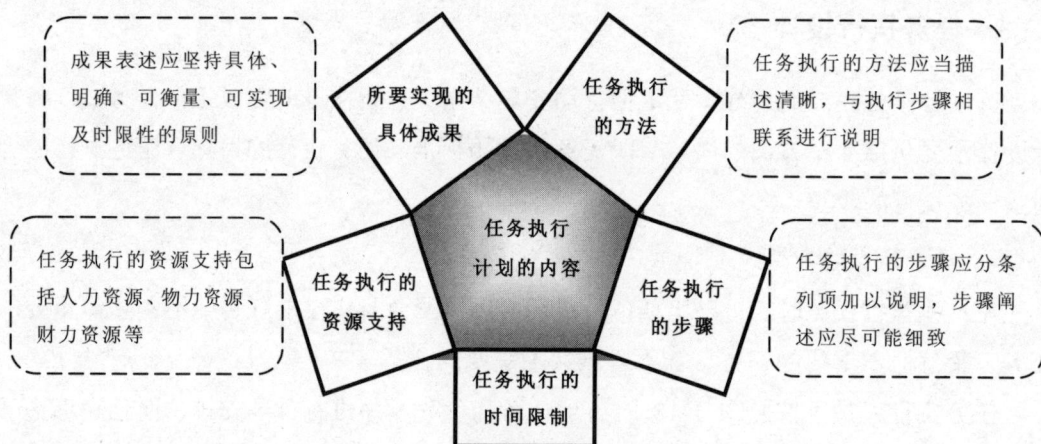

成果表述应坚持具体、明确、可衡量、可实现及时限性的原则

任务执行的方法应当描述清晰，与执行步骤相联系进行说明

任务执行的资源支持包括人力资源、物力资源、财力资源等

任务执行的步骤应分条列项加以说明，步骤阐述应尽可能细致

所要实现的具体成果

任务执行的方法

任务执行计划的内容

任务执行的资源支持

任务执行的步骤

任务执行的时间限制

图 1-20　任务执行计划的内容

1.2.4　任务评估设计

任务评估是对任务执行的过程及结果进行评估，并将评估结果对应于任务执行人员的奖罚。经常而有效的任务评估是一项至关重要的贯彻行为，可以加速预定结果的实现。企业在设计任务评估时，首先应当明确任务评估的 6 个要素，具体如图 1-21 所示。

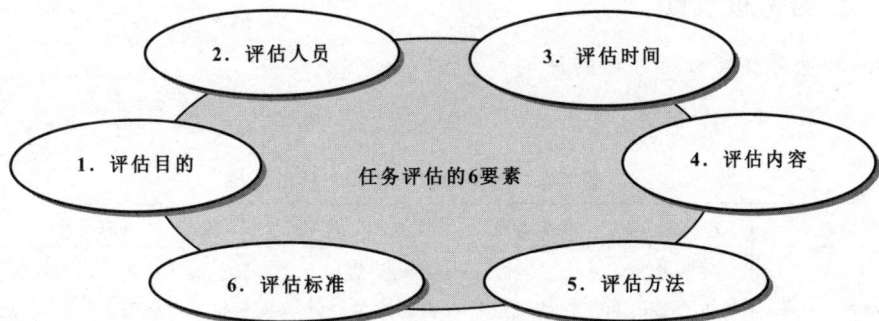

图 1-21　任务评估的 6 个要素

任务评估 6 个要素的具体内容如表 1-6 所示。

表 1-6　任务评估 6 个要素的具体内容

序号	要素名称	要素内容
1	评估目的	1．激励任务执行人员积极、认真、快速、高效地完成任务 2．通过任务评估，及时发现潜在问题，以使任务执行人员不断提高工作能力和水平
2	评估人员	任务评估人员一般包括执行者本人、执行者上级主管及主办评价部门，即来自推动任务完成质量和管理部门的评估。在具体评估的实践中，首先应进行自我评估，其次由主管人员进行评估，最后的评估结果，由被评估者和主管人员沟通后决定，并交主办评价部门审核
3	评估时间	任务评估时间一般是在任务执行评估完成后，立即进行
4	评估内容	1．将任务执行的实际结果与已设定的衡量标准进行对照，评出分数级别 2．为下一任务的制定或调整任务执行的标准做好准备 3．确定报酬调整和奖励方案
5	评估方法	常用的任务评估方法是自我报告法。自我报告法是利用书面形式对自己的任务执行情况进行总结的一种评估方法，它是自己对自己一段工作结果的总结。自我报告法通常让任务执行者填写一份任务执行鉴定表，具体如表1-7所示
6	评估标准	任务评估标准包括绝对标准和相对标准。绝对标准是指不在员工之间作比较，而是通过建立员工任务结果的标准，并将达到该项标准列入评估范围内。相对标准是指将员工的任务结果进行相互比较，也就是以相互比较来确定工作的好坏

表 1-7　任务执行鉴定表

姓名		部门		现任岗位	
任务内容					
任务执行目标					
目标实现程度					
目标实现或不能实现的原因					
任务完成贡献					

1.2.5 任务考核设计

1. 任务考核与目标考核的区别

二者的区别具体如表 1-8 所示。

表 1-8 任务考核与目标考核的区别

区分点	任务考核	目标考核
定义不同	任务考核是指对与工作产出直接相关的,能够直接对其工作结果进行评价的这部分绩效指标进行考核	目标考核是指按一定的指标或评价标准来衡量员工完成既定目标和执行工作标准的情况,根据衡量结果给予相应的奖励
影响因素不同	与具体职务的工作内容密切相关,同时也和个体的能力、完成任务的熟练程度和工作知识密切相关	除任务考核中涉及的影响因素外,还受企业的战略目标、部门目标、外部环境等因素的影响
指标不同	用质量、数量、时效、成本、他人的反应等指标来进行考核评估	目标项目的达成度、进度的均衡性及协作情况是目标考核的主要指标
适用范围不同	常规及短期工作	过程复杂及长期的工作
地位不同	任务考核是绩效考核最基本的组成部分	目标考核是组织的目标管理体系及工作责任制的重要组成部分

2. 任务考核指标解析

任务考核主要是针对结果进行的考核,一般对工作结果进行描述的指标包括工作质量、工作数量、任务完成度及成本费用等,具体如表 1-9 所示。

表 1-9 任务考核指标

指标名称	指标定义
工作质量	严格按照企业的业务流程进行操作,操作过程无错误出现
	工作结果达到了标准的要求,且有效、可以信赖
	产品质量符合客户要求,不合格产品控制在要求的范围之内
工作数量	在规定时间内,业务处理量或数额达到标准或计划内要求的水平
	在一定任务量下,能够准确把握工作速度和时效,或者提前完成工作任务
任务完成度	按照公司战略方针,依照计划目标将业务完成,并且成果的质与量均达到要求
成本费用	严格按照预算要求完成既定任务
	在任务执行过程中,能严格把控预算,各阶段费用支出比例分配合理

第 2 章

中小微企业目标管理描述

2.1 中小微企业经营目标描述

2.1.1 投资目标描述

投资目标是企业或企业相关投资者在从事投资活动之初对投资的期望。提出投资目标的目的，是为了在投资活动中便于实现目标管理，使事先确定的投资目标有计划、分步骤地实施。企业的投资目标可以划分为 5 种类型，具体如图 2-1 所示。

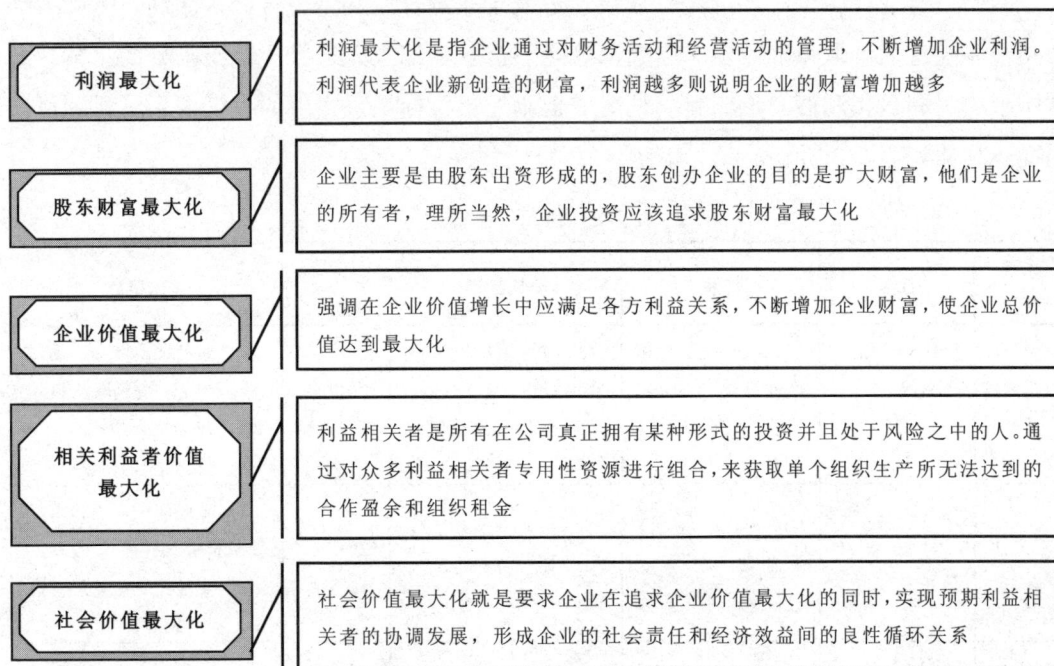

利润最大化	利润最大化是指企业通过对财务活动和经营活动的管理，不断增加企业利润。利润代表企业新创造的财富，利润越多则说明企业的财富增加越多
股东财富最大化	企业主要是由股东出资形成的，股东创办企业的目的是扩大财富，他们是企业的所有者，理所当然，企业投资应该追求股东财富最大化
企业价值最大化	强调在企业价值增长中应满足各方利益关系，不断增加企业财富，使企业总价值达到最大化
相关利益者价值最大化	利益相关者是所有在公司真正拥有某种形式的投资并且处于风险之中的人。通过对众多利益相关者专用性资源进行组合，来获取单个组织生产所无法达到的合作盈余和组织租金
社会价值最大化	社会价值最大化就是要求企业在追求企业价值最大化的同时，实现预期利益相关者的协调发展，形成企业的社会责任和经济效益间的良性循环关系

图 2-1 企业投资目标的类型

对企业投资目标的描述具体如表 2-1 所示。

表 2-1　投资目标描述

关键要素	目的	现状	衡量标准	完成期限	具体措施
投资回收期	1. 加快资本周转速度 2. 缩短投资回收期	1. 去年启动新产品研发 2. 上一产品投资回收期为__年	1. 资本周转速度提高百分比 2. 投资回收期缩短率	2015年12月底	1. 提高企业经营收入 2. 降低企业经营管理成本 3. 规避投资风险
投资收益率	1. 提高产品投资收益额 2. 提高企业收入	1. 上一投资周期内产品投资收益额__万元 2. 去年企业收入__万元	1. 产品投资收益额增加率 2. 企业经营收入提高率	2013年12月底	1. 不断改进生产流程，引进新工艺，降低销售成本 2. 提高利润率，增加单位产品的收益值 3. 提高资产利用效率值
净现值	提高企业投资的净现值，增强投资获利能力	上一投资周期内产品投资净现值为__万元	1. 净现值率 2. 净现值增加率	2015年12月底	1. 提高投资方案所产生的现金净流量 2. 规避投资方案的风险
内部收益	提高企业投资的内部收益水平	上一投资周期内产品投资内部收益为__万元	内部收益率	2015年12月底	1. 开拓市场，增加收入 2. 完善流程，降低生产经营成本

2.1.2　利润目标描述

利润是企业在一定时期的经营成果，是企业一定时期从事生产经营活动、投资活动及其他非经营活动取得的收益，在数量上等于企业全部收入抵补全部支出后的余额。通常所说的利润是指利润总额。利润是衡量企业经营目标是否实现的关键要素。利润目标的描述具体如表 2-2 所示。

表 2-2　利润目标描述

关键要素	目的	现状	衡量标准	完成期限	具体措施
收入增长	1. 增加新产品收入 2. 增加企业年收入	1. 去年启动新产品研发 2. 去年企业年收入__万元	1. 新产品收入百分比 2. 单位客户消费增长率	2013年12月底	1. 提供优质服务，满足客户对优质服务的要求 2. 建立客户数据库 3. 提升销售技能
新产品开发	加速新产品开发	上一目标管理周期新产品开发数量达__个	1. 提升产品功能性 2. 缩短投向市场的时间	2013年12月底	1. 通过调研，了解市场导向和消费者需求 2. 增强研发人员创新意识，提高创新能力
成本控制	减少公司成本支出	上一季度公司成本控制率为__%	1. 管理成本降低率 2. 采购成本降低率	2013年6月底	1. 完善生产经营流程，从流程上把控成本 2. 定岗定编，控制人员规模 3. 建立集中采购体系

关键要素	目的	现状	衡量标准	完成期限	具体措施
高效的人才队伍	获得和保留战略性人才	1. 上一年度公司核心员工达__人 2. 上一年度公司关键员工离职率达__%	1. 提高人员效率 2. 核心员工保有率 3. 关键员工离职率	2013年12月底	1. 完善的绩效管理制度 2. 对内公平、对外具有竞争力的薪酬水平 3. 完善的培训晋升规划 4. 规范的员工职业生涯规划 5. 富有吸引力的企业文化

2.1.3　成本目标描述

一般情况下，企业可将成本具体细分为采购成本、生产成本、仓储成本、管理成本、财务成本及销售成本等，各细项又可具体分为若干明细项目。各细分成本的具体内容如表 2-3 所示。

表 2-3　成本项目细化

成本单元	细分成本	责任部门/人
采购成本	原辅材料采购成本、零配件采购成本、设备及品备件采购成本、工装备件采购成本、劳动保护用品采购成本、办公用品采购成本	分别由采购部、设备部、生产部、行政部、财务部等部门执行控制
生产成本	原材料质量成本、辅料成本、能源成本、设备成本、人工耗费、制造费用等	• 原材料质量成本由仓储、质量部门根据计划与检验考核控制 • 辅料成本包括水、电、煤、气等，落实各生产车间，由能源部门分解落实且实施控制 • 制造费用落实到不同制造部门，分别由设备部、生产部、能源部、财务部等部门执行控制
仓储成本	仓储管理成本、合理损耗、库存物资合理盘损、发出物资差错损失等	由仓储部门日常监督，把关控制，重点放在"退货损失率"的控制上
管理成本	以工资为载体的变动费用包括管理人员工资、工会经费、培训经费、社会保险费等	由财务部、人力资源部等部门实现人员精简、高效，并实施有效控制
	以效益为载体的变动费用包括差旅费、办公费、运输费、修理费、水电费、业务招待费、会务费、电话费等	由财务部、人力资源部等部门实现预算控制和事前、事后审批控制及责任方案控制
	以服务为载体的变动费用包括管理费、审计费、咨询费、诉讼费、排污费、绿化费等	由财务部门严格控制

成本单元	细分成本	责任部门/人
财务成本	财务费用包括银行贷款利息与业务手续费等	由财务部门严格控制
销售成本	以销售方案为基础的差旅费、工资、奖金、交际费、交通费、补贴等	由财务部门和管理层严格执行并控制
	以广告为基础的广告费、展览费等	由销售部门给出方案,财务部门进行核算控制

根据表 2-3 所示的各个细分成本项目,可以总结出企业成本目标的考核指标包括成本节约率、投资回报率、折旧率、费用控制率及预算达成率。对成本目标的描述具体如表 2-4 所示。

表 2-4　成本目标描述

关键要素	目的	现状	衡量标准	完成期限	具体措施
成本控制	减少公司成本支出	上一季度公司成本控制率为__%	1. 成本降低率 2. 成本节约率	2013年6月底	1. 完善生产经营流程,从流程上把控成本 2. 定岗定编,控制人员规模 3. 建立成本管理体系
成本核算	确保成本核算准确	上一季度公司成本核算准确率为__%	1. 成本核算完成及时率、准确率 2. 预算达成率	2013年6月底	1. 增强成本核算人员的责任心 2. 加强成本核算的绩效考核
成本分析	为预算制定提供有效依据	上一季度公司预算达成率为__%	预算达成率	2013年6月底	1. 学习和掌握成本分析工具,提高成本分析的准确率 2. 加强成本分析的绩效考核

2.1.4　费用目标描述

成本往往与一定的对象联系,实质上是某种资产转变为另一种资产。例如,材料的消耗变成了产品。在利润表中,成本是以营业成本形式列示的。费用往往与一定的期间联系,常被称为期间费用,主要包括营业费用、财务费用和管理费用。它们在发生时直接计入当期损益,抵减利润,期间费用主要在利润表中列示。各费用类型的界定具体如图 2-2 所示。

对费用目标的描述具体如表 2-5 所示。

企业在销售过程中所发生的费用，具体包括由企业负担的运输费、装卸费、包装费、保险费、展览费、销售佣金、广告费、租赁费和销售服务费用、福利费、差旅费、办公费、折旧费、修理费等

营业费用

费用类型的界定

财务费用

企业为进行资金筹集等理财活动而发生的各项费用。财务费用主要包括利息净支出、汇兑净损失、金融机构手续费和其他因资金而发生的费用

管理费用

企业管理和组织生产经营活动所发生的各项费用，具体包括公司经费、工会经费、职工教育经费、职工死亡丧葬补助费、抚恤费、技术开发费及业务招待费

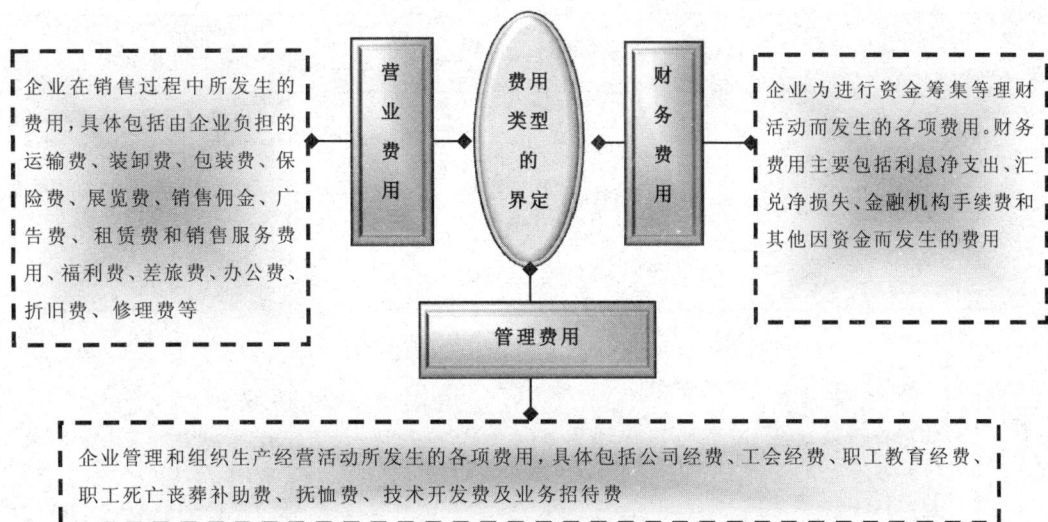

图 2-2　费用类型的界定

表 2-5　费用目标描述

关键要素	目的	现状	衡量标准	完成期限	具体措施
费用控制	减少公司费用支出	上一季度公司费用控制率为___%	1．营业费用降低率 2．财务费用降低率 3．管理费用降低率 4．费用节省率	2013年6月底	1．完善费用审批机制，严格控制费用支出 2．将部门费用使用情况纳入绩效考核 3．建立费用管理体系
费用预算	减少预算执行偏差发生次数	上一季度公司费用预算超出使用的次数	1．费用预算执行率 2．费用预算准确率	2013年12月底	1．加强对费用预算的监控 2．费用预算申请人员或部门应严格按照费用预算申请项目申请预算

2.2　中小微企业销售目标描述

2.2.1　销售营业目标描述

销售营业目标是通过在销售策略的指导下，开展直销、电销、网络销售等各项销售业务，提高产品销量、扩大市场份额、增加销售收入和利润。销售营业目标描述具体如表 2-6 所示。

表 2-6　销售营业目标描述

关键要素	目的	现状	衡量标准	完成期限	具体措施
开拓市场	扩大市场份额，提高市场占有率	上一年度市场占有率为__%	1. 市场份额 2. 市场占有率 3. 产品销售量 4. 客户数量	2013年12月底	1. 严格市场调研流程，明确客户需求 2. 增加广告投入和公关投入，提升产品知名度 3. 规范产品生产流程，提升产品质量水平
促销管理	增加产品销售量	上一年度通过促销增加的产品销售量达__件	1. 产品销售量 2. 市场占有率	2013年12月底	1. 提高促销方案的可行性和合理性 2. 保证促销过程按方案执行，各种突发事件得到及时和有效处理 3. 创新促销方式，吸引更多顾客
货品管理	确保订货、发货、退货和换货流程顺畅	上一季度退货和换货发生率达__%	1. 发货速度 2. 货品管理满意度 3. 退货和换货发生率	2013年6月底	1. 明确订货、发货、退货和换货中各相关人员的职责 2. 梳理货、发货、退货和换货流程，提高发货速度
规范销售业务	降低销售业务中的错误行为发生率	上一季度销售业务错误行为发生率达__%	销售业务行为合法性、合理性	2013年6月底	1. 加强对各项销售业务监督的及时和到位 2. 建立销售业务管理制度和细则

2.2.2　销售回款目标描述

销售回款工作主要分为收回货款前的准备、收取货款和货款收回后的内部控制 3 项工作，其内容具体如图 2-3 所示。

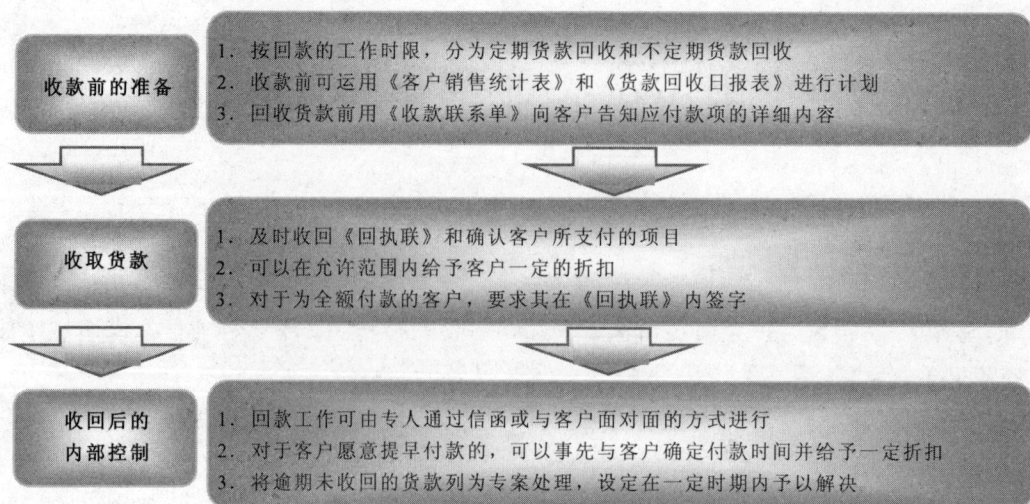

图 2-3　销售回款的工作内容示意图

销售回款目标描述具体如表 2-7 所示。

表 2-7　销售回款目标描述

关键要素	目的	现状	衡量标准	完成期限	具体措施
销售款项回收	销售款项回收及时	上一年度销售回款率为__%	1. 回款及时率 2. 坏账率	2013年12月底	1. 客户信用评级与考核 2. 加强合同管理，明晰销售合同中对货款支付的规定 3. 建立回款责任制，与销售员个人利益挂钩
客户满意度	尽量减少因催收产生的客户流失和不满	上一年度因催收而流失的客户量为__人	1. 客户满意度 2. 因催收而导致的客户流失率	2013年12月底	1. 提高销货与服务质量，做到公平交易，诚信无欺 2. 采用技巧和合理的办法催收货款

2.2.3　销售利润目标描述

销售利润目标常用销售利润率来量化表示。销售利润率是指在一定时期内的销售利润总额与销售收入总额的比率，表示单位销售收入获得的利润，常用来反映企业一定时期内的利润水平、评估企业运营效益。利润总额表示一定时期内，企业在扣除企业所得税前的经营活动的总成果。在收益总括的观点下包括营业利润、投资净收益和营业外收支净额三部分。

销售利润率指标既可以考核销售利润目标的完情况，又可以比较各企业之间和不同时期的经营管理水平，提高经济效益。企业在计算销售利润率时，应注意以下事项，具体如图 2-4 所示。

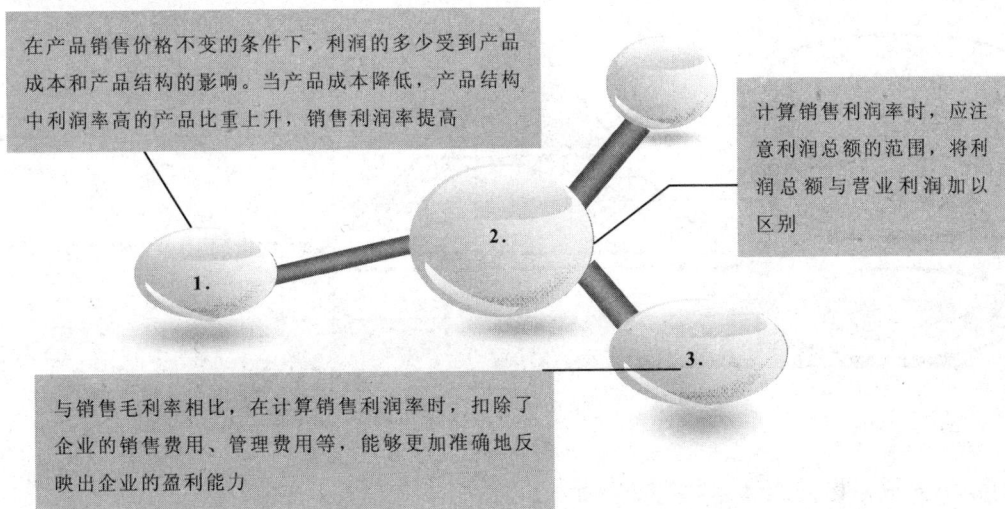

在产品销售价格不变的条件下，利润的多少受到产品成本和产品结构的影响。当产品成本降低，产品结构中利润率高的产品比重上升，销售利润率提高

计算销售利润率时，应注意利润总额的范围，将利润总额与营业利润加以区别

与销售毛利率相比，在计算销售利润率时，扣除了企业的销售费用、管理费用等，能够更加准确地反映出企业的盈利能力

图 2-4　计算销售利润率的注意事项

销售利润目标描述具体如表 2-8 所示。

表 2-8　销售利润目标描述

关键要素	目的	现状	衡量标准	完成期限	具体措施
销售收入	增加产品销售收入	上一年度产品销售收入为__万元	销售收入增长率	2013年12月底	1. 开发新产品,吸引顾客购买,进而扩大消费群体 2. 扩展销售渠道,扩大销售区域范围
开拓市场	扩大市场份额,增加产品销量	上一年度市场份额为__%	1. 市场份额 2. 市场占有率 3. 产品销售量	2013年12月底	1. 严格市场调研流程,明确客户需求 2. 增加广告投入和公关投入,提升产品知名度 3. 规范产品生产流程,提升产品质量水平
销售方式管理	创新销售方式,吸引更多顾客群	上一年度因采用新颖的销售方式吸引的顾客量达__人	1. 产品销售量 2. 新客户增加量	2013年12月底	1. 提高销售方式的可行性和合理性 2. 激发销售人员创新思维,创造新颖、独特、适用的销售方式

2.2.4　销售提成目标描述

提成,是销售人员薪酬的一个重要组成部分,它不仅是大部分销售人员的主要收入来源,还是最主要的激励手段之一。良好的销售提成设计可以大大激发销售人员的积极性。其在设计时可从产品、人员、环境 3 个维度进行考虑,具体内容如图 2-5 所示。

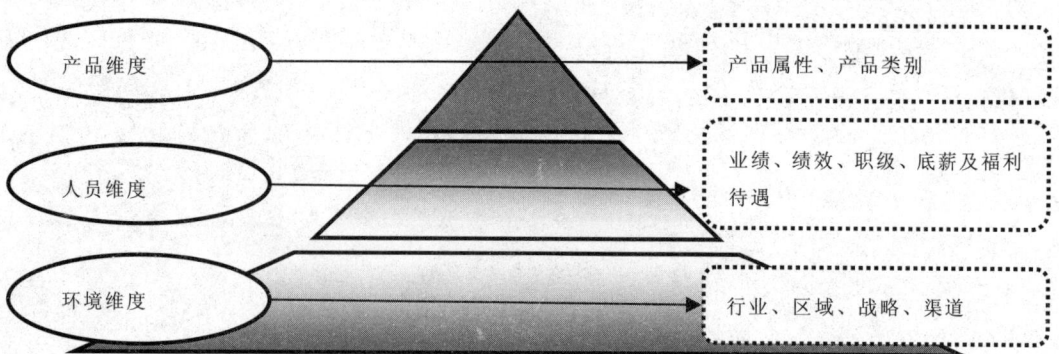

图 2-5　销售业务提成设计维度

销售提成目标描述具体如表 2-9 所示。

表 2-9　销售提成目标描述

关键要素	目的	现状	衡量标准	完成期限	具体措施
提成比例	确定合理、合适的提出比例	上一年度销售提成比例为__%	销售人员工作积极性	2013年12月底	1. 严格按照销售提成设计维度来设计提成比例 2. 应遵循公平、激励、战略导向及外部竞争的原则 3. 综合考虑影响提出比例设计的各种因素
提成兑现	激励员工工作	上一年度销售提成兑现率__%	提成兑现率	2013年12月底	确定销售提成兑现时间及依据，是回款时间还是销售合同签订日期

2.3　中小微企业生产目标描述

2.3.1　生产产量目标描述

生产产量是企业生产计划的重要内容，主要是通过制订科学的生产计划，并均衡地安排生产，积极落实生产计划，实现生产产量的目标。

生产产量目标的描述具体如表 2-10 所示。

表 2-10　生产产量目标描述

关键要素	目的	现状	衡量标准	完成期限	具体措施
生产效率	提高企业生产效率，进而提高单位时间产量	上一季度生产效率为__件/天	1. 单位时间生产效率 2. 在该生产效率下的单位时间产量	2013年6月底	1. 培训操作人员，提高其操作技能和水平 2. 规范企业生产流程 3. 引进新的生产设备，提高生产能力
人员、物料的调度	避免因为人员及物料问题而影响预定生产产量的实现	上一季度因人员、物料问题导致产量不足__次	人员、物料调度及时性	2013年6月底	1. 制定人员、物料调度计划 2. 明确人员、物料调度的流程及责任相关人 3. 检查人员、物料的供应

2.3.2　生产成本目标描述

概括而言，生产成本的目标主要是做好生产成本的预算、决策、计划、控制、核算、分析、考核、改进等各项工作，动员生产部所有工作人员，在保证产品质量的前提下，对各环节的成本进行科学的控制，力求以最少的成本取得最大的生产成果。

生产成本目标的描述具体如表 2-11 所示。

表 2-11　生产成本目标描述

关键要素	目的	现状	衡量标准	完成期限	具体措施
成本控制	减少生产成本支出	上一季度公司成本控制率为__%	1. 成本降低率 2. 成本节约率	2013年6月底	1. 控制生产过程，降低废料率和废品率，减少生产浪费 2. 控制物料采购价格，降低物料采购成本 3. 提高工作效率，降低产品的人工成本
成本核算	确保成本核算准确	上一季度公司成本核算准确率为__%	1. 成本核算完成及时率、准确率 2. 预算达成率	2013年6月底	1. 设计生产成本核算、成本归集分配方法，并及时对其进行验证 2. 监督各模块结账工作，保证按月度及时核算生产成本
成本分析	为预算制定提供有效依据	上一季度公司预算达成率为__%	预算达成率	2013年6月底	1. 设计生产成本分析报表及分析方案 2. 将成本分析准确率纳入绩效考核中

2.3.3　生产进度目标描述

生产进度，是生产过程中从原材料采购开始到产成品入库全部活动的时间和相关产品的数量。生产进度的把控直接关系到是否能保证完成生产计划所规定的产品产量和交货期限。在生产加工过程中，设备、物料、人员、质量 4 个因素都会影响生产进度，具体内容如图 2-6 所示。

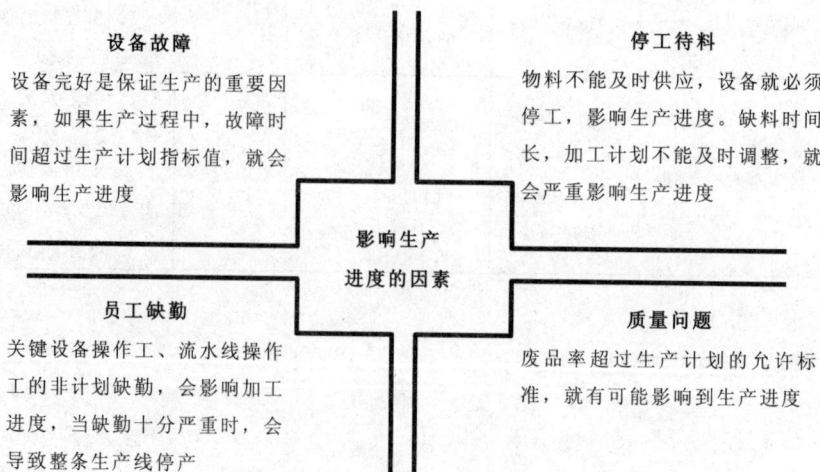

设备故障

设备完好是保证生产的重要因素，如果生产过程中，故障时间超过生产计划指标值，就会影响生产进度

停工待料

物料不能及时供应，设备就必须停工，影响生产进度。缺料时间长，加工计划不能及时调整，就会严重影响生产进度

影响生产进度的因素

员工缺勤

关键设备操作工、流水线操作工的非计划缺勤，会影响加工进度，当缺勤十分严重时，会导致整条生产线停产

质量问题

废品率超过生产计划的允许标准，就有可能影响到生产进度

图 2-6　影响生产进度的因素

根据上述生产进度的影响因素，现对生产进度目标描述具体如表 2-12 所示。

表 2-12　生产进度目标描述

关键要素	目的	现状	衡量标准	完成期限	具体措施
设备保养	减少设备生产故障，缩短设备修理时间	上一季度设备故障率为__%	1. 设备故障率 2. 设备维修时间	2013年6月底	1. 建立完整、严格的设备检修保养制度，做好事前预防工作 2. 提高操作人员操作水平，避免发生人为原因导致设备故障
物料供应	做好物料调度，及时供应生产	上一季度因物料供应导致进度缓慢__次	物料调度、供应及时性	2013年6月底	1. 通过加班弥补物料供应不足造成的时间损失 2. 明确物料供应的流程及责任相关人 3. 定期检查物料的供应
产品质量	避免因产品质量问题影响生产进度	上一季度产品质量不合格率达__%	1. 产品质量合格率 2. 残次品数量	2013年6月底	1. 把控产品生产流程，从源头上减少不合格品 2. 建立足够的库存量
员工到岗	提高员工工作积极性，降低缺勤率	上一季度员工缺勤率达__%	1. 员工缺勤率 2. 员工到岗率	2013年6月底	1. 培养多能手，当关键员工缺勤时，可有替补员工 2. 加强激励，将员工缺勤作为奖金发放的重要考核因素

2.3.4　生产安全目标描述

生产安全管理应针对安全生产过程中的安全问题，运用有效的资源，通过相关人员的努力，进行有关决策、计划、组织和控制等活动，并制定合理的生产安全管理规范，建立完善的安全防范措施，减少和控制安全管理事故的发生，实现保护员工人身和企业财产安全的目标，避免生产过程中由于事故造成的人身伤害、财产损失、环境污染及其他损失。

生产安全目标描述具体如表 2-13 所示。

表 2-13　生产安全目标描述

关键要素	目的	现状	衡量标准	完成期限	具体措施
安全生产培训	通过培训，提高生产人员安全意识和安全生产技能	上一年度安全生产培训覆盖率为__%	1. 安全生产培训覆盖率 2. 安全生产培训计划完成率	2013年12月底	1. 建立员工安全生产培训激励机制，提高参与率 2. 及时检查员工安全知识的掌握情况

关键要素	目的	现状	衡量标准	完成期限	具体措施
安全设施管理	建立完善的防火、防盗等安全防范设施	上一年度安全设施建设达标率达＿＿%	1. 安全设施建设达标率 2. 安全设施隐患	2013年12月底	1. 定期对安全设施进行检查和维护，确保设施能够正常运转 2. 安全设施巡检过程中，做好记录
安全隐患和事故处理	及时发现并妥善处理检查过程中发现的各种安全隐患	上一年度安全事故处理及时率达＿＿%	1. 及时处理率 2. 及时上报率	2013年12月底	1. 建立安全事故处理委员会，并明确其主要责任和权力 2. 加强安全事故处理演习，提高处理技能

2.4　中小微企业采购目标描述

2.4.1　采购价格目标描述

采购价格管理的目标是规范采购价格及审核流程，确保所购物资的高品质和低价格。采购价格目标描述具体如表 2-14 所示。

表 2-14　采购价格目标描述

关键要素	目的	现状	衡量标准	完成期限	具体措施
价格信息管理	建立完善的市场价格信息库，及时更新采购价格信息	上一年度具有采购价格信息的物资种类达＿＿%	1. 物资采购价格更新及时性 2. 市场价格信息看中的物资种类数目	2013年12月底	1. 开展采购价格调查和分析工作 2. 明确规定采购价格信息更新的具体时间
价格标准设定	建立物资采购的最低价格标准	上一年度重要物资的底价确定率达＿＿%	1. 成本分析率 2. 物资底价确定率	2013年12月底	通过成本分析等底价制定方法，设定各类物资的采购底价作为价格管理的标准
议价	确保将价格控制在物资采购底价范围内	上一年度议价工作目标达成率达＿＿%	议价工作目标达成率	2013年12月底	1. 对采购价格管理人员进行必要的议价技巧培训 2. 充分进行市场调研，了解各种物资的采购成本

2.4.2　采购进度目标描述

采购进度目标是有效控制采购进度，确保物资供应和掌握采购时间，以准确控制库存量，降低成本，提高企业的经济效益。采购进度目标描述具体如表 2-15 所示。

表 2-15　采购进度目标描述

关键要素	目的	现状	衡量标准	完成期限	具体措施
确定采购提前期	准确确定采购提前期	上一季度采购提前期确定准确率达__%	采购提前期确定准确率	2013年6月底	1. 根据物资合理的定额储备确定 2. 根据物资消耗部门或使用部门提供的采购计划确定
控制订单处理周期	提高订单的满意率和供货的准确率，降低采购成本和库存水平	上一年度订单处理周期达__天	订单处理平均天数	2013年12月底	1. 通过分析和比较，制订出合理的采购订单计划 2. 订单审查和传输控制 3. 订单跟踪控制
交货进度控制	确保供应商按时、按质和按量交付物资	上一年度交货处理速度达__天	1. 交货处理速度 2. 单笔交货处理平均用时	2013年12月底	1. 与供应商确定提供的供货日程表 2. 做好跟单催货工作

2.4.3　采购费用目标描述

采购费用控制的目标是有效降低采购费用，从而降低企业总费用。采购费用目标描述具体如表 2-16 所示。

表 2-16　采购费用目标描述

关键要素	目的	现状	衡量标准	完成期限	具体措施
采购预算控制	采购费用使用控制在预算范围之内	上一季度采购预算费用控制率达__%	1. 采购预算执行率 2. 采购预算控制率	2013年6月底	1. 根据生产经营计划和物资需求编制采购预算 2. 明确采购预算的审批流程和权限
采购价格控制	降低采购价格，控制在最低价格标准之内	上一年度采购价格控制率达__%	1. 采购价格控制率 2. 采购最低价格标准执行率	2013年12月底	1. 对采购价格管理人员进行必要的议价技巧培训 2. 设定各类物资的采购底价作为价格控制的标准
采购订货量控制	准确确定订货量，降低采购综合成本	上一年度综合成本降低率达__%	1. 订货量预测准确率 2. 综合成本降低率	2013年12月底	1. 依据采购费用、库存成本和采购价格等确定经济订货批量 2. 加强对订货量的审批

2.4.4　采购质量目标描述

采购质量目标是指根据生产的需要保证采购部门适时、适量、保质且品种齐全地向生产部门提供各种所需物料，做到方便生产和服务良好，从而提高企业的经济效益。采购质量目标描述具体如表 2-17 所示。

表 2-17　采购质量目标描述

关键要素	目的	现状	衡量标准	完成期限	具体措施
供应商认证	确定供应商的资质和质量管理水平	上一年度供应商认证出错率达__%	1. 供应商认证执行率 2. 供应商认证出错率	2013年12月底	1. 制定供应商认证说明书 2. 明确供应商认证程序、参与人员及其职责 3. 与通过认证的供应商签署质量认证协议
质量检验	确保所采购的物资质量合格	上一季度采购物资合格率达__%	1. 采购物资质量合格率 2. 采购的残次物资比重	2013年6月底	1. 综合采用多种不同的质量检验方法 2. 组织成立质量检验小组，并对小组成员进行知识和技能的培训

2.5　中小微企业产品目标描述

2.5.1　产品质量目标描述

产品质量要求反映了产品的特性和特性满足顾客和其他相关方要求的能力。这些质量要求可以转化成具有具体指标的特征和特性，通常包括使用性能、安全、可用性、可靠性、可维修性、经济性和环境等方面。产品质量目标描述具体如表 2-18 所示。

表 2-18　产品质量目标描述

关键要素	目的	现状	衡量标准	完成期限	具体措施
原材料控制	从源头上做好产品质量把控	上一季度原材料不合格率达__%	原材料合格率	2013年6月底	1. 按照原材料检验标准做好原材料检验工作 2. 培训原材料检验人员，提高其责任意识和操作技能
产品质量体系建立	明确产品质量控制的标准和准则，使产品质量工作有据可依	上一年度产品质量体系完善率达__%	产品质量体系完善率	2013年12月底	1. 编制各项产品质量检验标准及指导书 2. 制定进料、制程、成品等质量管理标准
生产过程监督	从生产过程上把控产品质量，降低产品不合格率	上一季度因违反生产程序导致的不合格率达__%	因违反生产程序导致的不合格率产品合格率	2013年6月底	1. 明确产品生产程序，严格规范生产操作流程 2. 明确产品生产各个流程步骤的责任人和监督人 3. 加强培训，提高生产能力

2.5.2　产品竞争目标描述

产品竞争是指产品符合市场要求的程，这种要求具体体现在消费者对产品各种竞争力要素的考虑和要求上。产品竞争目标描述具体如表 2-19 所示。

表 2-19　产品竞争目标描述

关键要素	目的	现状	衡量标准	完成期限	具体措施
产品品牌管理	树立良好的产品品牌形象，提高产品品牌价值和消费者的忠诚度	上一年度品牌知名度达__%	品牌知名度	2013年12月底	1．应用合理的分析方法对品牌进行定位 2．合理开展品牌推广过程中的监督、监测工作，保证品牌推广有效进行
产品定价管理	对产品价格进行合理监测和调整，提高产品价格竞争优势	上一年度产品价格竞争力达__%	产品价格竞争力	2013年12月底	1．选择合理的方法计算产品成本 2．准确分析目标市场消费者购买行为与和心理，准确计算价格需求弹性
产品广告管理	通过产品广告，提升产品知名度和竞争力	上一季度产品广告效果达__%	产品广告效果	2013年6月底	1．选择符合广告与产品定位的广告创意 2．根据产品定位，合理选择广告媒体
产品推广管理	扩大产品受众范围。从而覆盖更多消费者	上一季度产品推广效果达__%	产品推广效果	2013年12月底	1．制定新产品推广方案 2．综合采用多种推广策略，使用多种媒体推广

2.5.3　产品更新目标描述

在日益多元需求的情况下，产品更新能够满足更多的消费者的需求，从而吸引和刺激顾客，提升企业产品竞争力。产品更新目标描述具体如表 2-20 所示。

表 2-20　产品更新目标描述

关键要素	目的	现状	衡量标准	完成期限	具体措施
市场调研与分析	明确产品更新的方向，为产品更新提供丰富的信息支持	上一年度市场调研与分析执行率达__%	1．市场调研与分析执行率 2．经过市场调研与分析，提高产品更新成功率的百分比	2013年12月底	1．制订市场调研与分析计划 2．培训参与市场调研与分析的人员，提高其市场调研能力与分析能力 3．加强市场调研的监督
新产品研发	创造出符合市场导向和消费者需求的新产品	上一年度新研发产品数量达__件	新研发产品数量	2013年12月底	1．可综合采用多种方法形成新产品研发构思 2．明确新产品研发的奖励

关键要素	目的	现状	衡量标准	完成期限	具体措施
新产品定位	确保更新后的产品符合目标消费群体的需求	—	新产品定位准确率	2013年6月底	1. 市场调研与分析，搜集目标市场定位信息 2. 综合采用差异定位法、分类定位法、关系定位法及问题定位法等多种方法
新产品定价	确保更新后的产品具有市场价格竞争优势	—	新产品价格竞争力 新产品定价准确度	2013年12月底	1. 综合采用撇脂定价和渗透定价等多种产品定价策略 2. 制定新产品定价程序

2.6　中小微企业市场目标描述

2.6.1　市场开发目标描述

市场开发是指企业通过采用一定的手段和方法打开市场，提高本企业产品的市场占有率，增加产品销量和产品收入，从而提升企业经济效益。市场开发目标描述具体如表2-21所示。

表2-21　市场开发目标描述

关键要素	目的	现状	衡量标准	完成期限	具体措施
市场调研与分析	确定应进入的市场开发区域，提升市场开发的成功率	上一年度市场调研与分析执行率达__%	1. 市场调研与分析执行率 2. 经过市场调研与分析，提高市场开发成功率的百分比	2013年12月底	1. 制订市场调研与分析计划 2. 培训参与市场调研与分析的人员，提高其市场调研能力与分析能力 3. 加强市场调研的监督
新客户开发	实现对客户的有效管理和维护，提升客户量	上一年度新开发客户量达__人	1. 新开发客户量 2. 新开发客户量占总客户量的比重	2013年12月底	1. 根据客户需求开发新的产品或提供新颖的服务 2. 提高产品质量和服务水平
区域拓展	提高区域市场的销售量和市场占有率	上一年度新拓展的区域市场占有率达__%	1. 区域市场占有率 2. 区域市场开发的速度	2013年12月底	正确选择区域市场，确保区域市场设计和布局适合本企业情况

2.6.2　市场竞争目标描述

市场竞争的目标是指企业根据市场营销环境和自身资源条件，通过系统化的营销努力在市场竞争中获得比较优势，创造顾客价值，达成互利交换，实现企业及相关利益方的目标。市场竞争目标是通过不断提升市场竞争力来实现的。市场竞争目标描述具体如表 2-22 所示。

表 2-22　市场竞争目标描述

关键要素	目的	现状	衡量标准	完成期限	具体措施
产品创新与开发	提升有效区别于竞争着的优势	上一年度新开发产品数量达__个	1．新产品开发数量 2．产品创新合理化建议数量	2013年12月底	1．加强市场调研与分析，寻找市场产品空白点和需求点 2．激发员工创新性思维
质量管理	更好地满足顾客需求，提升顾客满意度	上一季度因质量问题而发生的客户投诉率达__%	1．客户满意度 2．客户投诉率 3．产品质量合格率	2013年6月底	1．建立企业内部质量管理体系和流程，加强产品质量监管和检验 2．提高生产人员责任心，生产合格产品
品牌管理	提升品牌知名度	上一年度品牌知名度达__%	1．品牌知名度 2．品牌正面曝光率	2013年12月底	1．加强品牌的广告宣传力度 2．增强公共力度，做好与媒体等媒介的沟通

2.6.3　市场占有目标描述

市场占有目标表现为企业所拥有的市场占有率。市场占有率是指一个企业的销售量（或销售额）在市场同类产品中所占的比重，直接反映出企业所提供的商品和劳务对消费者和用户的满足程度，表明企业的商品在市场上所处的地位。

市场占有率是企业的产品在市场上所占份额，也是企业对市场的控制能力。市场占有率越高，表明企业经营、竞争能力越强。企业市场占有率的不断扩大，可以使企业获得某种形式的垄断，这种垄断既能带来垄断利润又能保持一定的竞争优势。

市场占有目标描述具体如表 2-23 所示。

表 2-23　市场占有目标描述

关键要素	目的	现状	衡量标准	完成期限	具体措施
促销和宣传	扩大产品知名度，增加产品销量	上一年度通过促销增加的产品销售量达__件	1．产品销售量 2．市场占有率	2013年12月底	1．提高促销方案的可行性和合理性 2．创新促销方式，吸引更多顾客
销售队伍建设	减少员工流失率，提高员工销售能力	上一季度核心员工保有率达__人	1．核心员工保有率 2．销售任务完成率	2013年6月底	1．合理采用培训、提成等方式，提升其积极性 2．加强团队合作意识

关键要素	目的	现状	衡量标准	完成期限	具体措施
客户管理	维持大客户数量，开发新客户	上一季度新客户开发率达__%	1. 客户流失率 2. 新客户开发率	2013年6月底	1. 为每位客户建立信用状况等级，据此采取不同的销售政策 2. 为客户提供方便、快捷、优质的售后服务

2.6.4 市场渠道目标描述

概况而言，市场渠道目标是指设计符合企业实际的渠道体系，发展优质渠道成员，对现有渠道进行管理，确保渠道成员间、企业和渠道成员间相互协调和通力合作，并根据企业的发展对渠道进行调整，使其更加科学和合理。市场占有目标描述具体如表 2-24 所示。

表 2-24　市场渠道目标描述

关键要素	目的	现状	衡量标准	完成期限	具体措施
渠道成员管理	提高渠道成员满意度，降低渠道成员流失率	上一年度渠道成员满意度达__分	1. 渠道成员满意度 2. 渠道成员流失率	2013年12月底	1.制定渠道成员管理方案和实施细则 2.加强对渠道成员的培训 3.制定渠道成员的绩效考核方案和办法
渠道整合与再造	提高市场渠道的运行效率	上一年度整合与再造的渠道运行效率达__%	1. 整合与再造的渠道运行效率 2. 整合与再造后的渠道对现有渠道的影响	2013年12月底	1.正确选择渠道整合与再造的时机 2.充分进行调研，确定需要整合与再造的渠道，降低渠道整合与再造的影响

第 3 章

中小微企业任务管理描述

3.1 中小微企业量化任务描述

3.1.1 公司量化任务描述

公司量化任务描述如表 3-1 所示。

表 3-1 公司量化任务描述

任务名称	任务内容	任务等级	任务完成时限	任务完成目标
年度任务	编制公司年度发展计划	非常紧急	__年__月__日	必须完成
	完成销售任务目标的95%以上	非常重要	__年__月__日	控制在95%以上
	完成企业文化建设内容	重要	__年__月__日	尽力完成
月度任务	完成月度生产销售任务的100%	非常重要	__年__月__日	按需完成
	编写月度财务报表	紧急	__年__月__日	必须完成
	准备下一月度的经济分析会	紧急	__年__月__日	必须完成
日常管理任务	劳动纪律检查	一般	__年__月__日	必须完成
	生产进度检查	重要	__年__月__日	按需完成
人才培养任务	完成年度培训任务	重要	__年__月__日	按需完成
	制定完成员工职业生涯发展规划	重要	__年__月__日	尽力完成

3.1.2 部门量化任务描述

部门量化任务描述如表 3-2 所示。

表 3-2 部门量化任务描述

任务名称	任务内容	任务等级	任务完成时限	任务完成目标
年度任务	制订部门年度工作计划	非常紧急	__年__月__日	必须完成
	完成部门年度目标的95%以上	非常重要	__年__月__日	达到95%以上
	部门人员完成绩效考核	非常重要	__年__月__日	必须完成

任务名称	任务内容	任务等级	任务完成时限	任务完成目标
月度任务	编制月度工作计划	非常紧急	__年__月__日	必须完成
	编写月度部门预算	非常重要	__年__月__日	必须完成
	完成部门月度生产经营计划	非常重要	__年__月__日	达到90%以上
日常管理任务	劳动纪律检查	一般	__年__月__日	必须完成
	领导交办的其他工作任务	一般	__年__月__日	按需完成
人才培养任务	月度人员绩效沟通	重要	__年__月__日	按需完成
	完成部门月度培训任务	重要	__年__月__日	按需完成

3.1.3　岗位量化任务描述

岗位量化任务描述如表 3-3 所示。

表 3-3　岗位量化任务描述

任务名称	任务内容	任务等级	任务完成时限	任务完成目标
年度任务	制订岗位年度工作计划	非常紧急	__年__月__日	必须完成
	完成岗位目标的95%以上	非常重要	__年__月__日	达到95%以上
月度任务	编制岗位月度工作计划	非常紧急	__年__月__日	必须完成
	完成月度岗位绩效目标	非常重要	__年__月__日	必须完成
日常任务	遵守劳动纪律，按章做事	重要	__年__月__日	必须完成
	领导交办的其他工作任务	一般	__年__月__日	按需完成
人才培养任务	岗位人员技能提升培训	重要	__年__月__日	按需完成
	岗位人员轮岗	一般	__年__月__日	按需完成

3.1.4　人员量化任务描述

人员量化任务描述如表 3-4 所示。

表 3-4　人员量化任务描述

任务名称	任务内容	任务等级	任务完成时限	任务完成目标
年度任务	制订个人年度工作计划及目标	非常紧急	__年__月__日	必须完成
	完成个人目标的95%以上	非常重要	__年__月__日	达到95%以上
月度任务	制订个人月度工作计划及目标	非常紧急	__年__月__日	必须完成
	完成月度岗位绩效目标	非常重要	__年__月__日	必须完成
日常任务	遵守劳动纪律，按章做事	重要	__年__月__日	必须完成
	领导交办的其他工作任务	一般	__年__月__日	按需完成
个人发展任务	完成部门安排的培训课程	重要	__年__月__日	必须完成
	积极参与轮岗	一般	__年__月__日	按需完成

3.2 中小微企业量化任务分析

3.2.1 年度工作任务量化

年度工作任务量化如表 3-5 所示。

表 3-5 年度工作任务量化

年度	工作任务	任务目标	任务节点	任务负责人	完成时间
2013年	1. 进行市场调研和企业经营环境的分析 2. 制定企业5年发展战略规划书	制定规范、可执行的战略规划书，为企业发展提供战略指导	1. 市场调研 2. 环境分析 3. 编制发展战略规划书	战略管理层 市场调研人员	__年__月__日
2014年	1. 制定市场经营战略，开拓市场范围 2. 加强销售管理，提高销售量	提高企业市场占有率，提升企业生产经营利润	1. 市场调研 2. 制定市场销售策略 3. 选择市场范围	市场经理 销售经理	__年__月__日
2015年	1. 加强生产监管，控制生产成本 2. 完成重大经营项目	降低企业生产经营成本，发挥核心竞争项目的作用	1. 制定生产管理制度 2. 引进新型设备 3. 提高人员技能	生产经理 项目主管	__年__月__日
2016年	1. 举行大型促销活动，打造产品形象 2. 建立起一支核心营销团队	提升产品知名度和品牌知名度，提高企业营销能力	1. 制定促销方案 2. 促销流程优化 3. 加强培训力度	市场经理 销售经理 人力资源部经理	__年__月__日
2017年	做好客户维护工作，并开发新客户	为下一战略规划期做好准备	1. 加强与客户的沟通 2. 创新产品	客服部经理	__年__月__日

注：年度工作任务主要是根据企业战略规划期进行设计。一般企业的战略规划期为5~10年，上表以5年战略规划期说明年度工作任务量化的分析内容。

3.2.2 季度工作任务量化

季度工作任务量化如表 3-6 所示。

表 3-6 季度工作任务量化

季度	工作任务	任务目标	任务节点	任务负责人	完成时间
第一季度	1. 上一年度工作任务总结，并布置本年度工作任务 2. 将本年度工作任务分解为各季度工作计划	确保各季度任务执行有据可依	1. 任务总结 2. 任务分解 3. 任务分配	公司决策层	__年__月__日
第二季度	制定培训方案，加强培训，提高任务完成的技能水平	确保各阶段任务完成所需要的能力水平	1. 任务分析 2. 确定培训内容 3. 实施培训	部门经理 培训经理	__年__月__日

季度	工作任务	任务目标	任务节点	任务负责人	完成时间
第三季度	加强对各季度工作任务执行情况的监督检查，并做好绩效考核的准备	确保各阶段任务保质、保量并按时完成	1．制定任务检查方案 2．收集考核信息	部门经理 绩效主管	__年__月__日
第四季度	1．对各季度任务执行情况进行考核 2．总结分析各季度任务完成情况，为下年度任务安排做好准备	进一步激励员工完成本职工作任务，并为下一季度工作提供支持	1．确定考核方案 2．明确考核方法 3．撰写总结报告	部门经理 绩效主管	__年__月__日

3.2.3 月度工作任务量化

月度工作任务量化如表 3-7 所示。

表 3-7 月度工作任务量化

月度	工作任务	任务目标	任务节点	任务负责人	完成时间
1月	1．上一年度工作任务总结，并布置本年度工作任务 2．将本年度工作任务分解为各月份工作计划	确保各月份任务执行有据可依	1．任务总结 2．任务分解	公司决策层	__年__月__日
2月	认真分析本部门各月份工作，并将工作合理分配给各岗位人员	确保各月份工作任务执行有明确的责任人	1．任务分析 2．任务分配	部门经理	__年__月__日
3月	制定培训方案，明确培训内容	提高员工技能，确保任务保质、保量的完成	1．培训需求调查 2．制定培训方案	部门经理 培训经理	__年__月__日
……	……	……	……	……	……
12月	1．综合评价各月份任务完成情况 2．根据考核结果，完成绩效改进工作	进一步激励员工完成本职工作任务，并为下一年度工作提供支持	1．确定考核方案 2．明确考核方法 3．撰写绩效改进方案	部门经理 绩效主管	__年__月__日

3.3 中小微企业定性任务描述

3.3.1 工作任务职责描述

企业在分配工作任务时，首先需要考虑的是岗位职责。对工作任务职责的描述可从如图 3-1 所示的内容进行描述。

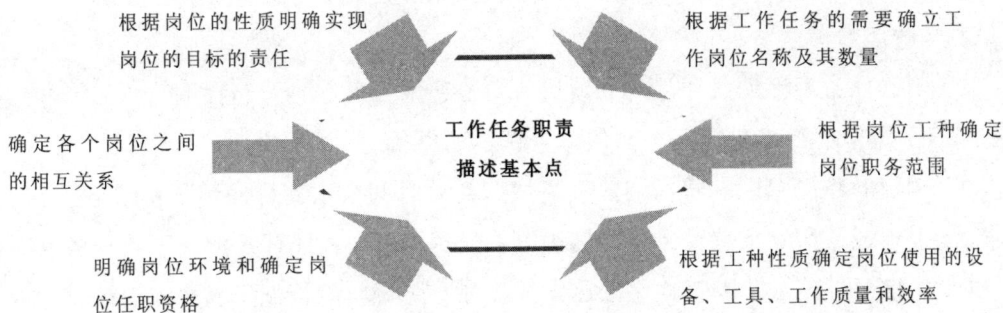

图 3-1　工作任务职责描述基本点

3.3.2　工作任务执行描述

对工作任务执行的描述，究其实质而言，就是对工作任务执行行为的描述，具体如图 3-2 所示。

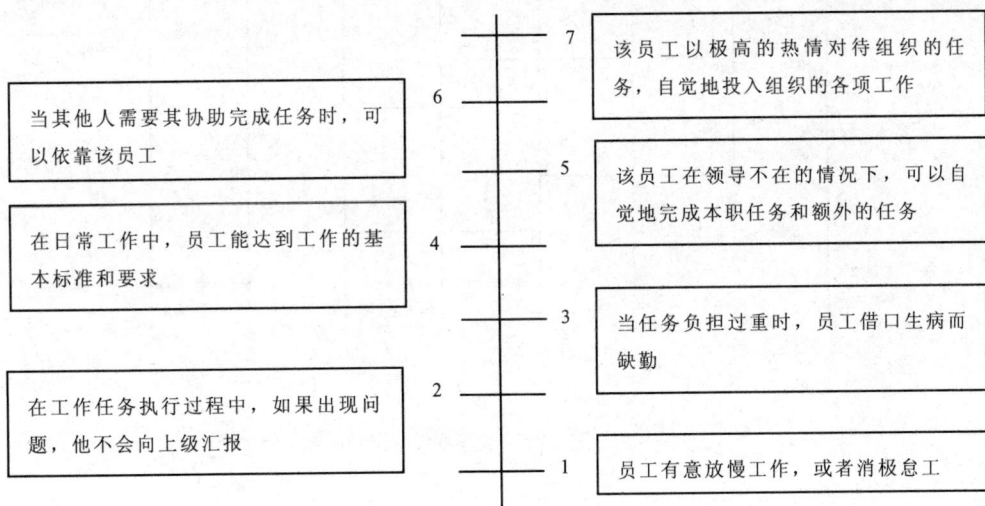

图 3-2　工作任务执行行为描述

3.3.3　工作任务达标描述

工作任务达标描述即对工作任务完成情况的描述，主要从任务完成质量、数量、时间及成本费用等方面进行描述。比如，员工在规定时间内，严格按照预算要求完成任务，任务结果达到了标准的要求且有效，可以信赖。

3.3.4　工作任务进度描述

工作任务进度描述可采用甘特图来描述。甘特图包含 3 个含义，一是以图形或表格的形式显示活动；二是现在是一种通用的显示进度的方法；三是构造时应包括实际日历天数和持续时间，并且不要将周末和节假日算在进度之内。

1. 甘特图的绘制

（1）明确任务牵涉的各项活动、项目。内容包括任务名称（包括顺序）、开始时间、工期，任务类型（依赖/决定性）和依赖于哪一项任务。

（2）创建甘特图草图。将所有的项目按照开始时间、工期标注到甘特图上。

（3）确定任务活动依赖关系及时序进度。使用草图，按照任务的类型将任务联系起来，并安排任务进度。此步骤将保证在未来计划有所调整的情况下，各项活动仍然能够按照正确的时序进行。即确保所有依赖性活动能并且只能在决定性活动完成之后按计划展开。

2. 用甘特图表示的任务进度

甘特图的模板具体如图 3-3 所示。

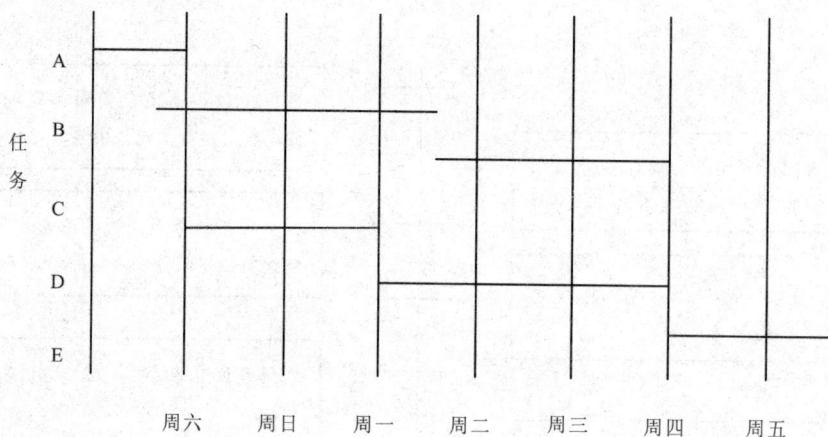

图 3-3　用甘特图表示的任务进度

3.4　中小微企业定性任务分析

3.4.1　营销工作任务分析

营销工作任务分析如表 3-8 所示。

表 3-8　营销工作任务分析

分析要点 / 工作任务	岗位职责	组织形式	工具或方法	资源支持	任务要求
制订年度销售计划并组织实施	公司销售战略规划与销售计划管理	统筹安排做计划，但应主动听取一线员工意见	上一年度销售计划书	决策领导层、必要的销售费用预算	依据公司战略发展目标制订销售计划

分析要点 ⟍ 工作任务	岗位职责	组织形式	工具或方法	资源支持	任务要求
销售成本控制在预算范围之内	控制各项费用的支出,合理控制销售成本	统筹安排,此任务应与财务部共同完成	上一年度销售费用预算表	财务部的支持,提供及时有效的费用预算信息	严格遵循公司销售费用使用规范、销售费用报销程序
完成大客户保有率的100%	负责维持与公司重要客户的良好合作关系	统筹安排,与客服部、市场部协作完成	将客服部与市场部直接的合作程度纳入绩效考核	客服部提供有效、准确的客户信息	主动满足客户的合理化要求;经常性地与大客户进行沟通
完成年度部门员工培训的任务	负责对部门员工进行销售技能及产品知识培训,提高员工工作技能	统筹安排,与人力资源部、培训部做好本部门员工培训需求分析,共同完成培训任务	培训需求分析表上一年度部门培训计划安排	培训场地、培训课程、培训讲师、培训费用、培训需求信息	明确员工培训的目标,并考核员工是否将培训内容应用到日常销售工作中
完成销售回款任务	严格按照费用预算指标完成销售任务,组织做好回款工作	按照部门安排独立完成,也可争取部门领导协助	销售部与客户所签订的销售合同及货款保证书等	客户信用等级、管理人员的支持	员工能够制定结算报表,及时催收账款
完成市场占有率目标的10%	制订市场开发计划,了解客户需求动态,不断提高市场占有率	多个部门联动完成,包括销售部、市场部、公关部、产品部等	多种市场开发策略的运用 加强广告宣传和促销	市场开发资金到位、充足 管理人员的支持 市场开发团队的建设	熟悉公司的发展战略,熟悉产品,擅长与人交往,能够使用一些开发策略

3.4.2 生产工作任务分析

生产工作任务分析如表3-9所示。

表3-9 生产工作任务分析

分析要点 ⟍ 工作任务	岗位职责	组织形式	工具或方法	资源支持	任务要求
按时完成生产产量	协调好各个生产环节,确保生产任务的顺利完成	统筹安排,所有部门人员通力完成此项任务	本年度生产计划书 生产设备	决策领导层、必要的生产费用预算、部门人员生产技能	根据企业的生产经营战略制订生产计划
完成质量管理体系的建立	负责建立完善的质量管理体系,不断提高产品质量	生产部职能人员完成,应征询一线生产人员的意见	标杆企业的质量管理体系 国家质量管理体系	国家关于质量管理体系的相关规定	质量管理体系应符合国家规定,且实用性强
生产成本控制在100%	严格控制部门费用,控制部门开支	统筹安排,生产部、财务部人员共同完成	财务预算表 新型生产设备 员工操作方法	财务预算信息、生产设备改进、人员技能提高	严格按照生产预算要求,控制生产成本

分析要点 工作任务	岗位职责	组织形式	工具或方法	资源支持	任务要求
消除安全隐患	建立和完善生产安全责任制,规范和完善各项操作流程和规范	统筹安排,生产部门所有人员通力合作,共同完成	完善的操作规程 员工上岗操作合格证明	培训资源、安全预警机制、管理层支持	定期排查安全隐患,做好安全预警,及时消除安全隐患,防范安全事故发生
维修保养生产设备	负责定期组织维修保养工作,提高设备的完好率和利用率	独立完成	设备检验设施维修保养设施	设备检验设施、维修保养设施、配备相关维修保养人员	定期对生产设备进行检修,杜绝设备故障和事故
部门员工培训计划	负责部门员工的培训、考核工作,加强队伍建设	统筹安排,与人力资源部、培训部共同完成	培训需求分析表 上一年度部门培训计划安排	培训场地、培训课程、培训讲师、培训费用、培训需求信息	明确员工培训的目标,并考核员工是否将培训内容应用到日常销售工作中

3.4.3 采购工作任务分析

采购工作任务分析如表 3-10 所示。

表 3-10 采购工作任务分析

分析要点 工作任务	岗位职责	组织形式	工具或方法	资源支持	任务要求
制定采购计划并组织实施	制订物资采购计划,保证采购物资满足公司经营需要	统筹安排做计划,但应主动听取生产部门意见	上一年度采购计划书 生产部需求计划书	决策领导层、必要的采购费用预算	依据公司经营计划制订物资采购计划
选择供应商	深入调查资源市场,合理选择供应商,并做好供应商的维护	独立完成	通过市场调研,了解各供应商的信用等级和资质	市场调研信息、市场部人员、市场调研费用	选择的供应商信用等级高、所提供的物资质量合格
采购合同管理	主持合同评审、监督合同执行并建立合同台账	统筹安排,与档案管理部共同完成	采购合同台账 采购合同评审规则	与采购合同相关的一系列规章、制度	按照国家规定及企业规定管理采购合同,避免发生吃回扣现象
控制采购进度	负责开展采购跟单、催货工作,进行采购交期管理,确保物资的及时供应	独立完成,督促供货商的进度,争取其配合	采购合同关于采购进度的规定	采购进度计划、采购跟单	采购进度控制应以满足生产需要为标准,做到及时催货
检验物资采购质量	负责控制采购质量,确保物资质量符合公司要求	独立完成	质量检验设备人员操作技能	质量合格检验单、检验设备	按照质量合格要求检验物资质量

3.4.4 财务工作任务分析

财务工作任务分析如表 3-11 所示。

表 3-11　财务工作任务分析

工作任务＼分析要点	岗位职责	组织形式	工具或方法	资源支持	任务要求
制定财务预算	组织有关人员编制财务预算并将其汇总,上报领导审批后实行	统筹安排,主动听取各部门关于财务预算的建议	上一年度财务预算计划各部门财务预算报表	决策领导层、各部门财务预算信息	依据公司战略计划及经营计划制定财务预算
财务成本控制	监督各部门预算的执行情况,审核各部门的费用支出,提出成本控制方案	统筹安排,各部门与财务部通力完成此项工作	成本控制方案各部门财务预算报表	各部门财务预算信息	财务成本控制在预算范围内,但注意能够保证各部门完成任务
组织财务分析	定期或不定期组织财务分析,提高财务分析报告	独立完成,但需要各部门提供相关财务信息	财务分析软件财务分析资料财务分析方法综合使用	各部门财务预算信息、企业经营数据、企业经营统计报告	根据企业经营数据进行财务分析,财务分析结果分析无误
会计核算	负责组织会计人员做好会计核算工作来看,编制和审核会计报表	独立完成	会计核算软件会计核算相关单据	各部门财务预算信息、企业经营数据	正确、及时、完整地记账、算账、报账,准确地提供核算资料

3.4.5 人力工作任务分析

人力工作任务分析如表 3-12 所示。

表 3-12　人力工作任务分析

工作任务＼分析要点	岗位职责	组织形式	工具或方法	资源支持	任务要求
编制人力资源规划	组织编制并落实人力资源规划,为重大人事决策提供建议和信息支持	统筹安排,主动听取各部门关于人才需求的建议	劳动力市场调研人力资源供给和需求信息表	决策领导层、各部门人员需求信息、劳动力市场信息	能够保证公司战略规划发展期内的人员需求
招聘与选拔	根据部门人员需求情况提出人员招聘方案,经审批后实施	统筹安排,与各业务部门通力合作完成	人力资源供给和需求信息表人员招聘方案	各部门人员需求信息、劳动力市场信息、招聘方案	能够为企业发展选拔优秀、有潜力的人才
培训与开发	根据企业发展的要求,针对各类岗位员工设计培训方案并实施	统筹安排,认真听取各部门关于培训的建议	培训需求调研分析表培训方案培训方法选择方案	培训费用、各部门培训需求信息、管理层人员支持	通过培训,使参训人员提高工作技能和水平

分析要点 工作任务	岗位职责	组织形式	工具或方法	资源支持	任务要求
绩效考核	安排专门人员定期组织和实施绩效考核	统筹安排，使各部门重视绩效考核	绩效考核方案	绩效考核方案、管理层人员支持	绩效考核公平、公正、公开地组织与实施
薪酬激励	编制工资计划，审核各部门奖金和提成分配方案	独立完成，并注意信息保密	薪酬激励方案薪酬发放细则	薪酬激励方案、薪酬发放细则、预算支持、工资报表	能够提供对内公平、对外具有竞争力的薪酬激励方案
员工关系处理	组织受理员工投诉和企业内部劳资纠纷，完善内部沟通渠道	独立完成，但应征询管理层和法律顾问的意见	劳动合同法、劳动法、企业内部劳动争议处理应急预案	劳动合同法、劳动法以及其他相关法律法规	能够及时处理员工矛盾，降低经营风险和成本

第4章

中小微企业目标任务考核指标

4.1 目标任务考核指标体系

4.1.1 目标任务考核指标设计

绩效考核指标代表企业对某业务部门或职位的绩效导向，并在很大程度上影响员工未来的工作状态和工作行为。同时，绩效考核指标更是企业组织绩效考核工作的基本要素，制定有效的绩效考核指标是绩效考核成功的重要保证，是企业建立绩效考核体系的中心环节。

企业对于绩效考核指标的设计，必须要整合企业总体业务目标和具体任务，经过缜密分析和研究最终确定绩效考核指标。通常情况下，目标任务考核指标设计要经过业务总体目标分析、业务工作岗位分析、业务工作要素分解和业务考核指标确定4个步骤。目标任务考核指标设计具体流程内容如图4-1所示。

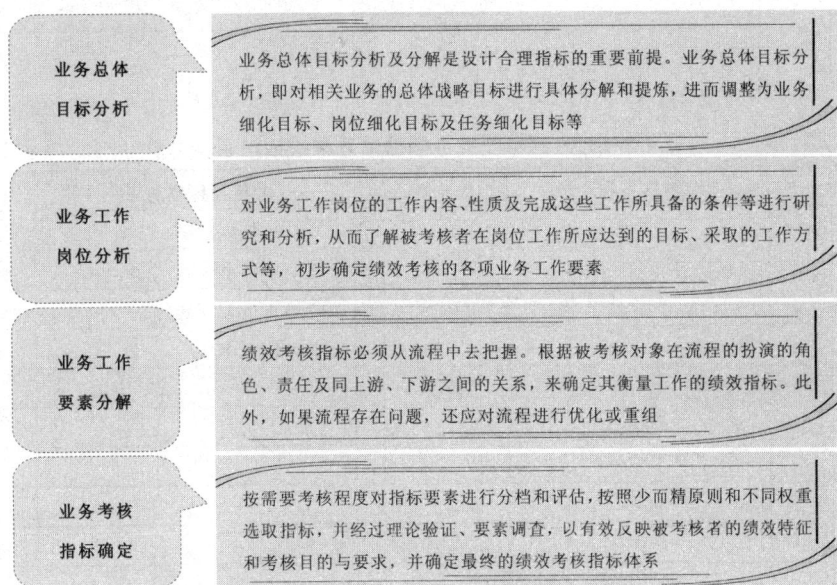

业务总体目标分析	业务总体目标分析及分解是设计合理指标的重要前提。业务总体目标分析，即对相关业务的总体战略目标进行具体分解和提炼，进而调整为业务细化目标、岗位细化目标及任务细化目标等
业务工作岗位分析	对业务工作岗位的工作内容、性质及完成这些工作所具备的条件等进行研究和分析，从而了解被考核者在岗位工作所应达到的目标、采取的工作方式等，初步确定绩效考核的各项业务工作要素
业务工作要素分解	绩效考核指标必须从流程中去把握。根据被考核对象在流程的扮演的角色、责任及同上游、下游之间的关系，来确定其衡量工作的绩效指标。此外，如果流程存在问题，还应对流程进行优化或重组
业务考核指标确定	按需要考核程度对指标要素进行分档和评估，按照少而精原则和不同权重选取指标，并经过理论验证、要素调查，以有效反映被考核者的绩效特征和考核目的与要求，并确定最终的绩效考核指标体系

图 4-1 目标任务考核指标设计流程

4.1.2　目标任务考核指标分解

对绩效考核指标进行分解，目的是使指标之间具有科学的因果逻辑关系。通常企业可以利用财务运算工具、关键成功要素法（CSF法）和鱼骨图等对绩效考核指标进行分解，具体如表 4-1 所示。

表 4-1　绩效考核指标分解方法说明

方法	具体内容说明
财务运算工具	1. 绩效考核指标通过财务关系分析，是因为有些指标可以通过加减乘除运算得出，如净利润=销售收入-成本总额+其他利润-所得税；销售收入=销售量×产品单价；成本总额=销售成本+销售税金+营业费用+管理费用+财务费用 2. 为使绩效考核更加方便，并体现管理重点，如果财务运算指标有重叠部分，一定要加以简化，以使指标资源得到充分利用
关键成功要素法（CSF法）	1. CSF法运用即首先分析关键成功要素，其次落实关键业务指标并分解 2. 如电力调度所的调度运行管理、电网保护管理、调动自动化管理和通信管理的职能即部门关键成功要素，对每项要素分解得出调度责任事故件数、保护定值计算正确率、调动自动装置正确动作率、通信保障率4个关键业务指标
鱼骨图	鱼骨图，又称为因果图（Cause-Effect Diagram），其首先要求管理者进行6个维度的一级分解，即"测量、设备、人员、环境、方法和原料，简称'4M1P1E'"。其次进行二次分解，得出每个维度的原因和子因素，最终将绩效考核指标分解出来。以下是鱼骨图示例，仅供参考：

以下是××目标任务考核指标分解模板，具体如表 4-2 所示。

表 4-2　××目标任务考核指标分解模板（示例）

目标任务	考核指标	总分值	考核指标细分	分值分解
科研项目管理	科研项目计划完成率	20	科研项目计划完成率	10%
			科研成功项目数	5%
			科研成果申请专利数	5%
	科研成果转化率	10	科研成果转化率	10%
……	……			
……	……			

4.1.3 目标任务考核指标量化

目标任务考核指标量化设计，首先应对绩效考核指标进行量化计算，如是定性指标的也应该进行量化性质的定义。其次，设计细分指标量化标准，指标量化标准需要明确规范企业对员工的要求，确保公开、公平、公正的原则，指标量化考核标准设定工作内容主要包括设定考核目标值、设定指标考核不同结果得分标准两个方面。

以下是××目标任务考核指标量化模板，具体如表 4-3 所示。

表 4-3　××目标任务考核指标量化模板（示例）

目标任务	考核指标	细分指标量化标准
科研项目管理	科研项目计划完成率=$\dfrac{科研项目实际完成数}{科研项目计划完成数} \times 100\%$	科研项目计划完成率≥___%，得___分；若其<___%，扣___分
		科研成功项目数≥___个，得___分；若其<___个，扣___分
		科研成果申请专利数≥___个，得___分；若其<___个，扣___分
	科研成果转化率=$\dfrac{科研成果转化项目数}{科研成功总项目数} \times 100\%$	科研成果转化率≥___%，得___分；若其<___%，扣___分
……	……	
	……	
……	……	

4.1.4 目标任务考核指标变更

为了使设计好的绩效考核指标更趋合理与适用，企业一般还会对其进行修订和变更。绩效考核指标修订与变更主要分为三种形式，一是业务目标调整变更，二是绩效考核前修订，三是绩效考核后修订。其具体内容如图 4-2 所示。

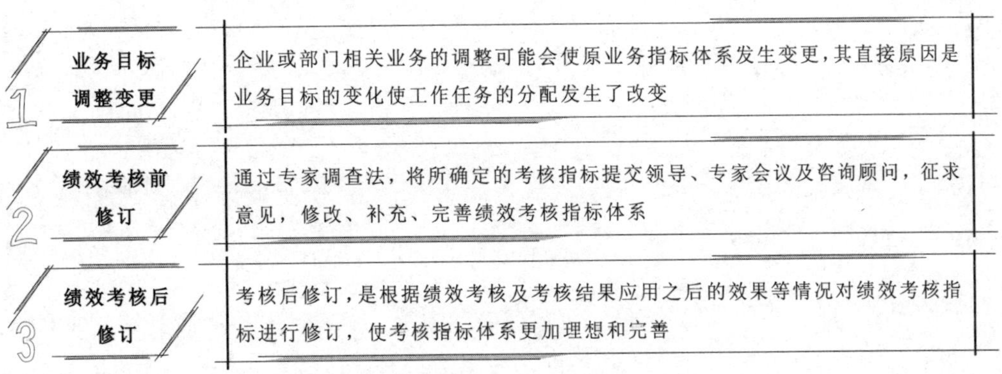

1	业务目标调整变更	企业或部门相关业务的调整可能会使原业务指标体系发生变更，其直接原因是业务目标的变化使工作任务的分配发生了改变
2	绩效考核前修订	通过专家调查法，将所确定的考核指标提交领导、专家会议及咨询顾问，征求意见，修改、补充、完善绩效考核指标体系
3	绩效考核后修订	考核后修订，是根据绩效考核及考核结果应用之后的效果等情况对绩效考核指标进行修订，使考核指标体系更加理想和完善

图 4-2　目标任务考核指标变更的形式

以下是××目标任务考核指标变更模板，具体如表 4-4 所示。

表 4-4　××目标任务考核指标变更模板

编号	原指标	变更条件或原因	变更结果
1			
2			
3			
4			
5			
...			

4.2　营销目标任务考核指标

4.2.1　营销目标任务考核指标设计

营销管理主要是对企业产品在价值实现过程中的各个营销环节实行管理、监督、协调和服务，其具体业务主要包括制订企业营销计划、产品管理、市场推广与策划、销售管理、销售报表编制与分析、市场调研与市场预测及售后服务等。

具体的营销目标任务考核指标设计，其实是对营销业务总体目标分析、工作岗位分析、工作要素分解并最终确定目标任务考核指标的过程。以下是营销目标任务考核指标设计方法，具体如图 4-3 所示。

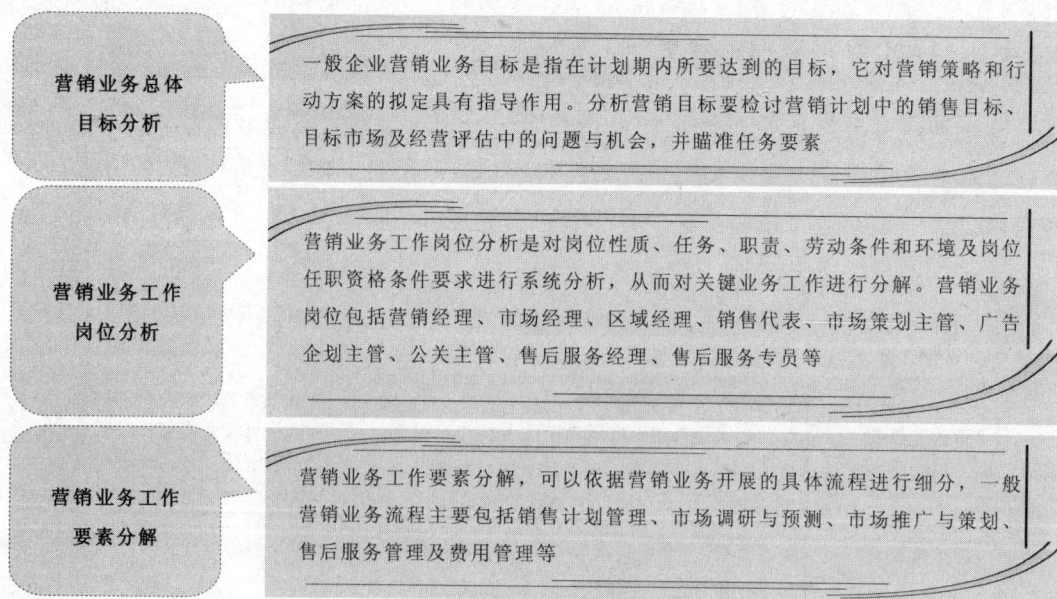

营销业务总体目标分析 —— 一般企业营销业务目标是指在计划期内所要达到的目标，它对营销策略和行动方案的拟定具有指导作用。分析营销目标要检讨营销计划中的销售目标、目标市场及经营评估中的问题与机会，并瞄准任务要素

营销业务工作岗位分析 —— 营销业务工作岗位分析是对岗位性质、任务、职责、劳动条件和环境及岗位任职资格条件要求进行系统分析，从而对关键业务工作进行分解。营销业务岗位包括营销经理、市场经理、区域经理、销售代表、市场策划主管、广告企划主管、公关主管、售后服务经理、售后服务专员等

营销业务工作要素分解 —— 营销业务工作要素分解，可以依据营销业务开展的具体流程进行细分，一般营销业务流程主要包括销售计划管理、市场调研与预测、市场推广与策划、售后服务管理及费用管理等

图 4-3　营销目标任务考核指标设计方法

营销业务考核
指标确定

营销业务考核指标是对业务要素分解后，对考核指标进行诊断和系统分析确定的。营销业务考核指标包括销售计划完成率、产品销售额、销售目标达成率、销售增长率、市场调研计划计划完成率、成本费用预算达成率、货款回收率、成品库存周转率、品牌认知度、售后服务满意度等

图 4-3　营销目标任务考核指标设计方法（续）

4.2.2　营销目标任务考核指标分解

营销目标任务考核指标分解如表 4-5 所示。

表 4-5　营销目标任务考核指标分解

目标任务	考核指标	总分值	考核指标细分	分值分解
销售计划管理	销售计划完成率	20	销售计划完成率	10
			销售计划预测准确率	5
			销售目标达成率	5
	销售增长率	15	销售增长率	5
			产品销售量	10
	货款回收率	10	货款回收率	5
			产品销售额	5
	成品库存周转率	5	成品库存周转率	3
			成品库存周转天数	2
市场调研与预测	市场调研任务完成率	5	市场调研任务完成率	3
			市场调研预测准确率	1
			市场调研报告质量	1
市场推广与策划	市场推广计划完成率	10	市场推广计划完成率	5
			市场占有率	3
			品牌认知度	2
	市场策划执行率	5	策划方案编制及时率	2
			促销计划完成率	3
售后服务管理	客户开发计划完成率	10	客户开发计划完成率	5
			老客户保有率	2
			新客户开发率	3
	客户投诉率	10	客户投诉率	3
			客户投诉处理及时率	3
			售后服务满意度	4
费用管理	成本费用预算达成率	10	成本费用预算达成率	5
			成本费用节约率	5

4.2.3 营销目标任务考核指标量化

营销目标任务考核指标量化如表 4-6 所示。

表 4-6 营销目标任务考核指标量化

目标任务	考核指标	细分指标量化标准
销售计划管理	销售计划完成率= $\dfrac{销售计划实际完成量}{计划完成销售量}\times100\%$	销售计划完成率≥___%，得___分；若其<___%，扣___分
		销售计划预测准确率≥___%，得___分；若其<___%，扣___分
		销售目标达成率≥___%，得___分；若其<___%，扣___分
	销售增长率= $\dfrac{当期销量-上期销量}{上期销量}\times100\%$	销售增长率≥___%，得___分；若其<___%，扣___分
		产品销售量≥___万件（吨），得___分；若其<___%，扣___分
	货款回收率= $\dfrac{实际收回货款}{当期应收货款}\times100\%$	货款回收率≥___%，得___分；若其<___%，扣___分
		产品销售额≥___万元，得___分；若其<___万元，扣___分
	成品库存周转率= $\dfrac{销售收入}{库存平均余额}\times100\%$	成品库存周转率≥___%，得___分；若其<___%，扣___分
		成品库存周转天数≤___天，得___分；若其>___天，扣___分
市场调研与预测	市场调研任务完成率= $\dfrac{调研实际完成任务量}{市场调研计划任务量}\times100\%$	市场调研任务完成率≥___%，得___分；若其<___%，扣___分
		市场调研预测准确率≥___%，得___分；若其<___%，扣___分
		市场调研报告质量评价≥___分，得___分；若其<___分，扣___分
市场推广与策划	市场推广计划完成率= $\dfrac{销售计划实际完成量}{计划完成销售量}\times100\%$	市场推广计划完成率≥___%，得___分；若其<___%，扣___分
		市场占有率≥___%，得___分；若其<___%，扣___分
		品牌认知度评价≥___%，得___分；若其<___%，扣___分
	市场策划执行率= $\dfrac{实际完成策划任务数}{计划完成策划任务数}\times100\%$	策划方案编制及时率≥___%，得___分；若其<___%，扣___分
		促销计划完成率≥___%，得___分；若其<___%，扣___分
售后服务管理	客户开发计划完成率= $\dfrac{客户开发计划完成量}{计划完成客户开发量}\times100\%$	客户开发计划完成率≥___%，得___分；若其<___%，扣___分
		老客户保有率≥___%，得___分；若其<___%，扣___分
		新客户开发率≥___%，得___分；若其<___%，扣___分
	客户投诉率= $\dfrac{投诉客户数}{客户总数}\times100\%$	客户投诉率≤___%，得___分；若其>___%，扣___分
		客户投诉处理及时率≥___%，得___分；若其<___%，扣___分
		售后服务满意度评价≥___%，得___分；若其<___%，扣___分
费用管理	成本费用预算达成率= $\dfrac{实际费用支出金额}{成本费用预算金额}\times100\%$	成本费用预算达成率≥___%，得___分；若其<___%，扣___分
		成本费用节约率≥___%，得___分；若其<___%，扣___分

4.2.4 营销目标任务考核指标变更

营销目标任务考核指标变更如表 4-7 所示。

表 4-7 营销目标任务考核指标变更

编号	原指标	变更条件或原因	变更结果
1	销售计划预测准确率	企业对销售总监分析预测能力要求增加	指标权重增加___%
2	售后服务满意度	绩效考核指标体系运行时该指标与"客户投诉率"部分重叠，实际考核价值降低	合并为"客户投诉率"
3	市场策划执行率	企业对广告宣传策划更加重视	增加"广告策划执行率"
4	成品库存周转率	企业销售业绩下降，一定时期内产生大量库存，需要加快对成品库存周转	一定时期内，该指标权重增加___%

4.3　生产目标任务考核指标

4.3.1　生产目标任务考核指标设计

生产业务主要是由企业生产总监直接领导和监督，根据企业经营目标和计划从产品品种、质量、成本等方面出发，采取有效方法和措施对企业人力、物力、设备和资金等资源进行计划、组织、指挥、协调和控制的过程。

生产目标任务考核指标设计，主要是对生产业务总体目标分析、生产业务工作岗位分析、生产业务工作要素分解并最终确定生产目标任务考核指标的过程。生产目标任务考核指标设计方法，具体如图 4-4 所示。

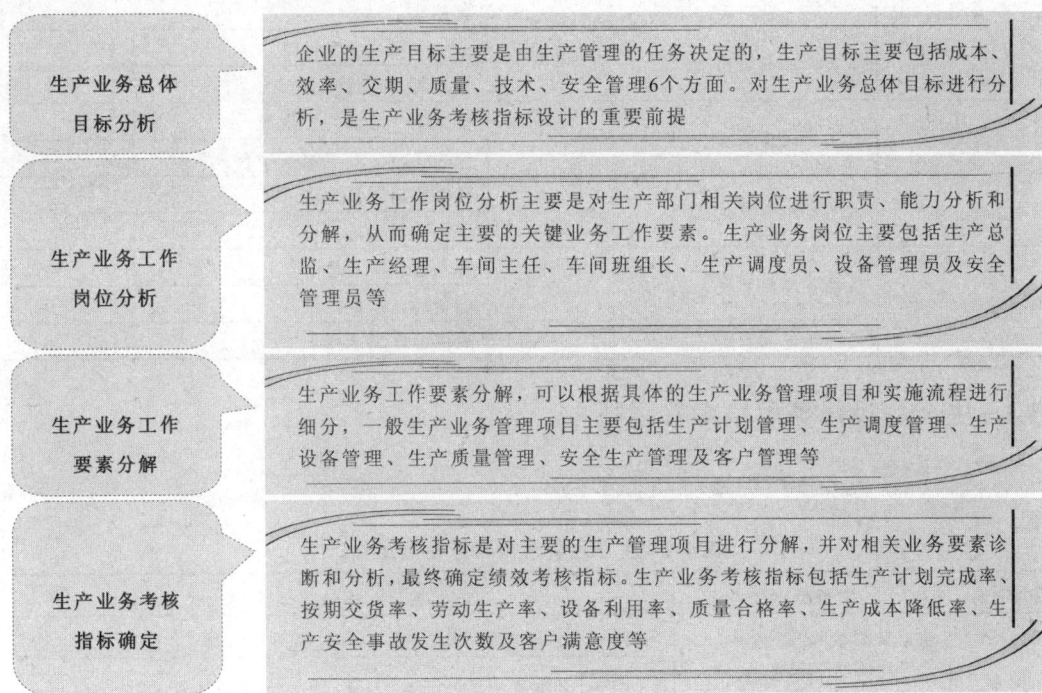

生产业务总体目标分析	企业的生产目标主要是由生产管理的任务决定的，生产目标主要包括成本、效率、交期、质量、技术、安全管理6个方面。对生产业务总体目标进行分析，是生产业务考核指标设计的重要前提
生产业务工作岗位分析	生产业务工作岗位分析主要是对生产部门相关岗位进行职责、能力分析和分解，从而确定主要的关键业务工作要素。生产业务岗位主要包括生产总监、生产经理、车间主任、车间班组长、生产调度员、设备管理员及安全管理员等
生产业务工作要素分解	生产业务工作要素分解，可以根据具体的生产业务管理项目和实施流程进行细分，一般生产业务管理项目主要包括生产计划管理、生产调度管理、生产设备管理、生产质量管理、安全生产管理及客户管理等
生产业务考核指标确定	生产业务考核指标是对主要的生产管理项目进行分解，并对相关业务要素诊断和分析，最终确定绩效考核指标。生产业务考核指标包括生产计划完成率、按期交货率、劳动生产率、设备利用率、质量合格率、生产成本降低率、生产安全事故发生次数及客户满意度等

图 4-4　生产目标任务考核指标设计方法

4.3.2　生产目标任务考核指标分解

生产目标任务考核指标分解如表 4-8 所示。

表 4-8　生产目标任务考核指标分解

目标任务	考核指标	总分值	考核指标细分	分值分解
生产计划管理	生产计划编制及时率	10	生产计划编制及时率	5
			生产计划编制质量	5
	生产计划完成率	15	生产计划完成率	10
			年度生产总量	5

目标任务	考核指标	总分值	考核指标细分	分值分解
生产调度管理	生产调度执行及时率	10	生产调度执行及时率	5
			按期交货率	5
	劳动生产率	10	劳动生产率	5
			产值	3
			生产效率提高率	2
生产设备管理	产能利用率	10	产能利用率	5
			生产设备平均利用时间	5
	生产设备完好率	5	生产设备完好率	3
			生产设备保养及时率	2
生产质量管理	生产质量合格率	10	生产质量合格率	5
			优良品率	3
			废品率	2
	重大生产质量事故	5	重大生产质量事故数	2
			重大生产质量事故损失金额	3
安全生产管理	安全生产事故	5	安全生产事故发生次数	2
			重大安全生产事故损失金额	3
成本费用管理	成本费用预算达成率	10	成本费用预算达成率	5
			成本费用降低率	5
客户管理	外部客户满意度	5	外部客户满意度	3
			质量问题投诉次数	2
	内部协作满意度	5	内部协作满意度	5

4.3.3　生产目标任务考核指标量化

生产目标任务考核指标量化如表 4-9 所示。

表 4-9　生产目标任务考核指标量化

目标任务	考核指标	细分指标量化标准
生产计划管理	生产计划编制及时率＝$\dfrac{生产计划及时编制数}{生产计划编制数}×100\%$	生产计划编制及时率≥＿＿％，得＿＿分，若其＜＿＿％，扣＿＿分
		生产计划编制质量评价≥＿＿分，得＿＿分；若其＜＿＿分，扣＿＿分
	生产计划完成率＝$\dfrac{实际完成生产计划数}{应完成的生产计划数}×100\%$	生产计划完成率≥＿＿％，得＿＿分；若其＜＿＿％，扣＿＿分
		年度生产总量≥＿＿万件（吨），得＿＿分；若其＜＿＿万件（吨），扣＿＿分
生产调度管理	生产调度执行及时率＝$\dfrac{调度任务及时执行数}{调度任务总项目数}×100\%$	生产调度执行及时率≥＿＿％，得＿＿分；若其＜＿＿％，扣＿＿分
		按期交货率≥＿＿％，得＿＿分；若其＜＿＿％，扣＿＿分
	劳动生产率＝$\dfrac{工业产值}{全部职工平均人数}×100\%$	劳动生产率≥＿＿％，得＿＿分；若其＜＿＿％，扣＿＿分
		产值≥＿＿万元，得＿＿分；若其＜＿＿万元，扣＿＿分
		生产效率提高率≥＿＿％，得＿＿分；若其＜＿＿％，扣＿＿分
生产设备管理	产能利用率＝$\dfrac{实际产能}{设计产能}×100\%$	产能利用率≥＿＿％，得＿＿分；若其＜＿＿％，扣＿＿分
		生产设备平均利用时间≥＿＿小时，得＿＿分；若其＜＿＿小时，扣＿＿分

目标任务	考核指标	细分指标量化标准
生产质量管理	生产设备完好率= $\dfrac{完好生产设备数}{生产设备总数}×100\%$	生产设备完好率≥___%，得___分；若其<___%，扣___分
		生产设备保养及时率≥___%，得___分；若其<___%，扣___分
	生产质量合格率= $\dfrac{合格产品数量}{产品总数量}×100\%$	生产质量合格率≥___%，得___分；若其<___%，扣___分
		优良品率≥___%，得___分；若其<___%，扣___分
		废品率<___%，得___分；若其≥___%，扣___分
	重大生产质量事故	重大生产质量事故数<___次，得___分；若其≥___次，扣___分
		重大生产质量事故损失金额<___万元，得___分；若其≥___%，扣___分
安全生产管理	安全生产事故	安全生产事故发生次数<___次，得___分；若其≥___次，扣___分
		重大安全生产事故损失金额<___万元，得___分；若其≥___万元，扣___分
成本费用管理	成本费用预算达成率= $\dfrac{实际费用支出金额}{成本费用预算金额}×100\%$	成本费用预算达成率≥___%，得___分；若其<___%，扣___分
		成本费用降低率≥___%，得___分；若其<___%，扣___分
客户管理	外部客户满意度	外部客户满意度评价≥___%，得___分；若其<___%，扣___分
		质量问题投诉次数<___次，得___分；若其≥___次，扣___分
	内部协作满意度	内部协作满意度评价≥___%，得___分；若其<___%，扣___分

4.3.4 生产目标任务考核指标变更

生产目标任务考核指标变更如表 4-10 所示。

表 4-10 生产目标任务考核指标变更

编号	原指标	变更条件或原因	变更结果
1	按期交货率	企业因产品生产不能按期完成交货而失去部分重要客户，故更加注重"按期交货率"这一绩效考核指标	指标权重增加___%
2	—	因企业发现库存量越来越大，导致企业资金合理运用限制性问题较为严重，故开始加强生产库存管理	增加"库存资金占用率"
3	生产质量合格率	企业生产引进5S管理及现场管理技术，从生产管理质量及产品质量方面加强了学习和高效执行	分解出"5S及现场管理执行率"
4	安全生产事故	可能由于企业发生过重大的安全生产问题，或者由于企业对安全生产加以重视，故也加强了对生产人员进行安全生产教育培训的工作	分解出"安全生产培训计划完成率"

4.4 采购目标任务考核指标

4.4.1 采购目标任务考核指标设计

采购业务，是对企业为生产测评及维护正常运作而必须消耗的物品，以及必须配置的设施的购入活动的总称，是企业成本控制的重点业务之一。企业主要的采购目标任务，一是对外选择并管理供应商，控制与保证采购物资的价格优势；二是对内控制采购流程，保证采购质量和交货周期，以满足企业生产和市场的需要。

采购目标任务考核指标设计，应从采购业务总体目标、采购业务工作岗位、采购业务工作要素三方面进行细化分析和分解。以下是采购目标任务考核指标设计方法，如图4-5所示。

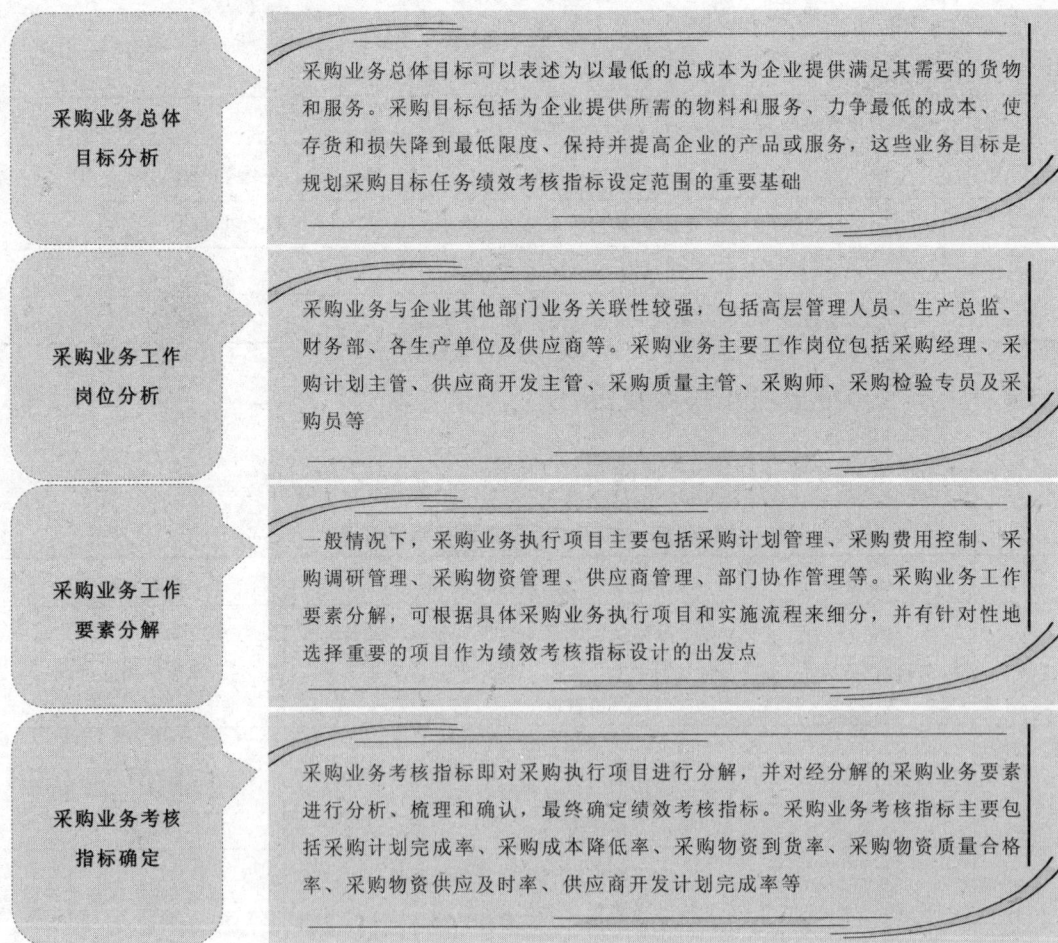

采购业务总体目标分析	采购业务总体目标可以表述为以最低的总成本为企业提供满足其需要的货物和服务。采购目标包括为企业提供所需的物料和服务、力争最低的成本、使存货和损失降到最低限度、保持并提高企业的产品或服务，这些业务目标是规划采购目标任务绩效考核指标设定范围的重要基础
采购业务工作岗位分析	采购业务与企业其他部门业务关联性较强，包括高层管理人员、生产总监、财务部、各生产单位及供应商等。采购业务主要工作岗位包括采购经理、采购计划主管、供应商开发主管、采购质量主管、采购师、采购检验专员及采购员等
采购业务工作要素分解	一般情况下，采购业务执行项目主要包括采购计划管理、采购费用控制、采购调研管理、采购物资管理、供应商管理、部门协作管理等。采购业务工作要素分解，可根据具体采购业务执行项目和实施流程来细分，并有针对性地选择重要的项目作为绩效考核指标设计的出发点
采购业务考核指标确定	采购业务考核指标即对采购执行项目进行分解，并对经分解的采购业务要素进行分析、梳理和确认，最终确定绩效考核指标。采购业务考核指标主要包括采购计划完成率、采购成本降低率、采购物资到货率、采购物资质量合格率、采购物资供应及时率、供应商开发计划完成率等

图 4-5 采购目标任务考核指标设计方法

4.4.2 采购目标任务考核指标分解

采购目标任务考核指标分解如表 4-11 所示。

表 4-11 采购目标任务考核指标分解

目标任务	考核指标	总分值	考核指标细分	分值分解
采购计划管理	采购计划编制及时率	10	采购计划编制及时率	3
			采购计划编制完整率	3
			采购计划编制准确率	4
	采购计划完成率	20	采购计划完成率	5
			采购计划执行及时率	5
			采购订单按时完成率	5
			错误采购次数	5
采购费用控制	采购成本降低率	10	采购预算达成率	4
			采购成本	3
			采购成本降低率	3
采购调研管理	采购调研任务完成率	5	采购调研任务完成率	3
			采购调研报告上交及时率	2
	采购调研信息准确率	5	采购调研信息准确率	2
			采购物资价格合理性	3
采购物资管理	采购物资到货率	10	采购物资到货率	5
			采购物资到货量	2
			采购物资到货及时率	3
	采购物资质量合格率	15	采购物资质量合格率	6
			物料使用不良率	3
			物料退货率	3
			重大采购质量事故数	3
	采购物资供应及时率	5	采购物资供应及时率	3
			采购物资库存周转天数	2
供应商管理	供应商开发计划完成率	10	供应商开发计划完成率	5
			新开发供应商数量	3
			优秀供应商开发数量	2
	供应商满意度	5	原优秀供应商保留率	2
			供应商满意度	3
部门协作管理	部门协作满意度	5	部门协作满意度	3
			采购问题投诉次数	2

4.4.3 采购目标任务考核指标量化

采购目标任务考核指标量化如表 4-12 所示。

表 4-12 采购目标任务考核指标量化

目标任务	考核指标	细分指标量化标准
采购计划管理	采购计划编制及时率＝采购计划及时编制数÷采购计划编制数×100%	采购计划编制及时率≥___%，得___分；若其<___%，扣___分
		采购计划编制完整率≥___%，得___分；若其<___%，扣___分
		采购计划编制准确率≥___%，得___分；若其<___%，扣___分

目标任务	考核指标	细分指标量化标准
采购费用控制	采购计划完成率= $\dfrac{考核期采购总数量}{考核期计划采购数量}\times100\%$	采购计划完成率≥___%，得___分；若其<___%，扣___分
		采购计划执行及时率≥___%，得___分；若其<___%，扣___分
		采购订单按时完成率≥___%，得___分；若其<___%，扣___分
		错误采购次数<___次，得___分；若其≥___%，扣___分
	采购预算达成率= $\dfrac{实际费用支出金额}{成本费用预算金额}\times100\%$	采购预算达成率≥___%，得___分；若其<___%，扣___分
		采购成本<___万元，得___分；若其≥___%，扣___分
		采购成本降低率≥___%，得___分；若其<___%，扣___分
采购调研管理	采购调研任务完成率= $\dfrac{实际完成调研任务量}{计划完成调研任务量}\times100\%$	采购调研任务完成率≥___%，得___分；若其<___%，扣___分
		采购调研报告上交及时率≥___%，得___分；若其<___%，扣___分
	采购调研信息差错率= $\dfrac{准确的调研信息量}{调研信息总量}\times100\%$	采购调研信息差错率≥___%，得___分；若其<___%，扣___分
		采购物资价格合理性评价≥___分，得___分；若其<___分，扣___分
采购物资管理	采购物资到货率= $\dfrac{采购物资实际到货}{采购物资总量}\times100\%$	采购物资到货率≥___%，得___分；若其<___%，扣___分
		采购物资到货量没有误差，得___分；若误差≥___次，扣___分
		采购物资到货及时率≥___%，得___分；若其<___%，扣___分
	采购物资质量合格率= $\dfrac{采购物资合格数量}{采购物资总量}\times100\%$	采购物资质量合格率≥___%，得___分；若其<___%，扣___分
		物料使用不良率<___%，得___分；若其≥___%，扣___分
		物料退货率<___%，得___分；若其≥___%，扣___分
		重大采购质量事故数<___次，得___分；若其≥___次，扣___分
	采购物资供应及时率= $\dfrac{采购物资及时供应量}{需供应物资总量}\times100\%$	采购物资供应及时率≥___%，得___分；若其<___%，扣___分
		采购物资库存周转天数<___%，得___分；若其≥___%，扣___分
供应商管理	供应商开发计划完成率= $\dfrac{实际供应商开发个数}{计划供应商开发个数}\times100\%$	供应商开发计划完成率≥___%，得___分；若其<___%，扣___分
		新开发供应商数量≥___个，得___分；若其<___个，扣___分
		优秀供应商开发数量≥___个，得___分；若其<___个，扣___分
	供应商满意度	原优秀供应商保留率≥___%，得___分；若其<___%，扣___分
		供应商满意度评价≥___%，得___分；若其<___%，扣___分
部门协作管理	部门协作满意度	部门协作满意度评价≥___%，得___分；若其<___%，扣___分
		采购问题投诉次数<___次，得___分；若其≥___次，扣___分

4.4.4 采购目标任务考核指标变更

采购目标任务考核指标变更如表4-13所示。

表4-13 采购目标任务考核指标变更

编号	原指标	变更条件或原因	变更结果
1	采购预算达成率	由于企业采购费用成本的实际支出总是不能与采购预算相匹配，不是超出预算就是太过少于采购预算，故企业加强对采购预算达成率这一考核指标的重视程度	指标权重增加___%
2	采购计划编制及时率	采购计划编制亦属企业采购计划管理的一部分工作，其原权重设置过大，并不能从业务重点考核相关人员的绩效水平	指标权重降低___%

编号	原指标	变更条件或原因	变更结果
3	采购调研信息差错率	由于企业相关采购业务人员在执行采购调研任务后所提供的信息与实际采购任务执行总会出现偏差，包括单位名称、地址、联系方式、产品、报价等信息。这些都造成了人力、财力及时间成本的浪费，故需加强对该绩效考核指标的权重管理	指标权重增加＿＿％，并减少"采购调研管理"项目中其他指标的权重
4	—	企业在实际采购供应商管理过程中，可能出现合作伙伴不能按照合同或相关协议进行服务的现象，为规避这种问题，企业应该设置供应商服务管理评价标准，并增设相应的考核指标	"供应商管理"项目中增设"供应商履约率"这一指标
5	部门协作满意度	在企业具体运行采购目标任务绩效考核指标体系时，"部门协作满意度"这一指标与"采购问题投诉次数"会有部分重叠，其实际考核价值会降低，同时也不易于绩效考核工作的实施	合并为"采购问题投诉次数"，并相应减少该指标的权重

4.5 财务目标任务考核指标

4.5.1 财务目标任务考核指标设计

财务管理是企业管理的一个组成部分，它是根据财经法规制度，按照财务管理的原则，组织企业财务活动，处理财务关系的一项经济管理工作。具体来讲，财务工作的主要任务是根据国家相关财经法律、法规、政策和企业发展战略，做好企业各项财务管理工作，确保企业资产和财产的效益和安全，并保证企业各项工作的正常运行和不断发展。

财务目标任务考核指标设计，主要是对财务业务总体目标分析、财务业务工作岗位分析、财务业务工作要素分解并最终确定财务目标任务考核指标的过程。以下是财务目标任务考核指标设计方法，具体如图4-6所示。

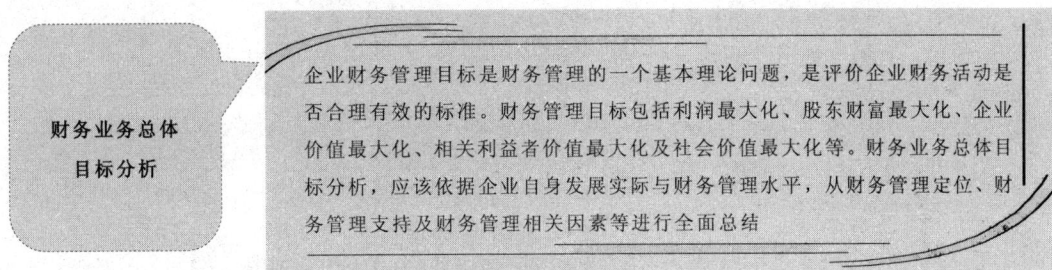

财务业务总体目标分析

企业财务管理目标是财务管理的一个基本理论问题，是评价企业财务活动是否合理有效的标准。财务管理目标包括利润最大化、股东财富最大化、企业价值最大化、相关利益者价值最大化及社会价值最大化等。财务业务总体目标分析，应该依据企业自身发展实际与财务管理水平，从财务管理定位、财务管理支持及财务管理相关因素等进行全面总结

图4-6 财务目标任务考核指标设计方法

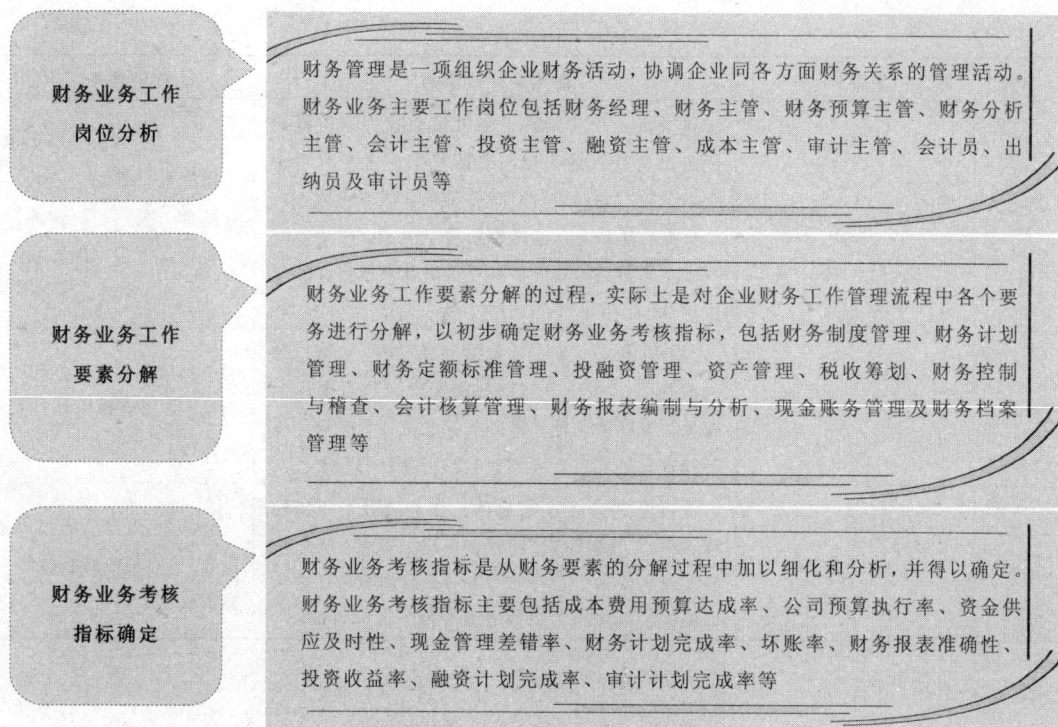

财务业务工作岗位分析 → 财务管理是一项组织企业财务活动,协调企业同各方面财务关系的管理活动。财务业务主要工作岗位包括财务经理、财务主管、财务预算主管、财务分析主管、会计主管、投资主管、融资主管、成本主管、审计主管、会计员、出纳员及审计员等

财务业务工作要素分解 → 财务业务工作要素分解的过程,实际上是对企业财务工作管理流程中各个要素进行分解,以初步确定财务业务考核指标,包括财务制度管理、财务计划管理、财务定额标准管理、投融资管理、资产管理、税收筹划、财务控制与稽查、会计核算管理、财务报表编制与分析、现金账务管理及财务档案管理等

财务业务考核指标确定 → 财务业务考核指标是从财务要素的分解过程中加以细化和分析,并得以确定。财务业务考核指标主要包括成本费用预算达成率、公司预算执行率、资金供应及时性、现金管理差错率、财务计划完成率、坏账率、财务报表准确性、投资收益率、融资计划完成率、审计计划完成率等

图 4-6 财务目标任务考核指标设计方法(续)

4.5.2 财务目标任务考核指标分解

财务目标任务考核指标分解如表 4-14 所示。

表 4-14 财务目标任务考核指标分解

目标任务	考核指标	总分值	考核指标细分	分值分解
财务制度管理	财务制度制定完整率	5	财务制度制定完整率	2
			财务制度制定及时率	1
			财务制度制定科学、合理性	2
	财务制度执行率	5	财务制度执行率	2
			财务制度执行及时率	1
			财务制度制定效果	2
财务计划管理	财务计划编制完成率	3	财务计划编制按时完成率	2
			财务计划编制准确性	1
	财务分析报告提交及时率	2	财务分析报告提交及时率	1
			财务分析准确性	1
	财务计划完成率	10	财务计划完成率	5
			财务计划执行及时率	5
财务费用标准管理	财务定额标准执行率	3	财务定额标准编制及时率	1
			财务定额标准编制科学性	1
			财务定额标准执行率	1
	费用开支标准执行率	2	财务开支标准审核通过率	1
			财务开支标准执行率	1

目标任务	考核指标	总分值	考核指标细分	分值分解
融资管理	融资计划完成率	5	融资计划完成率	2
			融资总额	2
			渠道拓展计划达成率	1
	融资成本降低率	5	融资成本降低率	5
投资管理	投资计划完成率	5	投资计划完成率	2
			投资收益率	1
			营业收入增长率	2
	投资分析准确性	2	投资分析准确性	1
			投资可行性报告提交及时率	1
资产管理	净资产收益率	5	净资产收益率	3
			资金供应及时性	2
	资产管理安全性	3	企业资产管理安全性评价	3
税收筹划	税收计划完成率	5	税收计划完成率	3
			税收筹划合法性	2
	税务处理及时性	3	税务处理及时性	1
			税务处理差错率	1
			税务审计有效性	1
财务控制与稽查	财务预算编制及时性	3	财务预算标准完备性	1
			财务预算编制及时率	1
			财务预算草案完整性	1
	财务预算达成率	2	财务预算达成率	1
			资金预测准确率	1
	经营成本降低率	4	经营成本降低率	2
			财务成本报告编制及时率	2
会计核算管理	账务处理及时性	3	账务登记及时率	1
			对结账处理及时率	1
			纳税申报及时率	1
	账务核算准确性	2	会计核算准确性	1
			记账凭证填制质量	1
财务报表编制与分析	财务报表编制完整性	5	财务报表编制及时率	1
			财务报表编制完整率	2
			财务报表编制准确率	2
	财务核算报表提交及时性	5	财务核算报表提交及时率	2
			会计报表提交及时率	1
			会计报表编制准确性	1
			税务报表提交及时率	1

目标任务	考核指标	总分值	考核指标细分	分值分解
现金账务管理	账务处理及时性	2	账务处理及时性	1
			账务处理准确性	1
	应收账款周转率	3	应收账款周转率	1
			应收账款回收率	2
	现金收付办理及时率	4	现金收付办理及时率	1
			银行结算办理及时率	1
			资金支付办理及时率	1
			记账凭证填制差错次数	1
财务档案管理	财务档案归档率	4	财务档案归档率	1
			财务档案完整率	1
			财务档案、票据、印章安全性	1
			财务审计资料归档完备性	1

4.5.3 财务目标任务考核指标量化

财务目标任务考核指标量化如表 4-15 所示。

表 4-15 财务目标任务考核指标量化

目标任务	考核指标	细分指标量化标准
财务制度管理	财务制度制定完整率=$\dfrac{\text{财务制度项目完整数}}{\text{财务制度总项目数}}\times100\%$	财务制度制定完整率≥___%，得___分；若其<___%，扣___分
		财务制度制定及时率≥___%，得___分；若其<___%，扣___分
		财务制度制定科学、合理性评价≥___分，得___分；若其<___分，扣___分
	财务制度执行率=$\dfrac{\text{财务制度项目执行数}}{\text{财务制度总项目数}}\times100\%$	财务制度执行率≥___%，得___分；若其<___%，扣___分
		财务制度执行及时率≥___%，得___分；若其<___%，扣___分
		财务制度制定效果评价≥___分，得___分；若其<___分，扣___分
财务计划管理	财务计划编制完成率=$\dfrac{\text{计划编制完成项目数}}{\text{计划相关总项目数}}\times100\%$	财务计划编制按时完成率≥___%，得___分；若其<___%，扣___分
		财务计划编制准确性评价≥___分，得___分；若其<___分，扣___分
	财务分析报告提交及时率=$\dfrac{\text{分析报告及时提交数}}{\text{分析报告总项目数}}\times100\%$	财务分析报告提交及时率≥___%，得___分；若其<___%，扣___分
		财务分析准确性评价≥___%，得___分；若其<___%，扣___分
	财务计划完成率=$\dfrac{\text{财务计划实际完成数}}{\text{财务计划总项目数}}\times100\%$	财务计划完成率≥___%，得___分；若其<___%，扣___分
		财务计划执行及时率≥___%，得___分；若其<___%，扣___分
财务费用标准管理	财务定额标准执行率=$\dfrac{\text{定额标准项目执行数}}{\text{财务定额标准总项数}}\times100\%$	财务定额标准编制及时率≥___%，得___分；若其<___%，扣___分
		财务定额标准编制科学性评价≥___分，得___分；若其<___分，扣___分
		财务定额标准执行率≥___%，得___分；若其<___%，扣___分
	费用开支标准执行率=$\dfrac{\text{定额标准项目执行数}}{\text{财务定额标准总项数}}\times100\%$	财务开支标准审核通过率≥___%，得___分；若其<___%，扣___分
		财务开支标准执行率≥___%，得___分；若其<___%，扣___分

目标任务	考核指标	细分指标量化标准
融资管理	融资计划完成率=$\frac{实际融资金额}{计划融资金额}\times100\%$	融资计划完成率≥___%，得___分；若其<___%，扣___分
		融资总额≥___万元，得___分；若其<___万元，扣___分
		渠道拓展计划达成率≥___%，得___分；若其<___%，扣___分
	融资成本降低率=$\frac{预算成本-实际成本}{预算成本}\times100\%$	融资成本降低率≥___%，得___分；若其<___%，扣___分
投资管理	投资计划完成率=$\frac{实际投资数额}{计划投资数额}\times100\%$	投资计划完成率≥___%，得___分；若其<___%，扣___分
		投资收益率≥___%，得___分；若其<___%，扣___分
		营业收入增长率≥___%，得___分；若其<___%，扣___分
	投资分析准确性	投资分析准确性评价≥___分，得___分；若其<___分，扣___分
		投资可行性报告提交及时率≥___%，得___分；若其<___%，扣___分
资产管理	净资产收益率=$\frac{净利润}{平均净资产}\times100\%$	净资产收益率≥___%，得___分；若其<___%，扣___分
		资金供应及时性评价≥___分，得___分；若其<___分，扣___分
	资产管理安全性	企业资产管理安全性评价≥___分，得___分；若其<___分，扣___分
税收筹划	税收计划完成率=$\frac{实际征收税额}{计划征收税额}\times100\%$	税收计划完成率≥___%，得___分；若其<___%，扣___分
		税收筹划合法性评价≥___分，得___分；若其<___分，扣___分
	税务处理及时性	税务处理及时性评价≥___分，得___分；若其<___分，扣___分
		税务处理差错率<___%，得___分；若其≥___%，扣___分
		税务审计有效性评价≥___分，得___分；若其<___分，扣___分
财务控制与稽查	财务预算编制及时性	财务预算标准完备性评价≥___分，得___分；若其<___分，扣___分
		财务预算编制及时率≥___%，得___分；若其<___%，扣___分
		财务预算草案完整性评价≥___分，得___分；若其<___分，扣___分
	财务预算达成率=$\frac{考核期内实际支出}{考核期内预算支出}\times100\%$	财务预算达成率≥___%，得___分；若其<___%，扣___分
		资金预测准确率≥___%，得___分；若其<___%，扣___分
	经营成本降低率=$\frac{上期成本-本期成本}{上期经营成本}\times100\%$	经营成本降低率≥___%，得___分；若其<___%，扣___分
		财务成本报告编制及时率≥___%，得___分；若其<___%，扣___分
会计核算管理	账务处理及时性	账务登记及时性评价≥___%，得___分；若其<___%，扣___分
		对结账处理及时率≥___%，得___分；若其<___%，扣___分
		纳税申报及时率≥___%，得___分；若其<___%，扣___分
	账务核算准确性	会计核算准确性评价≥___分，得___分；若其<___分，扣___分
		记账凭证填制质量评价≥___分，得___分；若其<___分，扣___分
财务报表编制与分析	财务报表编制完整性	财务报表编制及时率≥___%，得___分；若其<___%，扣___分
		财务报表编制完整率≥___%，得___分；若其<___%，扣___分
		财务报表编制准确率≥___%，得___分；若其<___%，扣___分
	财务核算报表提交及时性	财务核算报表提交及时率≥___%，得___分；若其<___%，扣___分

目标任务	考核指标	细分指标量化标准
		会计报表提交及时率≥___%，得___分；若其<___%，扣___分
		会计报表编制准确性评价≥___分，得___分；若其<___分，扣___分
		税务报表提交及时率≥___%，得___分；若其<___%，扣___分
现金账务管理	账务处理及时性	账务处理及时性评价≥___分，得___分；若其<___分，扣___分
		账务处理准确性评价≥___分，得___分；若其<___分，扣___分
	应收账款周转率=$\frac{营业收入}{平均应收账款金额}×100\%$	应收账款周转率≥___%，得___分；若其<___%，扣___分
		应收账款回收率≥___%，得___分；若其<___%，扣___分
	现金收付办理及时率=$1-\frac{现金支付延误次数}{现金收付总次数}×100\%$	现金收付办理及时率≥___%，得___分；若其<___%，扣___分
		银行结算办理及时率≥___%，得___分；若其<___%，扣___分
		资金支付办理及时率≥___%，得___分；若其<___%，扣___分
		记账凭证填制差错次数<___%，得___分；若其≥___%，扣___分
财务档案管理	财务档案归档率=$\frac{已归档数目}{全部档案数量}×100\%$	财务档案归档率≥___%，得___分；若其<___%，扣___分
		财务档案完整率≥___%，得___分；若其<___%，扣___分
		财务档案、票据、印章安全性评价≥___分，得___分；若其<___分，扣___分
		财务审计资料归档完备性评价≥___分，得___分；若其<___分，扣___分

4.5.4 财务目标任务考核指标变更

财务目标任务考核指标变更如表 4-16 所示。

表 4-16 财务目标任务考核指标变更

编号	原指标	变更条件或原因	变更结果
1	净资产收益率	该绩效考核指标不能直接反映出企业财务管理的效应和财务目标任务考核的作用，从财务业务上具有实际考核的性能	删除该绩效考核指标
2	财务制度执行及时率	该指标从财务制度执行方面与"财务制度执行率"的整体评价角度存在部分重叠，应该以"财务制度执行率"为直接考核指标，避免考核指标体系冗杂	（1）合并为"财务制度执行率" （2）指标权重降低___%
3	融资成本降低率	企业能否快速成功融资，会直接关系到企业多项业务发展的进度和水平，因此"融资周期"这一成本指标也必须考虑进融资成本之中	分解出"融资周期"

4.6 人力目标任务考核指标

4.6.1 人力目标任务考核指标设计

人力资源管理，是根据企业发展战略的要求，有计划地对人力资源进行合理配置，通过对企业中员工的招聘、培训、使用、考核、激励、调整等一系列过程，调动员工的积极性，发挥员工的潜能，为企业创造价值，确保企业战略目标的实现。

人力目标任务考核指标主要是通过人力业务总体目标分析、人力业务工作岗位分析、人力业务工作要素分解及人力目标任务考核指标确定进行设计。人力目标任务考核指标设计方法，具体如图 4-7 所示。

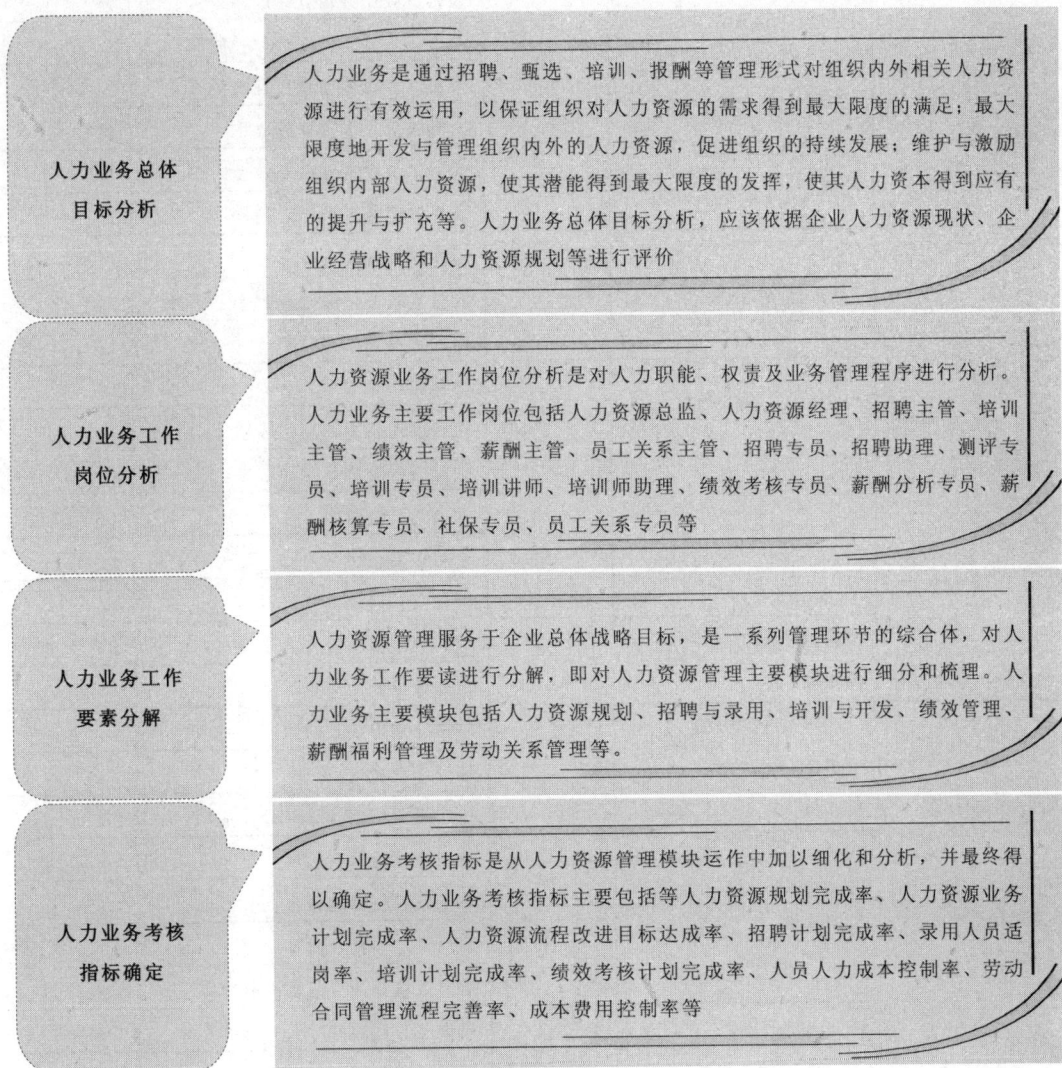

人力业务总体目标分析	人力业务是通过招聘、甄选、培训、报酬等管理形式对组织内外相关人力资源进行有效运用，以保证组织对人力资源的需求得到最大限度的满足；最大限度地开发与管理组织内外的人力资源，促进组织的持续发展；维护与激励组织内部人力资源，使其潜能得到最大限度的发挥，使其人力资本得到应有的提升与扩充等。人力业务总体目标分析，应该依据企业人力资源现状、企业经营战略和人力资源规划等进行评价
人力业务工作岗位分析	人力资源业务工作岗位分析是对人力职能、权责及业务管理程序进行分析。人力业务主要工作岗位包括人力资源总监、人力资源经理、招聘主管、培训主管、绩效主管、薪酬主管、员工关系主管、招聘专员、招聘助理、测评专员、培训专员、培训讲师、培训师助理、绩效考核专员、薪酬分析专员、薪酬核算专员、社保专员、员工关系专员等
人力业务工作要素分解	人力资源管理服务于企业总体战略目标，是一系列管理环节的综合体，对人力业务工作要读进行分解，即对人力资源管理主要模块进行细分和梳理。人力业务主要模块包括人力资源规划、招聘与录用、培训与开发、绩效管理、薪酬福利管理及劳动关系管理等。
人力业务考核指标确定	人力业务考核指标是从人力资源管理模块运作中加以细化和分析，并最终得以确定。人力业务考核指标主要包括等人力资源规划完成率、人力资源业务计划完成率、人力资源流程改进目标达成率、招聘计划完成率、录用人员适岗率、培训计划完成率、绩效考核计划完成率、人员人力成本控制率、劳动合同管理流程完善率、成本费用控制率等

图 4-7 人力目标任务考核指标设计方法

4.6.2 人力目标任务考核指标分解

人力目标任务考核指标分解如表 4-17 所示。

表 4-17 人力目标任务考核指标分解

目标任务	考核指标	总分值	考核指标细分	分值分解
人力资源规划	人力资源规划编制完成率	5	人力资源规划编制完成率	2
			人力资源规划编制及时率	1
			人力资源规划编制完整性	1
			人力资源规划方案提交及时率	1
	人力资源规划达成率	6	人力资源规划达成率	3
			人力资源规划执行效果	3
	人力资源业务计划完成率	6	人力资源业务计划完成率	3
			人力资源业务计划执行及时率	1
			人力资源业务计划执行效果	2
	人力资源成本预算达成率	4	人力资源成本预算达成率	2
			人力资源成本预算制定及时率	1
			人力资源成本预算准确性	1
招聘与录用	招聘计划编制及时率	3	招聘计划编制及时率	1
			人员需求计划编制及时率	1
			招聘费用预算控制率	1
	招聘计划完成率	6	招聘计划完成率	1
			招聘渠道拓展计划完成率	1
			招聘流程改进目标达成率	1
			人员配置及时率	1
			录用人员适岗率	1
			招聘空缺岗位的平均时间	1
	招聘效果评估报告提交及时性	4	招聘效果评估报告提交及时率	1
			招聘效果	3
培训与开发	培训计划完成率	5	培训计划提交及时率	1
			培训计划完成率	2
			员工职业生涯辅导计划完成率	2
	培训效果	5	培训考核达标率	2
			员工任职资格达标率	1
			职称评定申报及时率	1
			培训效果评估报告提交及时率	1
	培训成本达成率	4	培训预算达成率	4
	培训档案归档率	2	培训档案归档及时率	2
			培训档案完整性	2

目标任务	考核指标	总分值	考核指标细分	分值分解
绩效管理	绩效考核计划按时完成率	5	绩效考核计划提交及时率	1
			绩效考核计划按时完成率	2
			绩效考核体系优化目标达成率	1
			绩效考核申诉处理及时率	1
	绩效评估报告提交及时率	3	绩效评估报告提交及时率	1
			绩效激励方案编制及时率	2
	绩效考核成本控制率	3	绩效考核成本控制率	3
	绩效考核档案归档率	3	绩效考核档案归档率	1
			绩效考核档案归档及时性	1
			绩效考核档案归档完整性	1
人员测评管理	测评计划执行率	5	测评方案通过率	1
			测评计划执行率	2
			测评指标提取有效率	1
			测评报告提交及时率	1
	测评费用控制率	2	测评费用控制率	2
薪酬福利管理	薪酬调研报告提交及时率	3	薪酬调研报告提交及时率	1
			薪酬调研报告完整性	1
			薪酬调研报告准确性	1
	工资奖金报表编制及时率	4	工资奖金报表编制及时率	1
			工资奖金核算按时完成率	2
			各项保险基数核定的及时性	1
	薪酬福利核算准确性	5	工资奖金计算差错次数	2
			各项保险基数核定的准确性	1
			工资奖金发放差错次数	2
	企业人力成本控制率	4	企业人力成本控制率	4
劳动关系管理	劳动合同管理流程完善率	3	劳动合同管理流程完善率	1
			企业劳动合同版本编制的合格率	1
			入职手续办理及时性	1
	劳动合同签订率	6	劳动合同签订率	2
			劳动合同签订及时率	1
			劳动合同签订差错率	1
			劳动合同资料归档率	2
	劳动争议纠纷处理及时率	4	劳动争议纠纷处理及时率	2
			核心员工离职率	2

4.6.3 人力目标任务考核指标量化

人力目标任务考核指标量化如表 4-18 所示。

表 4-18　人力目标任务考核指标量化

目标任务	考核指标	细分指标量化标准
人力资源规划	人力资源规划编制完成率=$\frac{\text{人力资源规划项目完成数}}{\text{人力资源规划项目总数}}\times100\%$	人力资源规划编制完成率≥___%，得___分；若其<___%，扣___分
		人力资源规划编制及时率≥___%，得___分；若其<___%，扣___分
		人力资源规划编制完整性评价≥___分，得___分；若其<___分，扣___分
		人力资源规划方案提交及时率≥___%，得___分；若其<___%，扣___分
	人力资源规划达成率=$\frac{\text{人力资源规划项目达成数}}{\text{人力资源规划项目总数}}\times100\%$	人力资源规划达成率≥___%，得___分；若其<___%，扣___分
		人力资源规划执行效果评价≥___分，得___分；若其<___分，扣___分
	人力资源业务计划完成率=$\frac{\text{人力资源业务计划完成数}}{\text{人力资源业务计划总数}}\times100\%$	人力资源业务计划完成率≥___%，得___分；若其<___%，扣___分
		人力资源业务计划执行及时率≥___%，得___分；若其<___%，扣___分
		人力资源业务计划执行效果评价≥___分，得___分；若其<___分，扣___分
	人力资源成本预算达成率=$\frac{\text{实际发生费用}}{\text{预算费用}}\times100\%$	人力资源成本预算达成率≥___%，得___分；若其<___%，扣___分
		人力资源成本预算制定及时率≥___%，得___分；若其<___%，扣___分
		人力资源成本预算准确性评价≥___%，得___分；若其<___%，扣___分
招聘与录用	招聘计划编制及时率=$\frac{\text{招聘计划编制及时次数}}{\text{招聘计划编制总次数}}\times100\%$	招聘计划编制及时率≥___%，得___分；若其<___%，扣___分
		人员需求计划编制及时率≥___%，得___分；若其<___%，扣___分
		招聘费用预算控制率≥___%，得___分；若其<___%，扣___分
	招聘计划完成率=$\frac{\text{招聘计划完成数}}{\text{招聘计划总数}}\times100\%$	招聘计划完成率≥___%，得___分；若其<___%，扣___分
		招聘渠道拓展计划完成率≥___%，得___分；若其<___%，扣___分
		招聘流程改进目标达成率≥___%，得___分；若其<___%，扣___分
		人员配置及时率≥___%，得___分；若其<___%，扣___分
		录用人员适岗率≥___%，得___分；若其<___%，扣___分
		招聘空缺岗位的平均时间<___天，得___分；若其≥___天，扣___分
	招聘效果评估报告提交及时性	招聘效果评估报告提交及时率≥___%，得___分；若其<___%，扣___分
		招聘效果评价≥___分，得___分；若其<___分，扣___分

目标任务	考核指标	细分指标量化标准
培训与开发	培训计划完成率= $\frac{实际完成的培训项目数}{计划培训的项目数} \times 100\%$	培训计划提交及时率≥___%，得___分；若其<___%，扣___分
		培训计划完成率≥___%，得___分；若其<___%，扣___分
		员工职业生涯辅导计划完成率≥___%，得___分；若其<___%，扣___分
	培训效果	培训考核达标率≥___%，得___分；若其<___%，扣___分
		员工任职资格达标率≥___%，得___分；若其<___%，扣___分
		职称评定申报及时率≥___%，得___分；若其<___%，扣___分
		培训效果评估报告提交及时率≥___%，得___分；若其<___%，扣___分
	培训预算达成率= $\frac{实际培训成本开支额}{培训预算额} \times 100\%$	培训预算达成率≥___%，得___分；若其<___%，扣___分
	培训档案归档率= $\frac{培训档案实际归档数}{培训档案应归档数} \times 100\%$	培训档案归档及时率≥___%，得___分；若其<___%，扣___分
		培训档案完整性评价≥___分，得___分，若其<___分，扣___分
绩效管理	绩效考核计划按时完成率= $\frac{绩效考核工作按时完成量}{绩效考核计划工作总量} \times 100\%$	绩效考核计划提交及时率≥___%，得___分；若其<___%，扣___分
		绩效考核计划按时完成率≥___%，得___分；若其<___%，扣___分
		绩效考核体系优化目标达成率≥___%，得___分；若其<___%，扣___分
		绩效考核申诉处理及时率≥___%，得___分；若其<___%，扣___分
	绩效评估报告提交及时率= $\frac{按时完成绩效评估报告数}{完成绩效评估报告的总数} \times 100\%$	绩效评估报告提交及时率≥___%，得___分；若其<___%，扣___分
		绩效激励方案编制及时率≥___%，得___分；若其<___%，扣___分
	绩效考核成本控制率= $\frac{实际绩效考核费用额}{绩效考核预算额} \times 100\%$	绩效考核成本控制率≥___%，得___分；若其<___%，扣___分
	绩效考核档案归档率= $\frac{考核档案实际归档数}{考核档案应归档数} \times 100\%$	绩效考核档案归档率≥___%，得___分；若其<___%，扣___分
		绩效考核档案归档及时性评价≥___分，得___分，若其<___分，扣___分
		绩效考核档案归档完整性评价≥___分，得___分，若其<___分，扣___分
人员测评管理	测评计划执行率= $\frac{实际完成测评项目数}{计划完成测评项目数} \times 100\%$	测评方案通过率≥___%，得___分；若其<___%，扣___分
		测评计划执行率≥___%，得___分；若其<___%，扣___分
		测评指标提取有效率≥___%，得___分；若其<___%，扣___分
		测评报告提交及时率≥___%，得___分；若其<___%，扣___分
	测评费用控制率= $\frac{实际测评费用额}{测评工作预算额} \times 100\%$	测评费用控制率≥___%，得___分；若其<___%，扣___分

目标任务	考核指标	细分指标量化标准
薪酬福利管理	薪酬调研报告提交及时率=$\dfrac{调研报告及时提交次数}{调研报告提交总次数}\times100\%$	薪酬调研报告提交及时率≥___%，得___分；若其<___%，扣___分
		薪酬调研报告完整性评价≥___%，得___分；若其<___%，扣___分
		薪酬调研报告准确性评价≥___%，得___分；若其<___%，扣___分
	工资奖金报表编制及时率=$\dfrac{报表及时编制次数}{报表编制总次数}\times100\%$	工资奖金报表编制及时率≥___%，得___分；若其<___%，扣___分
		工资奖金核算按时完成率≥___%，得___分；若其<___%，扣___分
		各项保险基数核定的及时性评价≥___%，得___分；若其<___%，扣___分
	薪酬福利核算准确性	工资奖金计算差错次数<___次，得___分；若其≥___次，扣___分
		各项保险基数核定的准确性评价≥___%，得___分；若其<___%，扣___分
		工资奖金发放差错次数<___次，得___分；若其≥___次，扣___分
	企业人力成本控制率=$\dfrac{实际人力成本}{预算人力成本}\times100\%$	企业人力成本控制率≥___%，得___分；若其<___%，扣___分
劳动关系管理	劳动合同管理流程完善率=$\dfrac{已完善流程制度数}{应完善流程制度数}\times100\%$	劳动合同管理流程完善率≥___%，得___分；若其<___%，扣___分
		企业劳动合同版本编制的合格率≥___%，得___分；若其<___%，扣___分
		入职手续办理及时性评价≥___%，得___分；若其<___%，扣___分
	劳动合同签订率=$\dfrac{已签订劳动合同人数}{应签订劳动合同人数}\times100\%$	劳动合同签订率≥___%，得___分；若其<___%，扣___分
		劳动合同签订及时率≥___%，得___分；若其<___%，扣___分
		劳动合同签订差错率<___%，得___分；若其≥___%，扣___分
		劳动合同资料归档率≥___%，得___分；若其<___%，扣___分
	劳动争议纠纷处理及时率=$\dfrac{及时处理争议数量}{应处理争议数量}\times100\%$	劳动争议纠纷处理及时率≥___%，得___分；若其<___%，扣___分
		核心员工离职率<___%，得___分；若其≥___%，扣___分

4.6.4 人力目标任务考核指标变更

人力目标任务考核指标变更如表 4-19 所示。

表 4-19　人力目标任务考核指标变更

编号	原指标	变更条件或原因	变更结果
1	人力资源业务计划完成率	人力资源业务计划即包括招聘与录用计划、培训与开发计划、绩效考核计划、薪酬激励计划、劳动关系计划和退休解聘计划等，因各项业务指标都在人力业务考核指标体系中特定体现，故此考核指标与其他特定考核指标重复	删除该绩效考核指标
2	人力资源成本预算达成率	该指标与"企业人力成本控制率"实际意义相同，故应将二者合并	合并为"企业人力成本控制率"
3	—	内部培训讲师是企业组织培训工作的重要内容，因此企业要加强内部培训讲师团队建设与发展这一工作，以保证和促进企业培训事业发展，为企业经营业绩发展提供动力	在"培训与开发"目标任务中增加"内部培训讲师队伍建设能力"与"内部培训讲师数量"等指标
4	核心员工离职率	"核心员工离职率"并不能全面反映出"劳动争议纠纷处理"这一劳动关系管理工作的主旨内容，企业应该注重劳动争议处理的结果，并不单就核心员工离职给企业造成的损失加以重视，其他劳动争议或纠纷处理不当可能更会导致企业的利益损失，所以企业应该特别重视"劳动争议纠纷处理效果"这一考核指标	劳动争议纠纷处理效果

第 5 章

中小微企业目标任务部门落实

5.1 营销部门目标任务落实

5.1.1 营销部门目标任务分解计划

1. 营销部门目标任务分解的依据

营销部门目标任务分解的依据，主要是通过市场调查、现状和背景分析、问题和机会分析、目标市场选择和目标确定、营销战略确定、战术目标确定、损益分析和营销计划控制来获得。

其中，最为重要的是市场调查这一依据，调研项目和内容主要包括市场情况，产品状况、分销情况，竞争态势、经济形式等。企业通过市场调研这一环节，可以为营销部门目标任务分解提供重要的参考依据。

2. 营销部门目标任务分解计划范例

营销部门目标任务分解计划范例
一、部门主要工作目标
（一）实现销售收入＿＿＿万元，实现销售利润＿＿＿万元。
（二）合理制订销售计划，销售计划执行率达到＿＿＿%。
（三）部门办公管理费用控制在＿＿＿万元~＿＿＿万元之间。
二、部门人员配置标准
营销部门人员配置标准，具体内容如下表所示。

营销部门人员配置标准

职位	人数	具体职责说明
销售经理	1名	负责业务团队的组建与考核，市场推广及销售目标的达成，制定规划年度销量目标及费用预算等工作
市场信息管理员	＿＿＿名	负责市场调查、信息统计、市场分析、业务人员销售数据汇总，客户资料整理等工作
业务代表	＿＿＿名	负责销售业绩达成，客户开发及维护，区域市场的管理，公司活动政策现场执行及市场信息反馈等工作

三、市场推广费用标准

（一）广告制作。广告制作及安装费用＿＿＿万元，广告总体投放量预计费用在＿＿＿万元左右。

（二）推广赠品。赠品推广以"买赠"为主，赠品总计费用在＿＿＿元以下。

（三）样品。依据市场需求调整产品结构，样品总计费用在＿＿＿元以下。

四、部门年度计划假设

（一）外部假设

1．由于企业××产品物美价廉，在以往销售中获得了客户的一致好评，并占据了一定的市场份额，预计××产品需求增加＿＿＿％，销售增长率为＿＿＿％。

2．由于企业××产品在××行业的地位具有独特性，并且××行业的新注企业也越来越多，故对××产品的需求量也会增加，预计××行业需求增加＿＿＿％，销售增长率为＿＿＿％。

（二）内部假设

1．销售订单在每月＿＿＿日可以完成＿＿＿％的排产计划，销售订单必须在＿＿＿日内完成。

2．财务部门可以按时提供＿＿＿％的资金支持。

五、部门年度工作活动

营销部门年度主要工作活动，具体内容如下表所示。

营销部门年度主要工作活动

序号	工作项目	时间安排	工作结果
1	市场销售渠道开发	＿＿月＿＿日～＿＿月＿＿日	开发市场销售渠道为＿＿＿个
2	产品销售	＿＿月＿＿日～＿＿月＿＿日	产品销售量为＿＿＿件（吨）
3	客户开发与维护	＿＿月＿＿日～＿＿月＿＿日	老客户保有＿＿＿个；新开发客户为＿＿＿个
4	市场宣传广告投放	＿＿月＿＿日～＿＿月＿＿日	市场占有率为＿＿＿％
5	销售货款回收	＿＿月＿＿日～＿＿月＿＿日	销售回收货款为＿＿＿万元
6	售后服务	＿＿月＿＿日～＿＿月＿＿日	客户满意度评价为＿＿＿％

六、部门年度关键绩效考核指标

（一）经济指标

经济指标，主要包括产品销售额、销售增长率、货款回收率、销售成本降低率等。

（二）非经济指标

非经济指标，主要包括销售目标达成率、销售量、成品库存周转率、市场推广计划完成率、市场占有率、客户开发计划完成率、客户投诉率等。

七、部门年度管理费用预算及编制依据

（一）部门年度管理费用预算为＿＿＿万元。

（二）部门人员工资及奖金的编制依据，包括20＿＿＿年部门人员计划、20＿＿＿年部门薪酬计划、20＿＿＿年部门奖金政策。

（三）部门办公费用的编制依据是20＿＿＿年部门主要活动。

5.1.2 营销部门目标任务落实方法

1. 分解后的营销部门任务

分解后的营销部门任务如图 5-1 所示。

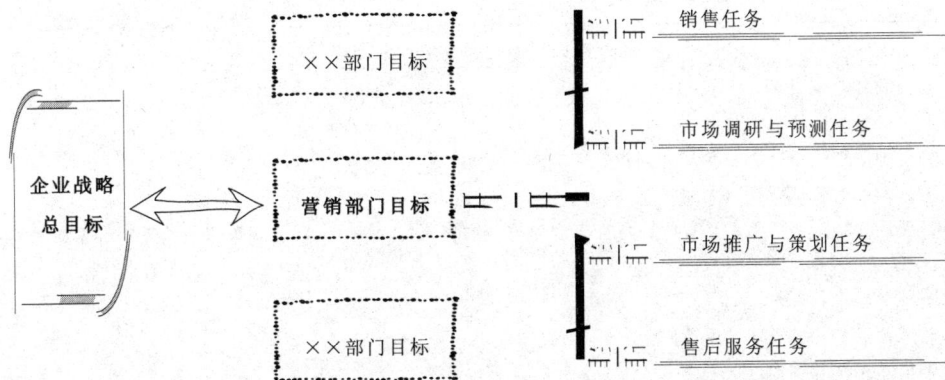

图 5-1 分解后的营销部门任务

2. 营销部门目标任务落实方法内容

> **市场信息研究落实**
>
> 市场信息研究是对公司信息、竞争对手信息，质量信息、价格信息、品种信息、市场趋势、客户信息等进行研究和分析，具体可通过实地调研、问卷调查、网络取样等方法进行分析
>
> **销售计划落实**
>
> 销售计划管理，包括品种、区域、客户、业务员、结算方式等。销售计划在落实过程中要注意销售方式和时间进度，并通过目标分解过程检验目标的合理性与挑战性。销售计划在实施过程既能够反映出市场危机，也能够反映出市场机会，同时也是严格管理，确保销售工作效率、工作力度的关键
>
> **客户管理落实**
>
> 客户管理即热情服务和风险控制，其中热情服务的关键在于利润和前景，风险控制的关键是客户的信用、能力和市场价格控制。管理方法包括客户资料卡、客户策略卡和客户月评卡

5.2 生产部门目标任务落实

5.2.1 生产部门目标任务分解计划

1. 生产部门目标任务分解的依据

生产部门目标任务分解的依据，主要是根据企业安全生产管理战略与目标规划实施经验、参照行业安全生产规范、标杆生产企业学习、企业自身生产现状分析、生产问题与解决实例所获得的。

其中，最为重要的是参照行业安全生产规范这一依据，特定的行业，其执行安全生产的目标、计划和实际操作标准和其他行业的生产形式是不同的。企业通过参照行业安全生产规范这一环节，可以为生产部门目标任务分解提供最为基本且重要的参考依据。

2. 生产部门目标任务分解计划范例

生产部门目标任务分解计划范例
一、部门整体控制目标
（一）生产××产品____件（吨）。
（二）合理制订生产计划，生产计划执行率达到____%。
（三）部门办公管理费用控制在____万元～____万元之间。
（四）死亡和重伤事故为零，职业病危害事故为零，重大火灾、爆炸、环境污染事故为零，轻伤事故（直接经济损失在____元以上）在___‰以下。
（五）三级安全教育率达到___%，安全隐患整改率达到___%。
（六）安全设施、设备完好率达到___%。
二、部门人员配置标准
生产部门人员配置标准，具体内容如下表所示。

生产部门人员配置标准

职位	人数	具体职责说明
生产经理	1名	负责生产团队的组建与考核，生产计划和生产目标达成，制订年度生产计划及费用预算等工作
生产主管	____名	负责安全生产组织，生产调度及进程监督，组织安全生产培训、员工日常管理等工作
班组长	____名	负责班组生产组织及督导，执行班组安全生产检查与指导，维护生产设备及检查生产环境
生产工人	____名	负责执行生产任务、维护生产设备及清洁生产环境

三、部门年度计划假设

（一）外部假设

1. 由于企业生产的××产品获得订单客户的一致好评，所占据的市场规模逐渐扩大，预计××产品生产需求增加___%。

2. 由于企业生产的××产品在××行业的地位具有独特性，对行业对××产品的需求量也会增加，预计××行业需求增加___%。

3. 由于企业生产××产品的原材料属于较为稀少的物料，且其价格也一直呈上升趋势，预计生产××产品的原材料采购费用增加___%。

（二）内部假设

1. 生产订单在每月___日可以完成___%的排产计划，生产订单可以在___日内完成。

2. 财务部门可以按时提供90%的资金支持。

四、部门年度关键绩效考核指标

（一）经济指标

经济指标，主要包括生产产值、重大生产质量事故损失金额、重大安全生产事故损失金额、生产成本费用预算达成率、生产成本费用降低率等。

（二）非经济指标

非经济指标，主要包括生产目标达成率、生产计划完成率、年度生产总量、按期交货率、劳动生产率、产能利用率、生产质量合格率、重大生产质量事故数、重大安全生产事故发生次数、客户满意度、质量问题投诉次数等。

五、部门年度业务费用预算及编制依据

（一）部门年度生产业务预算为____万元。

（二）生产业务费用预算的编制依据，包括20____年生产原料总量预测和20____年生产原料价格预测。

六、部门年度管理费用预算及编制依据

（一）部门年度管理费用预算为____万元。

（二）部门人员工资及奖金的编制依据，包括20____年部门人员计划、20____年部门薪酬计划、20____年部门奖金政策。

5.2.2　生产部门目标任务落实方法

1. 分解后的生产部门任务

分解后的生产部门任务如图 5-2 所示。

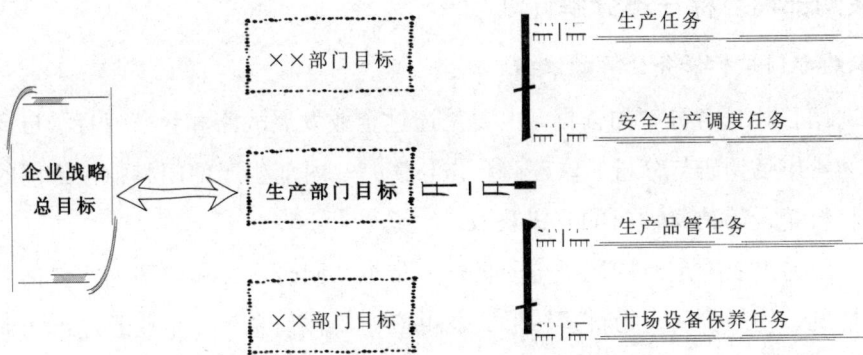

图 5-2　分解后的生产部门任务

2. 生产部门目标任务落实方法内容

部门级目标任务落实

（1）保证各车间人员稳定及安全，各车间设备不出现大故障

（2）引导各车间员工积极创新，做好车间文化建设

（3）从问题中找方法，规范制度，减少各环节浪费，提升效能

（4）深化6S管理，营造通畅，干净的车间环境

主管级目标任务落实

（1）按照订单要求积极组织生产，保证发货期

（2）积极组织和加大安全培训力度，努力做好安全预防，杜绝工伤

（3）积极开展技能和态度培训，端正员工工作态度

（4）落实岗位职责，做好设备保养

班组长目标任务落实

（1）对分配的任务积极投入，如发现问题及时汇报，保证限期生产任务的完成

（2）经常组织进行操作规程学习及对设备的熟悉，不断纠正组员在工作时出现的错误，帮助组员提升技能从而提高做事质量和预防事故

（3）积极与组员们探讨对设备的改进与创新

生产工人目标任务落实

（1）服从上级安排，积极主动履行岗位职责

（2）工作中提高安全意识，保证自我安全

（3）努力提升个人技能，提高节约意思，跟上企业发展需求

（4）严格遵守厂纪、厂规

5.3 采购部门目标任务落实

5.3.1 采购部门目标任务分解计划

1. 采购部门目标任务分解的依据

采购部门目标任务分解的依据，主要是通过企业发展战略和经营目标、自身经济实力、采购物料市场调研与分析、供应商合作与谈判、内部生产部门和销售部门的申请需求和以往材料记录等信息调研的方式获取。

其中，最为重要的是市场调研与分析这一依据，调研项目和内容主要包括采购物料市场经营情况、物料价格、物料运转形式及供应商具体信息等。企业通过市场调研与分析这一环节，可以为采购部门目标任务分解提供重要依据。

2. 采购部门目标任务分解计划范例

采购部门目标任务分解计划范例

一、部门主要工作目标

（一）合理制订采购计划，采购计划执行率达到___%。

（二）年度采购物资总量达到____件（吨）。

（三）认证供应商数量达到____个。

（四）入库物资质量合格率达到___%。

（五）物资供应及时率达到___%。

（六）部门办公管理费用控制在____万元~____万元之间。

二、部门人员配置标准

采购部门人员配置标准，具体内容如下表所示。

采购部门人员配置标准

职位	人数	具体职责说明
采购经理	1名	负责采购业务团队的组建与考核，制订和年度采购计划或临时、增补的采购计划，并编制采购费用预算等工作
采购主管	____名	负责采购计划预算、供应商管理、采购招标、采购进度监控、采购质量控制、采购结算管理、采购外包管理等工作
采购专员	____名	负责执行采购任务，供应商开发与维护，采购物资价格谈判，采购风险控制等工作

三、部门年度计划假设

（一）外部假设

1. 由于企业生产××产品的原材料属于较为稀少的物料，且其价格也一直呈上升趋势，预计生产××产品的原材料采购费用增加___%。

2. 由于企业计划生产××产品的产量有大幅增长，故对××产品的生产原材料也会增加，预计采购××原材料的数量增加___%。

（二）内部假设

1. 生产订单在每月___日可以完成___%的排产计划，采购部门必须在___日内完成物资供应。

2. 财务部门可以按时提供100%的资金支持。

四、部门年度关键绩效考核指标

（一）经济指标

经济指标，主要包括采购预算达成率、采购成本降低率、采购物资价格合理性等。

（二）非经济指标

非经济指标，主要包括采购计划完成率、采购调研任务完成率、采购物资到货率、采购物资质量合格率、采购物资供应及时率、供应商开发计划完成率等。

五、部门年度业务预算及编制依据

（一）部门年度业务预算为_____万元。

（二）生产用材料采购现金流量预算的编制依据，包括20___年生产用材料采购、20___年采购价格预测、20___年采购周期预测、20___年采购资金支付政策预测等。

六、部门年度管理费用预算及编制依据

（一）部门年度管理费用预算为_____万元。

（二）部门人员工资及奖金的编制依据，包括20___年部门人员计划、20___年部门薪酬计划、20___年部门奖金政策。

（三）部门办公费用的编制依据是20___年部门主要活动。

5.3.2　采购部门目标任务落实方法

1. 分解后的采购部门任务

分解后的采购部门任务任务如图 5-3 所示。

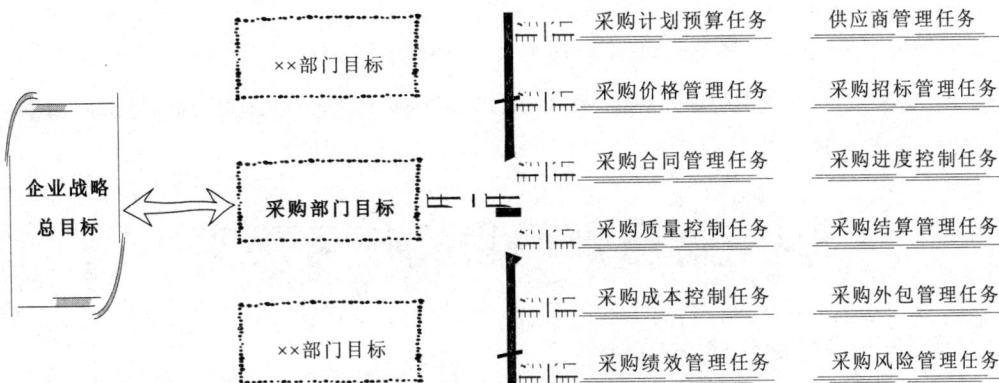

图 5-3　分解后的采购部门任务

2. 采购部门目标任务落实方法内容

采购计划预算任务落实

在调查和分析采购需求的基础上进行采购决策，编制采购计划与采购预算，指导采购作业

供应商管理任务落实

根据采购计划进行市场调研、选择、评审及考核供应商等工作，建立并完善供应商档案

采购价格管理任务落实

尽力并更新重要物资及常规物资的价格档案，指导采购作业与价格谈判，提高采购绩效

采购招标管理任务落实

规范招标工作标准，确保按照公平、公正和公开的原则执行

采购合同管理任务落实

组织合同评审，签订采购合同。建立采购合同台账，并进行分类管理和监督合同执行情况

采购进度控制任务落实

监督采购合同签订与执行，开展采购跟单与催货工作并及逆行那个交期管理，严格控制进度

采购质量控制任务落实

建立采购质量认证体系，对供应商及采购物资的质量进行检验和认证，确保物资符合要求

采购结算管理任务落实

规范采购付款结算的支付流程，加强对各个支付环节的审核和控制，保证资金安全

采购成本控制任务落实

严格执行采购预算，监督采购询价、议价及订购过程中费用使用情况，进行成本分析与控制

采购外包管理任务落实

规范采购外包业务决策执行过程，以及承包商的选择实施过程及要求

采购绩效管理任务落实

定期对部门采购作业及采购人员进行绩效考核，并根据结构结果进行奖惩，并提出改进计划

采购风险管理任务落实

建立采购风险控制体系，制定规避措施和应急预案，把控采购各个环节

5.4 财务部门目标任务落实

5.4.1 财务部门目标任务分解计划

1. 财务部门目标任务分解的依据

财务部门目标任务分解的依据，主要是通过市场调查、企业经营现状和背景分析、

企业投融资环境分析、生产战略确定和生产能耗分析、营销战略确定、以及损益分析和营销计划控制来获得。

2. 财务部门目标任务分解计划范例

财务部门目标任务分解计划范例

一、部门主要工作目标

（一）资金上存率达到＿＿＿%以上。

（二）合理制订销售计划，销售计划执行率达到＿＿＿＿%。

（三）年末货币资金余额达到＿＿＿＿万元以上。

（四）总部费用支出控制在＿＿＿＿万元以内。

（五）全年收取司属单位上交款项＿＿＿＿万元，完成年度计划的＿＿＿%。

（六）新开项目资金策划率达到＿＿＿%。

（七）全公司利润总额达到＿＿＿＿万元。

（八）财务办理业务投诉率为0。

（九）部门办公管理费用控制在＿＿＿＿万元～＿＿＿＿万元之间。

二、部门人员配置标准

营销部门人员配置标准，具体内容如下表所示。

营销部门人员配置标准

职位	人数	具体职责说明
财务经理	1名	建立并完善企业财务管理体系，对财务部门的日常管理、财务预算、资金运作等各项工作进行总体控制，提升企业财务管理水平
预算管理岗	＿＿＿＿名	建立企业预算管理体系，编制企业各项预算计划和预算目标，并对预算进行监控、调整和评价
资金管理岗	＿＿＿＿名	建立资金管理控制体系，设置资金使用目标，确保资金使用安全
投资管理岗	＿＿＿＿名	落实投资计划，降低投资风险，提高投资收益
融资管理岗	＿＿＿＿名	建立并维护融资渠道，组织并控制融资活动等
财务分析岗	＿＿＿＿名	建立并完善财务分析制度与流程，对各种财务报表、财务信息进行综合分析，为管理层决策提供财务支持信息
资产管理岗	＿＿＿＿名	负责对资产日常管理、清查盘点管理及账务管理，确保企业资产完整和安全
成本控制岗	＿＿＿＿名	制订成本控制计划，进行成本核算与控制
税务筹划岗	＿＿＿＿名	拟定税务计划与筹划方案实施纳税工作，促进企业税务目标实现
财务会计岗	＿＿＿＿名	对账目、核算、会计报表及资产进行管理，建立资本运营模式
财务出纳岗	＿＿＿＿名	对企业收付款业务，现金及原始凭证、印章等进行管理
内部审计岗	＿＿＿＿名	建设设计制度，管理审计计划目标与审计工作目标

三、部门年度关键绩效考核指标

财务部门年度关键绩效考核指标，主要包括财务制度执行率、财务计划完成率、财务分析报告提交及时率、财务定额标准执行率、财务开支标准执行率、融资总额、投资收益率、营业收入增长率、净资产收益率、税收计划完成率、财务预算达成率、经营成本降低率、对结账处理及时率、纳税申报及时率、应收账款周转率、现金收付办理及时率、财务档案归档率等。

四、部门年度业务预算及编制依据

（一）部门年度业务预算为＿＿＿万元。

（二）财务预算的编制依据，包括20＿＿年产品生产、采购预测和20＿＿年公司投融资计划预测。

五、部门年度管理费用预算及编制依据

（一）部门年度管理费用预算为＿＿＿万元。

（二）部门人员工资及奖金的编制依据，包括20＿＿年部门人员计划、20＿＿年部门薪酬计划、20＿＿年部门奖金政策。

（三）部门办公费用的编制依据是20＿＿年部门主要活动。

5.4.2　财务部门目标任务落实方法

1. 分解后的财务部门任务

分解后的财务部门任务如图 5-4 所示。

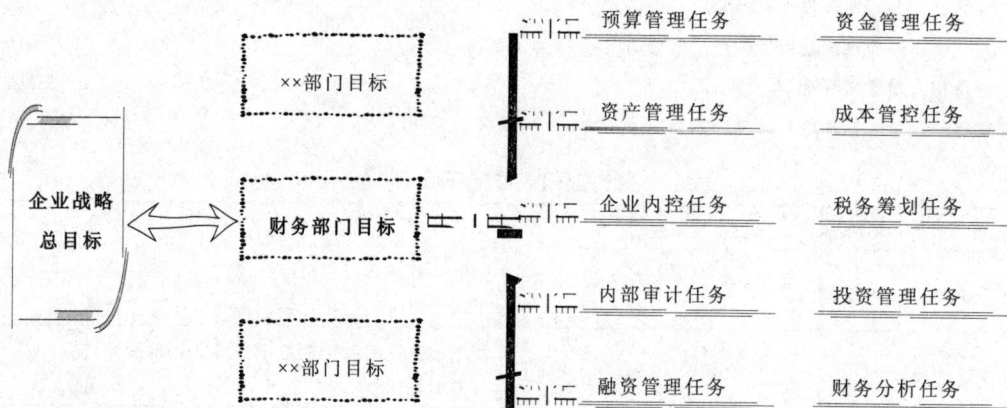

图 5-4　分解后的财务部门任务

2. 财务部门目标任务落实方法内容

💡 **财务日常工作任务落实**

（1）按照公司统一部署，完成年度的结账、过账工作，做好日常财务、账务处理工作

（2）做好公司财务分析工作及财务报表、清欠报表、项目分析报告、季报和年度报表工作

（3）每月向公司总经理、总会计师填报《财务部工作月报》等主要指标情况

（4）建立会计档案室，对直管已完工项目进行会计档案清理

（5）每月末对公司各部门职工备用金进行催报，在月底基本完成备用金的清理工作

💡 **财务预算任务落实**

（1）及时组织编制公司年度费用预算并分解到部门和具体责任人，对各个分公司费用预算进行审核并报公司领导审批

（2）建立费用预算实际发生台账，每季度及时向各个部门反馈费用使用情况并报公司领导

（3）每季度末公司总部及分公司进行预算分析并形成分析报告，做好费用预算控制工作

资金调度任务落实

（1）做好现有银行账户清理及新成立项目经理部账户跟进治理工作

（2）加强资金使用情况检查监督力度，落实资金计划和公司财务制度的执行情况

（3）对所属单位资金集中情况和银行外部账户进行检查，并合理布局存量资金结构

资金回收任务落实

加强公司资金回收力度，进一步降低借款融资总量，降低财务费用，合理调剂内部存量资金，进一步完善内部融资治理的制度建设

财务治理任务落实

（1）按经济业务性质完善经济合同台账，财务往来台帐、项目治理台帐、营销费用台账和资金和承兑汇票、保证金类台账等

（2）完善财务预警系统。加强对合同额、营业额、利润、现金流量和应收款项指标财务信息的收集、分析、评价，对照财务指标的标准值、历史值、同行值、预算值等，及时发出预警信号

（3）通过完善财务治理手册来完善内部控制制度，有效进行，防止、发现、纠正各方面的偏差与弊端

（4）完善公司直管项目财务收支审批程序

5.5 人力部门目标任务落实

5.5.1 人力部门目标任务分解计划

1. 人力部门目标任务分解的依据

人力部门目标任务分解的依据，主要是通过企业人力资源战略规划、企业人力资源发展方针目标、企业人力资源现状和背景分析、各单位（部门及员工）需求调查、问题和机会分析等获得的。

2. 人力部门目标任务分解计划范例

人力部门目标任务分解计划范例
一、部门主要工作目标
（一）制定和完善企业组织结构和企业员工招聘、入职、培训、职位异动、奖惩等各项人力资源管理制度，保持组织结构和相关人力资源管理制度在＿＿＿年内不会再做较大调整。
（二）合理制订人力资源规划和工作计划，人力资源工作计划执行率达到＿＿＿%。
（三）人员配置及时率达到＿＿＿%，核心人员离职率降低＿＿＿%。
（四）培训计划完成率达到＿＿＿%，人员资格评定达标率达到＿＿＿%。
（五）员工关系维持良好，无劳动争议和投诉事件发生。
（六）部门办公管理费用控制在＿＿＿万元～＿＿＿万元之间。
二、部门人员配置标准
人力部门人员配置标准，具体内容如下表所示。

人力部门人员配置标准

职位	人数	具体职责说明
人力资源经理	1名	负责制定人力资源战略和人力资源管理制度，负责招聘、培训、绩效、薪酬及员工关系等模块的控制与实施，部门日常事务管理
人力资源主管	____名	负责公司人力资源战略的执行，协助人力资源经理对招聘、培训、绩效、薪酬及员工关系管理等模块的控制与实施工作
人力资源规划专员	____名	参与制订公司人力资源规划，并负责组织实施
招聘专员	____名	协助部门主管完善公司招聘体系，拟定公司人员招聘计划，负责招聘工作的具体实施
培训专员	____名	协助部门主管完善公司的培训体系，制订员工培训计划并负责组织与实施
培训讲师	____名	负责公司培训课程的开发与讲授
绩效专员	____名	协助部门主管完善绩效管理体系，科学评估员工绩效，激励员工
薪资专员	____名	实施既定的薪酬福利体系，为各部门提供薪酬福利方面的核算、分析及咨询服务
员工关系专员	____名	协助编制及修订工作劳动合同范本，办理员工录用、迁调、离职手续，协助处理劳动争议纠纷，员工合同、人事档案收集与存档

三、部门年度关键绩效考核指标

（一）经济指标

经济指标，主要包括企业人力成本控制率、人力资源成本预算制定及时率、招聘费用预算控制率、培训预算达成率、测评费用控制率、工资奖金核算按时完成率、测评计划执行率、工资奖金核算按时完成率、各项保险基数核定的准确性等。

（二）非经济指标

非经济指标，主要包括人力资源规划编制完成率、人力资源规划执行效果、招聘计划完成率、人员配置及时率、录用人员适岗率、培训计划完成率、员工任职资格达标率、绩效考核体系优化目标达成率、工资奖金报表编制及时率、劳动合同管理流程完善率、核心员工离职率等。

七、部门年度业务预算及编制依据

（一）部门年度业务预算为____万元。

（二）人力成本预算的编制依据，包括20____年企业人才需求预测和20____年××行业人才薪酬水平预测及分析。

八、部门年度管理费用预算及编制依据

（一）部门年度管理费用预算为____万元。

（二）部门人员工资及奖金的编制依据，包括20____年部门人员配置计划、20____年部门薪酬计划以及20____年部门奖金政策。

5.5.2 人力部门目标任务落实方法

1. 分解后的人力部门任务

分解后的人力部门任务如图 5-5 所示。

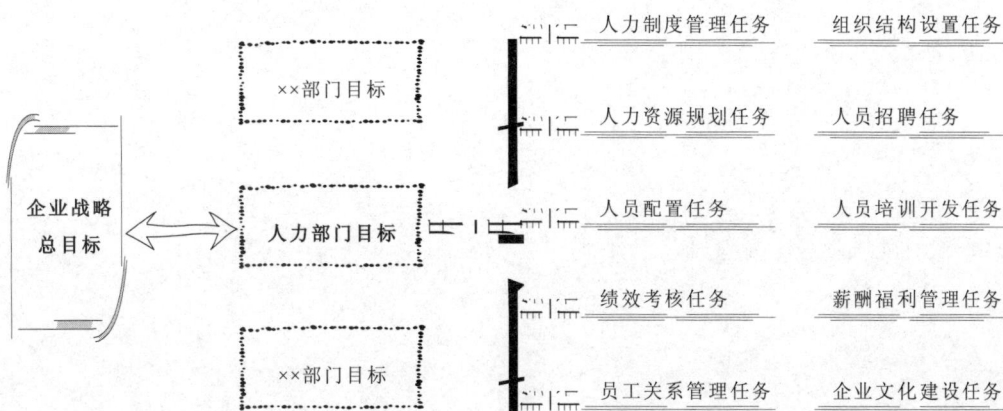

图 5-5 分解后的人力部门任务

2. 人力部门目标任务落实方法内容

人员规划任务落实

（1）根据公司发展战略目标的要求，对未来某时期公司所需员工数量和质量进行预测，进而确定人员补充计划、实施教育培训方案

（2）对公司现有人力资源进行有效使用和开发，使人力资源需求与供给达到平衡

人员招聘任务落实

公司根据自身发展的需要，通过各种可行的方法、手段及媒介，向目标群体发布招聘信息，并按照一定的标准进行招募、面试、选拔、聘用企业所需的人力资源

人员培训任务落实

公司根据企业、部门和员工的职业生涯发展规划情况落实员工培训与开发任务。其主要程序包括培训需求调研与分析、培训计划与预算编订、培训讲师选择、培训课程设计及效果评定

绩效考核任务落实

公司应与责任部门或员工签订绩效合约，确定绩效目标，通过确定绩效考核小组、绩效考核项目和标准展开人员考核工作，并组织对绩效考核结果与员工展开面谈，提出绩效改进计划

薪资设计任务落实

公司应采取薪酬设计策略（混合型薪酬策略），通过制定薪酬策略、工作分析与岗位评价、薪酬调查、薪酬结构与薪酬水平分析、薪酬等级与标准设定、薪酬体系验证与修正等环节具体展开薪酬设计与管理工作

员工关系任务落实

员工关系处理的具体落实工作，主要包括劳动合同签订、企业规章制度制定、员工纪律管理、员工奖惩管理、员工离职管理、劳动争议处理6个方面，责任人在具体执行员工关系管理时，应做到有法可依、有章可循

第6章

中小微企业目标任务岗位落实

6.1 营销岗位目标任务落实

6.1.1 销售岗位目标责任书

责任书名称	销售岗位目标责任书		责任部门	
编　　号		有效期限	责任领导	

为了切实加强本企业销售岗位的管理工作，保障销售部门目标的实现，根据《××企业人力资源管理制度》《××企业绩效管理制度》等，人力资源部与本企业销售岗位责任领导签订《销售岗位目标责任书》。

一、销售岗位工作责任

销售岗位2013年的工作责任如下表所示。

销售岗位工作责任

序号	责任内容	责任人	责任领导	完成期限
1	新产品市场调查	王××	李××	2013年3月底前
2	销售策略的制定与执行	王××	李××	2013年3月底前
3	编制销售计划	李××	李××	2013年3月底前
4	编制销售预算	李××	李××	2013年3月底前
5	销售管理	刘××	李××	按需完成
6	发货管理	李××	李××	按需完成
7	销售计划的执行	杨××	李××	按需完成

备注：由人力资源部与销售岗位责任领导李××签订《销售岗位目标责任书》。

二、销售岗位目标描述

销售岗位的目标描述如下表所示。

销售岗位目标描述

责任内容	目标描述	目标值
新产品市场调查	1. 能够及时收集各类市场情报及相关行业策政和信息	调研信息完整率达90%以上

责任内容	目标描述	目标值
新产品市场调查	2. 根据企业内外部环境的变化，组织进行宏观环境及行业状况调研，确保调研信息完整	
	3. 根据调研结果制作调研报告，调研报告力求准确无误，并向管理层提供建议	调研报告准确率达95%以上
销售策略的制定与执行	1. 研究销售产品的定位、目标市场的选择、价格策略、渠道策略，确保各项销售策略可执行	销售策略的可行性达95%以上
	2. 将销售策略上报本分公司领导及公司总部审批	销售策略通过率达90%以上
	3. 及时将销售策略传达给员工，确保销售策略得到贯彻执行	销售策略执行率达95%以上
编制销售计划	1. 根据既定的销售策略制订本年度的销售计划，确保销售计划与销售策略相一致	销售计划与销售策略一致性程度达100%
	2. 将销售计划报本分公司领导和工作总部审批	销售计划的通过率达90%以上
	3. 根据公司领导批准的年度销售计划，将其分解为季度、月度销售计划，确保计划分解准确	季、月度计划符合年度计划达95%以上
编制销售预算	1. 组织制定年度销售费用预算，确保预算合理、准确、可执行	年度销售费用预算的准确性达100%
	2. 将销售预算报公司领导审批	销售预算审批通过率达90%以上
	3. 根据公司领导审批的年度销售预算，将其分解为季度、月度销售预算，确保预算分解符合要求	季、月度费用预算符合年度预算的程度达95%以上
销售管理	1. 按月组织进行销售活动分析，确保分析数据准确、客观	销售活动分析数据准确率达100%
	2. 定期制定和填报销售进度表	销售进度表的可行性达95%以上
	3. 检查销售员工执行销售流程的情况，发现问题，及时、妥善地解决，并报有关领导	问题解决及时率达95%以上
	4. 合理控制销售费用，努力降低销售成本	销售成本费用节约率达100%
	5. 做好市场拓展工作，达到一定的市场份额	市场占有率达10%以上
发货管理	1. 根据销售合同，组织制订产成品发运计划，并严格执行	产品发运计划的完成率达95%以上
	2. 对未能按计划发出的货物，及时查明原因并提出处理意见	发货问题处理及时率达95%以上
销售计划的执行	1. 确保各项销售活动有效执行，包括电话咨询、网上来信等回复、客户接待、同客户洽谈、合同审核与签约、销售回款等	销售活动的执行率达95%以上
	2. 根据本公司的销售情况，策划相关市场营销活动方案，确保方案具有可操作性	市场营销活动方案可行性达90%以上

三、销售岗位责任领导人具备的权限

1. 有销售岗位各项任务的分配权。

2. 有销售任务责任人的监督权和指导权。

3．销售计划和销售预算的审批权。

4．有产品报损赔偿处理意见的审核权。

四、责任期限

本责任书一式三份，人力资源部、销售部和销售岗位负责人各执一份，有效期为＿＿＿＿年＿＿月＿＿日至＿＿＿＿年＿＿月＿＿日。

人力资源部责任人签字： 签订时间：＿＿＿＿年＿＿月＿＿日	销售岗位责任领导签字： 签订时间：＿＿＿＿年＿＿月＿＿日

6.1.2 营销宣传目标责任书

责任书名称	营销宣传目标责任书		责任部门	
编 号		有效期限	责任领导	

为了更好地配合公司2013年度经营战略目标的顺利实现，切实有效地发挥营销宣传岗位的作用，最大程度激发营销宣传人员的积极性和主动性，根据《××企业人力资源管理制度》《××企业绩效管理制度》等，人力资源部与本企业营销宣传人员签订《营销宣传目标责任书》。

一．营销宣传岗位工作责任

营销宣传岗位2013年度的工作责任如下表所示。

营销宣传岗位工作责任

序号	责任内容	责任人	责任领导	完成期限
1	市场调研与分析	陈××	李××	2013年2月底前
2	制定营销宣传年度目标	李××	李××	2013年1月15日前
3	编制及实施营销宣传工作计划	王××	李××	2013年3月12日前
4	协助销售部门推进宣传工作	王××	李××	按需完成
5	策划与推广客户服务计划	赵××	李××	2013年3月底前

备注：由人力资源部与营销宣传岗位责任领导李××签订《营销宣传目标责任书》。

二、营销宣传岗位目标描述

销售岗位的目标描述如下表所示。

营销宣传岗位目标描述

责任内容	目标描述	目标值
市场调研与分析	1．能够及时收集各类市场情报及相关行业策政和信息	调研信息完整率达90%以上
	2．根据企业内外部环境的变化，组织进行宏观环境及行业状况调研，确保调研信息全面	
	3．根据调研结果制作调研报告，调研报告力求准确无误，并向管理层提供建议	调研报告有效率达95%以上
制定营销宣传年度目标	1．根据市场调研报告内容，结合公司战略发展规划及发展需求，制定营销宣传年度目标，确保目标可执行	年度营销宣传目标可执行率达100%
	2．能够准确将营销宣传年度目标分解为各季度、各月份宣传目标，并报上级领导审批	目标分解准确率100%领导审批一次性通过

责任内容	目标描述	目标值
编制及实施营销宣传工作计划	1. 根据营销宣传年度目标，制订营销宣传工作计划，并报上级领导审批，确保计划有效、可执行	营销宣传工作计划有效率达95%以上
	2. 有效监督营销宣传计划的执行情况，并对执行结果进行考核	监督及时、到位
协助销售部门推进宣传工作	1. 根据销售部要求，及时制定营销宣传方案、广告策略、促销方案及公共策略	方案和策略可执行率达95%以上 销售部满意度90%以上
	2. 有效监督销售部客户服务情况和产品售后服务情况，提升公司的服务质量	监督及时性、有效性，问题发现率达100%
策划与推广客户服务计划	1. 做好市场调研工作，了解客户对公司产品和服务的意见和建议，从而制订可行性客户服务计划	市场调研信息准确率达95%以上
	2. 创新客户服务内容，通过新颖的客户服务内容吸引更多客户	创新率达80%以上

三、营销宣传责任领导人具备的权限

1. 具有营销宣传日常经营管理的权利。

2. 有营销宣传队伍的聘免权。

3. 有预算内资金使用的自主权。

4. 有市场宣传计划和营销宣传方案的决定权。

5. 有内部经营运作方式及部门组织结构设置的自主权。

四、责任期限

本责任书一式三份，人力资源部、销售部和营销宣传负责人各执一份，有效期为_____年___月___日至_____年___月___日。

人力资源部责任人签字： 签订时间：_____年___月___日	营销宣传责任领导签字： 签订时间：_____年___月___日

6.1.3 营销渠道目标责任书

责任书名称	营销渠道目标责任书		责任部门	
编　　号		有效期限	责任领导	

为确保公司2013年度营销渠道全面目标的达成，稳定和激励销售队伍，结合公司发展的实际情况，根据《××企业人力资源管理制度》《××企业绩效管理制度》等，人力资源部与本企业营销渠道人员签订《营销渠道目标责任书》。

一、营销渠道岗位工作责任

营销渠道岗位2013年度的工作责任如下表所示。

营销渠道岗位工作责任

序号	责任内容	责任人	责任领导	完成期限
1	销售渠道设计	陈××	王××	2013年2月底前

序号	责任内容	责任人	责任领导	完成期限
2	渠道成员选择	李××	王××	2013年4月底前
3	渠道成员管理	李××	王××	按需完成
4	渠道整合与再造	张××	王××	按需完成

备注：由人力资源部与营销渠道岗位责任领导王××签订《营销渠道目标责任书》。

二、营销宣传岗位目标描述

销售岗位的目标描述如下表所示。

营销宣传岗位目标描述

责任内容	目标描述	目标值
销售渠道设计	1. 力求所设计销售渠道体系符合企业发展战略与实际情况	符合率达95%以上
	2. 所设计渠道体系有助于减少渠道冲突，避免渠道之间发生利益冲突	渠道冲突减少率达95%以上
	3. 所设计渠道体系适应企业长期发展	适应率达95%以上
渠道成员选择	1. 按照企业需要发展渠道成员，及时、有效做好渠道成员需求分析，为企业发展提高足够的渠道成员	渠道成员供给率达100%
	2. 确保所选择渠道成员具备相应的资质和能力，达到岗位需求，减少人员再次选择的成本	渠道成员人岗匹配率达90%以上
	3. 将渠道成员的数量控制在合理的范围内，降低企业发展的人力成本	渠道成员数量控制率达100%
渠道成员管理	1. 对渠道成员进行管理，引导其销售行为合乎国家法律规定及企业相关制度和政策	销售行为合理、合规、合法
	2. 提高渠道成员满意度，降低优质渠道成员流失率	流失率降低达90%以上
	3. 减少渠道成员间的冲突，确保渠道冲突和矛盾得到及时、有效地解决	冲突减少率达90%以上 冲突解决率达100%
	4. 提高渠道成员的销售能力和销售量	绩效考核得分80分以上
	5. 确保渠道成员有效执行企业价格政策	有效执行率达100%
渠道整合与再造	1. 确保在必要时对渠道进行整合与改造	渠道整合与再造时机选择准确率达90%以上
	2. 提高整合与改造后渠道的运行效率	运行效率达95%以上
	3. 尽量减少渠道整合与改造对现有渠道体系的影响	影响度为20%以下

三、营销渠道责任领导人具备的权限

1. 对本区域内所有渠道经销商业务信息的知情权。

2. 在财务支配权限内，对营销渠道管理费用开支的决定权。

3. 权限范围内的财务审批权。

4. 对所管辖区域内渠道员工的聘用、解聘权。

5. 有营销渠道建设与选择方案的决定权。

6. 有对下属业务工作的指导权与考核权。

四、奖励与惩罚

1. 目标完成结果与绩效工资、职务升、降直接挂钩，具体执行办法参加公司《营销渠道岗位升迁与薪酬管理规定》中相关规定。

2. 若有升级、降级或辞退情况，须经人力资源部门开具相关证明文件，通过相关部门逐级会签，主管领导批准后，按变动后岗位薪资标准执行。

五、责任期限

本责任书一式三份，人力资源部、销售部和营销渠道负责人各执一份，有效期为_____年___月___日至_____年___月___日。

人力资源部责任人签字： 签订时间：_____年___月___日	营销渠道责任领导签字： 签订时间：_____年___月___日

6.1.4 市场策划目标责任书

责任书名称	市场策划目标责任书		责任部门	
编　　号		有效期限	责任领导	

为了切实加强本企业市场策划岗位的管理工作，保障市场策划工作目标的实现，根据《××企业人力资源管理制度》《××企业绩效管理制度》等，人力资源部与本企业市场策划责任领导签订《市场策划目标责任书》。

一、市场策划工作责任

市场策划岗位2013年的工作责任如下表所示。

市场策划工作责任

序号	责任内容	责任人	责任领导	完成期限
1	市场调查、研究与预测	王××	韩××	2013年3月底前
2	市场方案策划	陈××	韩××	2013年3月底前
3	组织实施市场活动	李××	韩××	按需完成
4	市场信息管理	孙××	韩××	按需完成

备注：由人力资源部与市场策划岗位责任领导韩××签订《市场策划目标责任书》。

二、市场策划目标描述

市场策划的目标描述如下表所示。

市场策划目标描述

责任内容	目标描述	目标值
市场调查、研究与预测	1. 组织编写有关竞争对手、行业、企业产品的市场调研计划，确保市场调研计划满足需求	市场调研计划全面性达95%以上
	2. 组织对宏观环境及行业状况、企业内部营销环境、消费者及用户开展市场调研，确保市场调研信息全面	市场调研的全面性达95%以上
	3. 分析市场调研结果，撰写市场调研报告，及时提出市场开发、营销策划等建议	市场调研报告评分达4分以上
	4. 开展主管委托的专项调研计划工作，确保专项调研计划按时完成	调研计划的完成率达100%
市场方案策划	1. 跟进企业年度营销战略、品牌战略、目标市场与产品定位，策划合适的渠道、价格、促销等方案	策划方案的可行性达95%以上

责任内容	目标描述	目标值
	2. 组织编制新产品上市策划方案、广告宣传策划案、品牌推广方案、公关方案等，报市场经理及营销总监审核	策划方案的通过率达95%以上
	3. 组织完成各种策划案、广告方案的平面设计方案，确保各方案具有实操性	平面设计方案的可操性达90%以上
组织实施市场活动	1. 制订促销、公关等市场活动的预算，预算准确、全面，确保满足市场活动实施的需求	活动预算准确率达95%以上
	2. 根据产品销售计划组织实施促销、公关等市场活动，确保市场活动的开展能有效提高销售量	市场活动开展的效果评分达4分以上
	3. 定期对市场活动和产品销售情况进行分析和评估，并将各类信息及时反馈给企业领导及相关部门	信息反馈的及时率达100%
市场信息管理	1. 收集各类市场情报及相关行业政策信息，使企业的营销信息系统更加完善	营销信息系统的完善度达95%以上
	2. 运用现代信息管理技术，及时收集、整理各方面可靠的市场信息	市场信息的可靠性达95%以上
	3. 定期组织相关人员进行市场信息的汇编，确保为领导做出营销决策提供有效依据	市场汇编信息的利用率达80%以上

三、市场策划岗位责任领导人具备的权限

1. 有市场策划岗位各项任务的分配权和监督权。

2. 有市场策划工作人员的监督权和指导权。

3. 有市场策划预算的审批权。

4. 有市场策划方案的审批权。

四、责任期限

本责任书一式三份，人力资源部、市场部和市场策划负责人各执一份，有效期为_____年___月___日至_____年___月___日。

人力资源部责任人签字： 签订时间：_____年___月___日	市场策划责任领导签字： 签订时间：_____年___月___日

6.2 生产岗位目标任务落实

6.2.1 计划调度目标责任书

责任书名称	计划调度目标责任书		责任部门	
编　　号		有效期限	责任领导	

为了确实做好公司2013年度安全生产管理工作，杜绝因调度指挥失误而影响生产的事件发生，从源头上抓好安全生产，根据《××企业人力资源管理制度》、《××企业绩效管理制度》等，人力资源部与本企业计划调度人员签订《计划调度目标责任书》。

一、计划调度岗位工作责任

计划调度岗位2013年度的工作责任如下表所示。

计划调度岗位工作责任

序号	责任内容	责任人	责任领导	完成期限
1	制订生产计划	赵××	赵××	2013年1月底月前
2	生产任务安排	王××	赵××	2013年2月15日前
3	生产计划变更	张××	赵××	按需完成
4	生产调度	王××	赵××	按需完成
5	生产效率控制	赵××	赵××	按需完成

备注：由人力资源部与计划调度岗位责任领导赵××签订《计划调度目标责任书》。

二、计划调度岗位目标描述

计划调度岗位的目标描述如下表所示。

计划调度岗位目标描述

责任内容	目标描述	目标值
制订生产计划	1．根据企业实际生产能力，合理设计产能计划，提高产能计划的实用性和适用性	产能计划有效率达100%
	2．根据企业的销售计划和订单情况，及时编制生产计划，以便顺利开展生产活动	生产计划按时编制率达到100%
	3．及时分解主生产计划，制订生产作业计划，并积极贯彻落实	生产作业计划编制及时率达100%
	4．根据主生产计划和产品结构制订物料需求计划，确保物料按时供应	物料供应及时率达100%
生产任务安排	1．根据生产作业计划安排车间等基层管理组织进行生产排程，安排生产任务，并编制"生产排程计划"	生产排程计划编制及时率、有效率达100%
	2．及时下达任务，落实生产计划	生产计划落实率100%
生产计划变更	1．当市场情势或需求发生改变时，根据生产计划的执行情况，及时变更生产计划，确保符合市场需求	生产计划变更及时率达95%以上
	2．对于较大规模的增产或减产计划，应对人员、设备、原料做及时调整，确保生产资源满足计划要求	物资、人力调整及时率达95%以上
生产调度	1．按时安排生产调度会议，及时了解和掌握生产进度	生产调度会议召开准时率达100%
	2．按照生产任务执行情况调整生产计划安排，调整人力、原材料等安排，确保生产任务安排符合生产要求	生产任务安排与生产要求一致性达100%
	3．及时了解生产过程中投入、产出、进度和影响生产进度的不平衡因素，并采取有效措施，消除隐患	不平衡因素处理及时率和有效率达95%以上
	4．收集生产过程中工艺、设备、环保、安全、质量等方面的动态原始数据，并准确地记录，为指挥生产提供可靠依据	数据收集和记录准确率达100%
生产效率控制	1．收集生产时间、产出等资料，计算出生产效率，并制定改善和管理生产效率的措施	生产效率计算准确率达95%以上

责任内容	目标描述	目标值
生产效率控制	2. 对生产过程进行控制，利用标准工时定额、物料消耗定额等指标控制生产时间和物料投入，用较少资源投入获得较大产出	生产过程控制率达95%以上

三、计划调度责任领导人具备的权限

1. 对生产作业计划和生产计划执行情况具有监督检查权。

2. 对生产过程中出现的计划调度问题具有决策权。

3. 权限内的财务审批权。

4. 对直属员工有调配、奖惩和任免的提名权及考核权。

四、责任期限

本责任书一式三份，人力资源部、生产部和计划调度负责人各执一份，有效期为_____年___月___日至_____年___月___日。

人力资源部责任人签字： 签订时间：_____年___月___日	计划调度责任领导签字： 签订时间：_____年___月___日

6.2.2 生产质量目标责任书

责任书名称	生产质量目标责任书		责任部门	
编　　号		有效期限	责任领导	

为确保公司2013年度生产目标的达成，推进公司质量管理体系的运作与实施，全面提升公司产品的质量，根据《××企业人力资源管理制度》《××企业绩效管理制度》等，人力资源部与本企业生产质量人员签订《生产质量目标责任书》。

一、生产质量岗位工作责任

生产质量岗位2013年度的工作责任如下表所示。

生产质量岗位工作责任

序号	责任内容	责任人	责任领导	完成期限
1	质量标准制定	王××	张××	2013年2月底前
2	质量检验	陈××	张××	2013年4月底前
3	质量控制工作	李××	张××	按需完成
4	质量体系管理	张××	张××	按需完成
5	质量改善工作	陈××	张××	按需完成
6	质量成本管控	王××	张××	按需完成

备注：由人力资源部与生产质量岗位责任领导王××签订《生产质量目标责任书》。

二、生产质量岗位目标描述

生产质量岗位的目标描述如下表6-12所示。

生产质量岗位目标描述

责任内容	目标描述	目标值
质量标准制定	1. 制定进料、制程、成品等质量管理标准，确保质量标准合理并符合要求	符合率达100%

责任内容	目标描述	目标值
质量标准制定	2. 编制各项质量检验标准及指导书，开展质量检验规程培训工作，确保检验标准得到有效执行	检验标准执行率达100%
	3. 根据企业需求定期修订质量标准，确保质量标准满足企业发展需求	适应率达95%以上
质量检验	1. 按照进料、制程、成品等各项检验标准对原料、工序、产成品进行检验	检验工作及时完成率达100%
	2. 监督不合格品的处理工作，确保不合格品得到合理的处置	处理及时率达100%
	3. 做好质量检验器具的管理，严格按照操作规程使用相关检验仪器	渠道成员数量控制率达100%
质量控制工作	1. 根据质量标准，做好各工序质量控制工作，确保工序质量满足标准要求	与标准一致性达100%
	2. 填制各项质量记录，出具各项检验报告，确保质量记录、检验报告准确	质量记录、检验报告准确率达95%以上
	3. 依据质量记录制定相应的质量控制措施，确保制程质量符合标准	符合标准率达95%以上
质量体系管理	1. 建立质量管理体系，并提交领导审批	审核通过率达90%以上
	2. 做好质量管理体系中各项文件、标准、指导书等，确保质量管理体系能够正常运行	运行有效性达95%以上
	3. 做好质量体系的内审、外审等工作	各项审核一次性通过率达90%以上
质量改善工作	1. 根据质量管理现状，制定质量改善措施	措施实用性达100%
	2. 积极落实质量改善措施，不断优化质量管理标准，提高质量管理水平	措施执行率达95%以上
	3. 对质量改善的效果进行评价，并不断总结改善工作经验	效果评价有效率达95%
质量成本管控	1. 严格控制每一道检验程序，严防质量事故的发生	质量事故发生减少率90%以上
	2. 发生质量事故，应立即进行处理，缩小质量事故导致的损失	因质量事故造成的经济损失降低率90%以上

三、生产质量责任领导人具备的权限

1. 对生产中发现的质量问题具有核查、实施处罚的权力。

2. 对各种质量检验报表的审核权。

3. 对部门内部员工聘任、解聘的建议权。

4. 对下属员工工作的指导权与考核权。

四、责任期限

本责任书一式三份，人力资源部、生产部和生产质量负责人各执一份，有效期为＿＿年＿月＿日至＿＿年＿月＿日。

人力资源部责任人签字：	生产质量责任领导签字：
签订时间：＿＿年＿月＿日	签订时间：＿＿年＿月＿日

6.2.3　生产安全目标责任书

责任书名称	生产安全目标责任书		责任部门	
编　　号		有效期限		责任领导	

　　为确保公司2013年度安全生产目标的达成，提高安全生产管理水平，切实保障全体职工的生命安全，促进生产，根据《××企业人力资源管理制度》《××企业绩效管理制度》等，人力资源部与本企业生产安全人员签订《生产安全目标责任书》。

　　一、生产安全岗位工作责任

　　生产安全岗位2013年度的工作责任如下表所示。

生产安全岗位工作责任

序号	责任内容	责任人	责任领导	完成期限
1	生产安全组织管理	陈××	陈××	2013年3月底前
2	生产安全培训	王××	陈××	2013年12月底前
3	安全设施管理	赵××	陈××	按需完成
4	安全检查	张××	陈××	按需完成
5	安全隐患和事故处理	陈××	陈××	按需完成

备注：由人力资源部与生产安全岗位责任领导王××签订《生产安全目标责任书》。

　　二、生产安全岗位目标描述

　　生产安全岗位的目标描述如下表所示。

生产安全岗位目标描述

责任内容	目标描述	目标值
生产安全组织管理	1. 编制各项生产安全管理规章制度和操作规范，其完备程度应覆盖生产活动的方方面面	各项制度和规范完备率达100%
	2. 监督、检查安全管理规章制度和规范的执行情况	执行率达100%
	3. 建立安全管理委员会、安全主管、安全检查员的三级安全检查网络，并要求班组长做好基础安全管理工作，确保安全生产	安全网络与安全基础工作建设率达95%以上
生产安全培训	1. 进行安全生产教育培训，组织员工参与安全生产培训，确保人人参加培训	安全培训覆盖率达100%
	2. 组织各项安全生产技术考核、知识竞赛的活动，确保员工掌握安全知识	知识掌握程度达95%以上
	3. 及时检查员工安全知识的掌握情况，力使违反安全规程的事件不发生	安全规程违反事件控制率达100%
安全设施管理	1. 建立完善的防火、防盗等安全防范设施	设施完成率达95%以上
	2. 定期对安全设施进行检查和维护，确保安全设施在正常运转中，对不合格的安全设施进行维修	安全设施检查维护率达95%以上
	3. 在进行安全设施巡检的过程中，做好记录，确保记录完整	记录完整率达100%
安全检查	1. 监督检查生产作业过程，及时纠正违反安全操作规定的行为，确保所有作业人员的操作符合要求	操作行为合格率达95%以上

续表

责任内容	目标描述	目标值
安全检查	2．定期对安全设备设施的安全隐患进行排查，发现并处理安全隐患，降低工伤事故发生率	工伤事故发生率控制在2‰以内
安全隐患和事故处理	1．及时发现并处理检查过程中发现的各项安全隐患	及时处理率达100%
	2．及时上报生产过程中发生的安全事故	及时上报率达100%
	3．迅速组织安全事故委员会对安全事故进行处理，确保相关责任人全部承担责任	事故处理满意度达4分以上

三、生产安全责任领导人具备的权限

1．对生产中出现的安全问题具有决策权。

2．对生产安全各项制度和规范具有审核权。

3．对安全事故处理具有指挥权。

4．对下属员工具有监督权与检查权。

四、责任期限

本责任书一式三份，人力资源部、生产部和生产安全负责人各执一份，有效期为_____年___月___日至_____年___月___日。

人力资源部责任人签字： 签订时间：_____年___月___日	生产安全责任领导签字： 签订时间：_____年___月___日

6.2.4　生产班组目标责任书

责任书名称	生产班组目标责任书		责任部门	
编　　号		有效期限		责任领导	

为确保公司2013年度生产班组目标的达成，提高生产管理水平，切实保障生产班组各项任务的有效落实，促进生产，根据《××企业人力资源管理制度》《××企业绩效管理制度》等，人力资源部与本企业生产班组人员签订《生产班组目标责任书》。

一、生产班组岗位工作责任

生产班组岗位2013年度的工作责任如下表所示。

生产班组岗位工作责任

序号	责任内容	责任人	责任领导	完成期限
1	本班组生产计划的组织与实施	李××	王××	2013年5月底前
2	班组人员的日常管理	先××	王××	2013年12月15日前
3	生产过程的监控	赵××	王××	按需完成
4	生产现场物品管理	张××	王××	按需完成
5	生产现场卫生管理	陈××	王××	按需完成
6	生产现场安全管理	黄××	王××	按需完成

备注：由人力资源部与生产班组岗位责任领导王××签订《生产班组目标责任书》。

二、生产班组岗位目标描述

生产班组岗位的目标描述如下表所示。

生产班组岗位目标描述

责任内容	目标描述	目标值
本班组生产计划的组织与实施	1．协助车间主任编制本班组的生产作业计划 2．根据作业计划，组织本班组完成相应的生产任务 3．根据生产调度组长的要求，及时协调生产过程中的各项工作，确保生产任务的顺利要求	生产计划完成率在95%以上
班组人员的日常管理	1．鼓励员工积极参加技术教育和业务学习，开展岗位练兵活动，提高职工素质	培训计划完成率在95%以上
	2．负责本班组人员的考勤管理	缺勤率低于2%
生产过程的监控	1．根据公司生产管理相关规定，对生产过程进行监控 检查、监督操作工人是否按照工艺标准和质量标准进行生产	产品质量合格率在98%以上
	2．执行ISO体系规定的程序，落实5S管理规定	
生产现场物品管理	1．组织员工按照规范程序使用生产设备，组织员工在生产过程中对生产设备等进行日常的保养、维修等	生产设备完好率在98%以上
	2．组织员工按照规范标准使用生产物料，组织员工在生产过程中对生产物料进行及时盘点	生产物料利用率在99%以上
生产现场卫生管理	1．做好生产现场人员的卫生管理	卫生达标率在95%以上
	2．做好生产现场环境的卫生管理	
	3．做好生产现场设备及工具的卫生管理	
生产现场安全管理	1．严格执行生产安全管理制度，对安全状况进行巡视	事故发生次数低于3次
	2．及时组织人员对生产安全事故进行紧急处理。负责本班组的事故追查、分析、处理工作，并改进工作	事故处理及时率在97%以上

三、生产班组责任领导人具备的权限

1．根据生产实际需要，在安全生产的前提下，有权分配本班组成员的工作。

2．有权根据车间的规章制度，制定班组工作的实施细则。

3．有权对本班组员工的工作进行监督、指导。

4．有权拒绝违章指挥和制止违章作业。

5．有权按照本企业内部劳动定额的规定，根据绩效考核结果，对本班组的绩效奖金进行分配。

6．有权向上级提出对班组成员的奖惩建议。

7．有权维护本班组成员的合法权益。

四、责任期限

本责任书一式三份，人力资源部、生产部和生产班组负责人各执一份，有效期为＿＿＿＿年＿＿月＿＿日至＿＿＿＿年＿＿月＿＿日。

人力资源部责任人签字：	生产班组责任领导签字：
签订时间：＿＿＿＿年＿＿月＿＿日	签订时间：＿＿＿＿年＿＿月＿＿日

6.3 采购岗位目标任务落实

6.3.1 采购计划目标责任书

责任书名称	采购计划目标责任书		责任部门	
编　　号		有效期限	责任领导	

为了切实加强本企业采购计划岗位的管理工作，保障采购部门目标的实现，根据《××企业人力资源管理制度》《××企业绩效管理制度》等，人力资源部与本企业采购计划岗位责任领导签订《采购计划目标责任书》。

一、采购计划岗位工作责任

采购计划岗位2013年的工作责任如下表所示。

采购计划岗位工作责任

序号	责任内容	责任人	责任领导	完成期限
1	制订采购计划与采购预算	李××	李××	2013年3月底前
2	编制增补采购计划或临时采购计划	李××	李××	按需完成
3	库存监控与补充	赵××	李××	按需完成
4	采购计划平衡	张××	李××	按需完成
5	监督仓库货物管理工作	薛××	李××	按需完成
6	采购计划执行汇报	薛××	李××	2013年12月底前

备注：由人力资源部与采购计划岗位责任领导李××签订《采购计划目标责任书》。

二、采购计划岗位目标描述

采购计划岗位的目标描述如下表所示。

采购计划岗位目标描述

责任内容	目标描述	目标值
制定采购计划与采购预算	1. 能够及时收集公司经营发展战略及生产、销售部门制订的年度生产计划与销售计划，以及各业务部门物料需求的信息	信息收集完整率为95%以上
	2. 根据公司经营发展战略及生产、销售部门制订的年度生产计划与销售计划，制订年度、季度、月度采购计划与采购预算	采购计划编制及时率为100%以上
	3. 根据采购部经理的安排，全面管理公司的采购计划、MC（物料控制）、库存计划	采购计划管理执行率为100%以上
编制增补采购计划或临时采购计划	1. 监控采购计划的执行并组织协调进度，合理指导各项增补采购或临时采购工作	采购计划执行及时率为90%以上
	2. 根据采购计划的执行并协调进度，编制增补采购计划或临时采购计划	采购增补计划或临时计划及时率为100%以上
库存监控与补充	1. 组织监控采购库存变化情况，及时补充库存，并对采购订单的执行过程进行跟踪，指导采购订单计划执行	库存补充及时率为95%以上
	2. 掌握库存变动情况，通过合理地安排订单，维持合理的库存结构和库存数量水平	库存结构达标率为95%以上

责任内容	目标描述	目标值
采购计划平衡	1. 根据采购执行进度和企业生产、管理实际需求情况，及时平衡采购计划	采购计划平衡调整及时率为90%以上
	2. 根据生产、销售的实际执行情况随时调整采购供货期	采购供货期调整及时率为100%以上
监督仓库货物管理工作	1. 监督检查仓库的验收、入库、发货及管理工作	仓库工作监督检查记录完整率为100%以上
	2. 跟踪采购订单情况，维持采购物资安全库存，并满足销售订单及生产需求	采购订单按时完成率为100%以上
采购计划执行汇报	定期向采购部门责任人汇报采购计划编制、执行情况及存在的问题	采购计划相关问题汇报及时率为95%以上

三、采购计划岗位责任领导人具备的权限

1. 有采购计划岗位各项任务的分配权。

2. 对采购计划任务责任人的工作有监督权、指导权。

3. 有公司生产、销售、管理等物资需求的知情权。

4. 有采购计划执行进度的监督权。

5. 对公司库存物资变化的监控权。

6. 有采购计划执行问题的申报权。

7. 有采购计划草案的审核权。

四、责任期限

本责任书一式三份，人力资源部、采购部和采购计划岗位负责人各执一份，有效期为20___年__月__日至20___年__月__日。

人力资源部责任人签字：	采购计划岗位责任领导签字：
签订时间：_____年___月___日	签订时间：_____年___月___日

6.3.2 采购质量目标责任书

责任书名称	采购质量目标责任书		责任部门	
编　　号		有效期限	责任领导	

为了切实加强本企业采购质量岗位的管理工作，保障采购部门目标的实现，根据《××企业人力资源管理制度》《××企业绩效管理制度》等，人力资源部与本企业采购质量岗位责任领导签订《采购质量目标责任书》。

一、采购质量岗位工作责任

采购质量岗位2013年的工作责任如下表所示。

采购质量岗位工作责任

序号	责任内容	责任人	责任领导	完成期限
1	制定采购物料的检验标准和检验规范	周××	周××	2013年3月底前
2	编制大宗采购物品或设备的检验方案	周××	周××	2013年3月底前

序号	责任内容	责任人	责任领导	完成期限
3	采购物料检验工作安排与监督	章××	周××	按需完成
4	采购物料质量异常处理	张××	周××	按需完成
5	采购物料质量改善建议	徐 ×	周××	按需完成
6	指导建立采购物料质量标准档案	张××	周××	2013年12月底前
7	物料检验仪器、量规和试验设备管理与保养	郑××	周××	按需完成
8	指导物料样品质量评定	郑××	周××	按需完成

备注：由人力资源部与采购质量岗位责任领导周××签订《采购质量目标责任书》。

二、采购质量岗位目标描述

采购质量岗位的目标描述如下表所示。

采购质量岗位目标描述

责任内容	目标描述	目标值
制定采购物料的检验标准和检验规范	1．制定完善的采购质量两种、检验等制度和规范	采购物料检验标准和规范编制及时率为95%以上
	2．在质量管理部门和物资需求部门的协助下，建立各类物资的采购检验标准	
	3．组织监督采购物料检验标准和检验规范的落实情况	采购物料检验标准和规范落实率为100%以上
编制大宗采购物品或设备检验方案	1．编制大宗采购物品或设备的检验方案	大宗采购物品或设备检验方案编制完整率为100%以上
	2．实施大宗采购物品或设备的检验方案	
采购物料检验工作安排与监督	1．制定完善的采购质量检验工作流程	物料质量检验安排及时率为95%以上
	2．采购物料到达后，及时安排专员开展检验工作	
	3．对相关采购物料质量检验工作进行实时监督和指导	
采购物料质量异常处理	1．妥善处理所购物品出现的检验质量异常情况	采购物料质量异常情况解决率为100%以上
	2．根据采购物料质量出现的异常情况，提出相应的处理意见和建议，并组织落实	采购物料质量异常情况处理意见采纳率为90%以上
	3．对各类购进的物料（包括原材料、零部件等）规格、质量提出改善意见或建议	
指导建立采购物料质量标准档案	指导专员建立企业各类所需采购物料质量标准档案	采购物料质量标准档案建立及时率为95%以上
	指导专员对企业各类所需采购物料质量标准的相关信息进行收集，并完整标准档案管理措施	采购物料质量标准信息及时归档率为95%以上
物料检验仪器、量规和试验设备管理与保养	对检验仪器、量规和实验设备进行及时的管理与保养	检验仪器、实验设备保养及时率为100%以上
	建立表转化的检验仪器、量规和实验设备档案	检验仪器、实验设备档案完善率为100%以上
指导物料样品质量评定	及时指导采购专员评估供应商及其提供样品的质量	采购物料样品评定及时率为90%以上

三、采购质量岗位责任领导人具备的权限

1．有采购质量岗位各项任务的分配权。

2．对采购质量检验任务责任人的工作有监督权、指导权。

3．有采购货物的检验标准和检验规范落实的监督权。

4．有大宗采购物品或设备的检验方案实施的组织指导权。

5．对所购物品检验质量异常情况的登记处理权。

6．对各类购进的物品（包括原材料、零部件等）规格、质量提出改善的建议权。

7．对建立企业各类所需采购物品质量标准档案的指导权。

8．对检验仪器、量规和实验设备管理与保养的监督权。

9．对建立检验仪器、量规和实验设备档案的指导权。

10．对采购专员评估供应商及其提供的样品质量评定的指导权。

四、责任期限

本责任书一式三份，人力资源部、采购部和采购质量岗位负责人各执一份，有效期为_____年___月___日至_____年___月___日。

人力资源部责任人签字： 签订时间：_____年___月___日	采购质量岗位责任领导签字： 签订时间：_____年___月___日

6.3.3 采购合同目标责任书

责任书名称	采购合同目标责任书		责任部门	
编　　号		有效期限	责任领导	

为了切实加强本企业采购合同岗位的管理工作，保障采购部门目标的实现，根据《××企业人力资源管理制度》《××企业绩效管理制度》等，人力资源部与本企业采购合同岗位责任领导签订《采购合同目标责任书》。

一、采购合同岗位工作责任

采购合同岗位2013年的工作责任如下表所示。

采购合同岗位工作责任

序号	责任内容	责任人	责任领导	完成期限
1	制定采购合同管理体系	江××	江××	2013年3月底前
2	制定公司采购合同管理制度	江××	江××	2013年3月底前
3	建立合同管理流程	江××	江××	2013年3月底前
4	编制和统一合同范本	张××	江××	2013年3月底前
5	组织实施合同价格调研与分析	孙××	江××	按需完成
6	制定合同风险防范措施	孙××	江××	按需完成

备注：由人力资源部与采购合同岗位责任领导江××签订《采购合同目标责任书》。

二、采购合同岗位目标描述

采购合同岗位的目标描述如下表所示。

采购合同岗位目标描述

责任内容	目标描述	目标值
制定采购合同管理体系	1．根据公司合同安全管理目标，并结合采购合同管理现状分析采购合同管理体系的建设重点	采购合同管理体系建立及时率为100%以上

责任内容	目标描述	目标值
制定采购合同管理体系	2．根据公司实际采购业务执行操作系统和现状，建立采购合同管理体系	
	3．将采购合同管理体系设计草案提交采购经理审核，并根据审核意见进行体现修改和完善	采购合同管理体系草案审核通过率为90%以上
制定公司采购合同管理制度	1．制定公司采购合同管理制度，划分采购合同签订权限，规范采购合同签订管理工作	采购合同管理制度制定完整率为100%以上
	2．对公司采购合同管理制度执行情况进行及时监督	采购合同管理制度执行率为100%以上
建立合同管理流程	1．根据公司具体采购业务和采购合同管理要求，建立采购合同管理工作流程	采购合同管理工作流程设计合理性评价为90%以上
	2．建立完善的采购合同谈判、签署及执行工作的方案	
	3．对采购合同管理流程的执行与完善情况提出合理化建议并完善合同管理程序	采购合同管理流程完善建议采纳率为90%以上
编制和统一合同范本	1．根据公司上级合同管理要求和采购业务实际管理规范编制和统一采购合同范本	采购合同范本设计及时率为95%以上
	2．根据采购合同范本实际操作情况，适时对范本进行修改、调整和完善	采购合同范本完善及时率为95%以上
组织实施合同价格调研与分析	1．收集有关合同价格的相关信息，并对合同价格调研信息进行细致分析	调研信息完整率为95%以上
	2．填制采购合同价格设计报表，分析合同价格相关因素	采购价格报表信息准确率为100%以上
	3．协助采购专员开展询价和议价工作，并对培训议价及采购合同填制管理进行培训	考核期内采购专员议价能力培训计划完成率95%以上
制定合同风险防范措施	1．根据采购合同管理体系、采购合同管理制度及采购合同管理流程等，及时检查采购合同的执行情况，确保采购合同管理的全过程得到及时跟踪	采购合同执行情况检查分析报告编制准确率为100%以上
	2．根据采购合同执行情况分析报告预测采购合同履行风险，并制定风险防范措施，并指派专人进行采购合同争议处理工作，确保采购合同争议得到妥善处理	采购合同风险预测正确率为90%以上
		采购合同风险防范措施执行效果评价为95%以上

三、采购合同岗位责任领导人具备的权限

1．有采购合同岗位各项任务的分配权。

2．对采购合同管理任务责任人的工作有监督权、指导权。

3．有采购合同管理体系制定的执行权。

4．有采购合同管理制度制定的执行权。

5．有采购合同管理流程设计的执行权。

6．有采购合同管理体系执行的督导权。

7．有采购合同管理制度执行的监督权。

8．有采购合同管理流程执行的监督权。

9. 对采购专员开展询价、议价及合同填制管理的指导权。

10. 对采购合同风险防范措施实施的监督权、指导权。

四、责任期限

本责任书一式三份，人力资源部、采购部和采购合同岗位负责人各执一份，有效期为＿＿＿年＿＿月＿＿日至＿＿＿年＿＿月＿＿日。

人力资源部责任人签字： 签订时间：＿＿＿年＿＿月＿＿日	采购合同岗位责任领导签字： 签订时间：＿＿＿年＿＿月＿＿日

6.3.4　采购控制目标责任书

责任书名称	采购控制目标责任书		责任部门	
编　　号		有效期限	责任领导	

为了切实加强本企业采购控制岗位的管理工作，保障采购部门目标的实现，根据《××企业人力资源管理制度》《××企业绩效管理制度》等，人力资源部与本企业采购控制岗位责任领导签订《采购控制目标责任书》。

一、采购控制岗位工作责任

采购控制岗位2013年的工作责任如下表所示。

采购控制岗位工作责任

序号	责任内容	责任人	责任领导	完成期限
1	制定采购成本控制目标	易××	易××	2013年3月底前
2	编制采购成本控制计划	易××	易××	2013年3月底前
3	采购成本控制计划执行	穆××	易××	2013年12月底前
4	采购目标达成的规划、实施跟进	穆××	易××	按需完成
5	采购成本核算	董××	易××	2013年12月底前
6	编写采购成本分析报告	董××	易××	按需完成
7	编制采购成本降低方案	易××	易××	按需完成

备注：由人力资源部与采购控制岗位责任领导易××签订《采购控制目标责任书》。

二、采购控制岗位目标描述

采购控制岗位的目标描述如下表所示。

采购控制岗位目标描述

责任内容	目标描述	目标值
制定采购成本控制目标	根据公司经营实际情况和采购物料需求情况，制定采购成本控制目标	采购成本控制目标制定准确率为95%以上
编制采购成本控制计划	1. 根据公司经营实际情况、采购物料需求情况及初步的采购成本控制目标，制订采购成本控制计划	采购成本控制计划编制及时率为100%以上
	2. 及时提交采购成本控制计划草案，并根据审核结果及建议进行草案修改与完善	采购成本控制计划编制完整率为100%以上
采购成本控制计划执行	1. 全面执行采购成本控制计划，确定常用的采购成本控制方法，并对采购成本管理人员进行培训	采购成本控制计划执行率为100%以上

责任内容	目标描述	目标值
采购成本控制计划执行	2. 对采购成本控制计划执行情况进行监督,采购人员需每季度制定采购成本控制方案,并严格执行	采购成本控制计划执行效果评价为95%以上
采购目标达成的规划、实施跟进	1. 采购目标达成的规划、实施跟进	采购成本目标跟进效果评价为95%以上
	2. 调查采购各类货物的订货量状态,依据库存定额及时发布库存预警,合理控制订货量	
采购成本核算	收集、整理采购费用单据,核算采购成本,并合理控制采购物资价格和采购订货量,确保采购总成本最低	采购成本核算按时完成率为100%以上
		采购成本核算准确率为100%以上
编写采购成本分析报告	1. 及时编写采购成本分析报告,填制准确的采购成本报表,并就采购成本预算情况、开支情况和控制情况进行全面分析和精准评价	采购分析报告编制完整率为100%以上
		采购成本分析报告编写准确率为100%以上
	2. 及时向公司其他部门或单位提供完整、精准的各类采购成本分析报告	采购成本分析报告提供及时率为95%以上
编制采购成本降低方案	根据采购成本控制结果与原因分析,编制采购成本降低方案	采购成本降低方案编制及时率为95%以上

三、采购控制岗位责任领导人具备的权限

1. 有采购控制岗位各项任务的分配权。

2. 对采购成本控制任务责任人的工作有监督权、指导权。

3. 有采购物料需求、公司限制性经营条件的知情权。

4. 采购成本控制目标与计划制订的执行权。

5. 有采购成本控制目标实施与计划执行的监督权。

6. 对相关部门达成采购成本控制目标的督导权。

7. 有向其他部门提供各类采购成本分析报告的权力。

8. 有采购成本控制目标与计划、采购成本降低方案的初步审核权。

四、责任期限

本责任书一式三份,人力资源部、采购部和采购控制岗位负责人各执一份,有效期为_____年___月___日至_____年___月___日。

人力资源部责任人签字:	采购控制岗位责任领导签字:
签订时间:_____年___月___日	签订时间:_____年___月___日

6.4 财务岗位目标任务落实

6.4.1 预算岗位目标责任书

责任书名称		预算岗位目标责任书	责任部门	
编 号		有效期限	责任领导	

为确保公司2013年度预算岗位目标的达成，提高企业财务管理水平，切实保障财务部各项工作的有序衔接，根据《××企业人力资源管理制度》《××企业绩效管理制度》等，人力资源部与本企业预算岗位人员签订《预算岗位目标责任书》。

一、预算岗位工作责任

预算岗位2013年度的工作责任如下表所示。

预算岗位工作责任

序号	责任内容	责任人	责任领导	完成期限
1	建立预算管理体系	刘××	陈××	2013年2月底前
2	编制预算	张××	陈××	2013年3月底前
3	平衡预算	赵××	陈××	按需完成
4	编制预算控制方案	陈××	陈××	按需完成
5	监督预算执行情况	李××	陈××	按需完成
6	预算执行成果考核	黎××	陈××	按需完成

备注：由人力资源部与预算岗位责任领导陈××签订《预算岗位目标责任书》。

二、预算岗位目标描述

预算岗位的目标描述如下表所示。

预算岗位目标描述

责任内容	目标描述	目标值
建立预算管理体系	认真贯彻执行公司的各项管理规章制度，逐级建立健全预算管理体系，为预算工作建立相应配套的执行、控制机制	预算体系建立的及时性、完整性
编制预算	1. 开展市场调查，收集相关财务信息、财务资料，做好预算的前期调研工作。根据企业年度经营目标组织编制企业财务预算纲要 2. 积极主动地完成大型项目的预决算编制及项目成本控制任务，对项目预决算编制、资金使用控制情况，实施全面的管理	预算编制的及时率达100%
	3. 指导各业务部门按照统一格式编制预算草案并进行初审	审核过程的规范性，无投诉现象
平衡预算	汇总、平衡各部门的预算，就预算过程中发现的问题进行协调	协作部门满意度评分达___分以上
编制预算控制方案	根据企业战略目标，制定各项预算控制方案，保证成本目标和利润目标的实现	预算控制方案具有可行性
监督预算执行情况	1. 监督企业各项预算的执行情况，及时向管理层进行反馈，为管理层决策提供数据支持	反馈及时率达100%

续表

责任内容	目标描述	目标值
监督预算执行情况	2．根据各部门实际预算执行情况，通过对预算执行情况的科学分析，并形成预算调整方案	预算调整方案有可行性
预算执行成果考核	定期汇总、分析各部门编制的预算执行差异分析报告，考核各部门的预算执行成果，并提出奖惩建议	考核工作按时完成率达100%

三、预算岗位责任领导人具备的权限

1．有权审查总公司各部门及分公司各部门的预算草案。

2．有权检查总公司和分公司预算执行情况。

3．有权批准公司各部门预算和各部门预算执行情况的报告。

4．有权改变或者撤销各部门关于预算、决算不适当的决议。

5．有权审查和批准各部门预算的调整方案。

6．有权提出公司预算预备费用方案。

四、责任期限

本责任书一式三份，人力资源部、财务部和预算岗位负责人各执一份，有效期为_____年___月___日至_____年___月___日。

人力资源部责任人签字： 签订时间：_____年___月___日	预算岗位责任领导签字： 签订时间：_____年___月___日

6.4.2　出纳岗位目标责任书

责任书名称	出纳岗位目标责任书		责任部门	
编　　号		有效期限	责任领导	

为确保公司2013年度出纳岗位相关工作目标的顺利达成，提高出纳人员的日常业务办理水平，切实保障公司的财产安全，促进公司经营管理，根据《××企业人力资源管理制度》《××企业绩效管理制度》等，人力资源部与本企业出纳人员签订《出纳岗位目标责任书》。

一、出纳岗位工作责任

出纳岗位2013年度的工作责任如下表所示。

出纳岗位工作责任

序号	责任内容	责任人	责任领导	完成期限
1	收款、付款管理	王××	董××	业务办理当天
2	现金管理	王××	董××	业务办理当天
3	现金账目记录管理	王××	董××	业务办理当天
4	工作发放与日常报销管理	陈××	董××	业务办理当天
5	原始凭证管理	陈××	董××	业务办理当天
6	支票、印章管理	陈××	董××	业务办理当天

备注：由人力资源部与出纳岗位责任领导董××签订《出纳岗位目标责任书》。

二、出纳岗位目标描述

出纳岗位的目标描述如下表所示。

出纳岗位目标描述

责任内容	目标描述	目标值
收、付款管理	1. 收付现金及现金收付时的清点、核对	各项收支业务准确率达100%
	2. 支票、汇票的核对及收取，申领支票付款手续审核	款项及时、安全到账
现金管理	1. 根据本企业出纳人员管理规范，进行现金的提取、送存保管等工作	企业经营活动正常进行
	2. 完成企业现金和银行存款的清查工作	所有账目账实相符
现金账目记录管理	对发生的收款、付款、缴款等业务及时登记"现金日记账"和"银行存款日记账"	账目填写清楚，准确率达100%
工资发放与日常报销	1. 协同人力资源部进行员工工资发放工作	员工工资发放及时、准确率达100%
	2. 根据公司规定办理有关款项的报销工作	报销业务差错率为零
原始凭证管理	1. 审核各类收付项目原始凭证，保证符合会计制度及企业相关规定	原始凭证齐全率达100%
	2. 定期整理、汇总各类原始凭证，并妥善保管	凭证管理差错率为零
支票、印章管理	1. 按企业相关规定管理空白支票，并根据相关程序开具票据	票据开具差错率为零
	2. 根据企业相关规定保管各种印章	印章保管不出现丢失、遗失现象

三、出纳岗位责任领导人具备的权限

1. 对出纳日常业务办理过程中出现的问题具有决策权。

2. 对出纳岗位各项管理制度和操作规范具有审核权。

3. 对出纳日常工作中出现的财务问题处理具有指挥权。

4. 对下属员工具有监督权与检查权。

四、责任期限

本责任书一式三份，人力资源部、财务部和出纳岗位负责人各执一份，有效期为＿＿＿＿年＿＿月＿＿日至＿＿＿＿年＿＿月＿＿日。

人力资源部责任人签字：	出纳岗位责任人领导签字：
签订时间：＿＿＿＿年＿＿月＿＿日	签订时间：＿＿＿＿年＿＿月＿＿日

6.4.3　税务岗位目标责任书

责任书名称	税务岗位目标责任书		责任部门	
编　　号		有效期限	责任领导	

　　为确保公司2013年度经营目标的达成，提高财务税务管理水平，符合国家最新税务政策，降低违规风险，根据《××企业人力资源管理制度》《××企业绩效管理制度》等，人力资源部与本企业税务岗位人员签订《税务岗位目标责任书》。

一、税务岗位工作责任

税务岗位2013年度的工作责任如下表所示。

税务岗位工作责任

序号	责任内容	责任人	责任领导	完成期限
1	税务计划	徐××	徐××	2013年1月底前
2	税收政策	孙××	徐××	按需完成
3	纳税管理	赵××	徐××	按需完成
4	税务风险控制	张××	徐××	按需完成
5	税务咨询	陈××	徐××	按需完成

备注：由人力资源部与税务岗位责任领导徐××签订《税务岗位目标责任书》。

二、税务岗位目标描述

税务岗位的目标描述如下表所示。

税务岗位目标描述

责任内容	目标描述	目标值
税务计划	1．协助制订企业税务计划与税务筹划方案，计划符合企业税务目标，方案合理、可行	各项计划和方案可执行率达100%
	2．推进实施企业税务计划，保证企业税务事项合法、合规	合法、合规率达100%
税收政策	1．收集并了解行业内所有税种的税法，确保掌握各税种的计税依据、计算申报流程	计税依据和申报流程掌握率达100%
	2．随时上网收集有关国税、地税、国家财政部发放的行业税务的新政策、制度，确保第一时间获取最新税务政策	最新税务政策了解及时率达95%以上
	3．针对相关税收政策，及时对财务部人员及各相关业务人员进行培训	培训覆盖率达100%
纳税管理	1．及时、正确计提应缴税款	数据准确率达100%
	2．企业内各类税务表编制及时，并确保数据准确	数据准确率达100%
	3．组织安排申报纳税工作，确保在规定时间内完成	及时完成率达100%
税务风险控制	1．定期抽查涉税账务处理，对合同签订中涉税问题从维护公司利益角度进行把关	涉税问题发现及时率达100%
	2．审核项目税收申报表、缴款书，并协助跟进税务对每个项目的稽查，确保税款计算准确	税款计算准确率达100%
税务咨询	1．正确传达国家税收政策、法律、法规	贯彻执行率达100%
	2．根据企业经营情况，及时提出税务管理建议、方案	领导对建议、方案的满意度达4分以上

三、税务岗位责任领导人具备的权限

1．对下属人员呈报方案的审批权。

2．对下属员工工作安排的管理权。

3．对下属员工的业务指导权和考核权。

4．对下属员工调薪、调职、录用、奖惩的建议权。

四、责任期限

本责任书一式三份，人力资源部、财务部和税务岗位负责人各执一份，有效期为＿＿＿年＿＿月＿＿日至＿＿＿年＿＿月＿＿日。

人力资源部责任人签字： 签订时间：＿＿＿年＿＿月＿＿日	税务岗位责任领导签字： 签订时间：＿＿＿年＿＿月＿＿日

6.4.4 审计岗位目标责任书

责任书名称	审计岗位目标责任书		责任部门	
编　　号		有效期限	责任领导	

为进一步规范内审工作流程，充分发挥内审职能，使公司内部控制更完善、有效，为企业决策提供意见，根据《××企业人力资源管理制度》《××企业绩效管理制度》等，人力资源部与审计岗位人员签订《审计岗位目标责任书》。

一、审计岗位工作责任

审计岗位2013年度的工作责任如下表所示。

审计岗位工作责任

序号	责任内容	责任人	责任领导	完成期限
1	审计制度建设	刘××	刘××	2013年1月底前
2	审计计划	杨××	刘××	2013年2月15日前
3	内部审计管理	韩××	刘××	按需完成
4	协助外审管理	张××	刘××	按需完成
5	审计结果管理	陈××	刘××	按需完成

备注：由人力资源部与审计领导刘××签订《审计岗位目标责任书》。

二、审计岗位目标描述

审计岗位的目标描述如下表所示。

审计岗位目标描述

责任内容	目标描述	目标值
审计制度建设	1．企业内部各项审计制度、程序、细则等健全、完善、可执行性强	各项制度和规范完备率达100%
	2．审计制度有效执行，各项制度得到全面执行	执行率达100%
审计计划	1．根据企业年度工作计划及时编制审计工作计划，做到科学、合理	审计工作计划编制及时率达100%
	2．组织实施审计工作计划，各项审计工作按计划及时完成	及时完成率达100%
内部审计管理	1．及时检查内部审计相关制度和程序，确保符合国家相关的法律和政策	及时检查率达100%
	2．定期组织对企业重大经营活动、重大项目、重大经济合同的审计，确保符合国家和企业相关规定	审计及时率达100%
	3．定期开展经营成果审计、财务收支审计、合同审计、专项审计等各项审计工作，及时发现各项工作的问题	问题发现及时率达95%以上

续表

责任内容	目标描述	目标值
协助外审管理	1. 有效配合外部审计机构的调查审计工作,确保外部审计顺利进行	外部审计机构满意度评分达4分以上
	2. 组织相关审计人员协助外审机构的调查取证工作,确保满足外审机构的资料要求	资料提供全面性
审计结果管理	1. 财务审计、合同与风险审计、经济责任与绩效设计、项目审计、内部控制设计等审计结果公正、客观、准确	审计结果准确率达100%
	2. 及时组织编写审计报告,以对审计结果出具审计意见,意见可行性高	报告编写及时率达100%
	3. 及时检查企业财务及相关部门对审计意见的执行情况	执行率达100%

三、审计岗位责任领导人具备的权限

1. 公司重大经营决策的参与权。

2. 对公司经营状况的知情权。

3. 对审计工作中违规、违纪人员的处罚权。

4. 对下属员工具有监督权与检查权。

四、责任期限

本责任书一式三份,人力资源部、财务部和审计岗位负责人各执一份,有效期为_____年___月___日至_____年___月___日。

人力资源部责任人签字: 签订时间:_____年___月___日	审计岗位责任领导签字: 签订时间:_____年___月___日

6.4.5 会计岗位目标责任书

责任书名称	会计岗位目标责任书		责任部门	
编　　号		有效期限	责任领导	

为促进会计岗位人员提供更为有效、准确的企业经营活动的基本资料,提供评估企业经营业绩的详细资料,提高企业的经济效益,根据《××企业人力资源管理制度》《××企业绩效管理制度》等,人力资源部与本企业会计岗位人员签订《会计岗位目标责任书》。

一、会计岗位工作责任

会计岗位2013年度的工作责任如下表所示。

会计岗位工作责任

序号	责任内容	责任人	责任领导	完成期限
1	账目登记与核算	程××	孙××	按需完成
2	财务报表管理	徐××	孙××	按需完成
3	资产管理	王××	孙××	按需完成
4	财务分析	李××	孙××	每季度最后三天
5	工资发放与日常报销	孙××	孙××	每月工资发放日
6	原始凭证管理	孙××	孙××	每天

备注：由人力资源部与生产安全岗位责任领导孙××签订《会计岗位目标责任书》。

二、会计岗位目标描述

会计岗位的目标描述如下表所示。

会计岗位目标描述

责任内容	目标描述	目标值
账目登记与核算	1．对本企业各项往来账款，根据审核后的凭证进行账目登记，账目登记及时、准确	账目登记及时、准确率达100%
	2．对登记的账目及时进行核对与清算	及时率达100%
财务报表管理	1．根据国家相关财务法律、法规，并结合企业相关规定，进行财务报表的编制，确保财务报表准确	财务报表数据准确率达100%
	2．对财务报表进行归档管理，保证各项资料完整、无缺失	资料完整率达100%
资产管理	1．组织制定企业各项资产管理制度，包括产权交易、损失核销、清算的政策、程序和方法等，各项制度体系日趋健全、完善	制度健全、完善率达95%以上
	2．根据企业经营安排，协调相关部门进行资产的核查与盘点工作，盘点工作按时完成，盘点结果准确	盘点结果准确率达100%
	3．及时调整、编制各类资产账目	及时率达100%
财务分析	1．协助企业高层或根据需求做好企业财务状况的分析工作，财务分析报告出具及时，报告数据准确	报告及时率和准确率达100%
	2．协助企业领导、投资管理人员开展投资评估分析、过程分析和最终的项目评审，及时提供投资项目的评审建议	评审建议有效率达90%以上

三、会计岗位责任领导人具备的权限

1．有对全公司财务制度执行情况的监督权。

2．有对各职能部门和业务部门费用支出的审核权。

3．对采购合同的审批权。

4．对下属员工具职位调动的建议权。

四、责任期限

本责任书一式三份，人力资源部、财务部和会计岗位负责人各执一份，有效期为_____年___月___日至_____年___月___日。

人力资源部责任人签字： 签订时间：_____年___月___日	会计岗位责任领导签字： 签订时间：_____年___月___日

6.5 人力岗位目标任务落实

6.5.1 招聘岗位目标责任书

责任书名称	招聘岗位目标责任书		责任部门	
编　　号		有效期限	责任领导	
为确保公司2013年度招聘目标的达成，提高招聘质量和效率，满足企业人力资源需求，保障企业各项工作的				

正常运转，根据《××企业人力资源管理制度》《××企业绩效管理制度》等，人力资源部与本企业招聘岗位人员签订《招聘岗位目标责任书》。

一、招聘岗位工作责任

招聘岗位2013年度的工作责任如下表所示。

招聘岗位工作责任

序号	责任内容	责任人	责任领导	完成期限
1	完善招聘管理体系	陈××	陈××	2013年3月底前
2	招聘计划管理	王××	陈××	2013年12月底前
3	招聘实施管理	赵××	陈××	按需完成
4	招聘评估管理	张××	陈××	按需完成
5	招聘渠道管理	陈××	陈××	按需完成

备注：由人力资源部与招聘岗位责任领导陈××签订《招聘岗位目标责任书》。

二、招聘岗位目标描述

招聘岗位的目标描述如下表所示。

招聘岗位目标描述

责任内容	目标描述	目标值
完善招聘管理体系	1. 编制招聘管理制度、工作流程和操作规范，其完备程度应覆盖招聘活动的方方面面	各项制度、流程与规范完备率达100%
	2. 监督、检查招聘管理制度、流程和规范的执行情况	执行率达100%
招聘计划管理	1. 根据现有编制及业务发展需求，协调、统计各部门的招聘需求，编制年度人员招聘计划，确保计划编制及时	招聘计划编制及时率达100%
	2. 根据年度招聘计划和实际招聘需求制定详细的招聘方案，并编制招聘预算，确保方案及预算编制及时	招聘方案及预算编制及时率达100%
招聘实施管理	1. 按照招聘需求起草并发布招聘信息，确保招聘信息的发布准确、及时	信息发布及时率达95%以上，准确率达100%
	2. 按照招聘要求收集及整理简历，按照招聘流程进行人员选拔，确保完成招聘目标	招聘目标完成率达95%以上
	3. 对招聘过程中产生的招聘管理费用进行控制，将招聘费用控制在预算以内	招聘费用预算达成率控制在100%以内
招聘评估管理	1. 根据招聘工作完成情况，及时编制招聘评估报告	报告编制及时率达100%
	2. 总结招聘工作中存在的问题，及时改进招聘方法和流程	改进及时率达100%
招聘渠道管理	1. 制订招聘渠道开发计划并有效执行，确保渠道开发计划完成	渠道开发计划完成达100%
	2. 寻求与人才市场、外部招聘机构的合作，并与其保持良好的合作关系	外部协作单位满意率达95%以上
	3. 监控各部门、岗位人员动态，做好相应的人才储备工作，建立企业人才储备库	人才储备库信息完整率达95%以上
	4. 做好企业人才库的简历管理与信息保密工作，确保人才信息无泄露	

三、招聘岗位责任领导人具备的权限

1. 对企业招聘计划的审核权。

2. 公司员工内部异动、聘任的建议权。

3. 招聘费用的申请权。

4. 对下属业务工作的指导权与考核权。

四、责任期限

本责任书一式两份，人力资源部和招聘负责人各执一份，有效期为_____年___月___日至_____年___月___日。

人力资源部责任人签字： 签订时间：_____年___月___日	招聘岗位责任领导签字： 签订时间：_____年___月___日

6.5.2 培训岗位目标责任书

责任书名称	培训岗位目标责任书		责任部门	
编　　号		有效期限	责任领导	

　　为确保公司2013年度培训目标的达成，健全培训管理体系，提高培训的质量和效率，满足企业人力资源培训需求，为员工提供良好的成长和发展支持，根据《××企业人力资源管理制度》《××企业绩效管理制度》等，人力资源部与本企业培训岗位人员签订《培训岗位目标责任书》。

一、培训岗位工作责任

培训岗位2013年度的工作责任如下表所示。

培训岗位工作责任

序号	责任内容	责任人	责任领导	完成期限
1	培训规章制度建设	陈××	陈××	2013年3月底前
2	培训计划管理	王××	陈××	2013年12月底前
3	培训实施与评估	赵××	陈××	按需完成
4	培训资源管理	张××	陈××	按需完成

备注：由人力资源部与招聘岗位责任领导陈××签订《培训岗位目标责任书》。

二、培训岗位目标描述

培训岗位的目标描述如下表所示。

培训岗位目标描述

责任内容	目标描述	目标值
培训规章 制度建设	1. 起草、修改和完善培训相关制度、流程与工作规范，其完备程度应覆盖培训活动的各个方面	各项制度、流程与规范完备率达100%
	2. 监督、检查培训管理制度、流程和工作规范的执行情况	执行率达100%
培训计划 管理	1. 调查、了解和评估公司各部门培训需求，及时编制培训需求调研报告	培训需求调研报告编制及时率达100%
	2. 根据人力资源规划及培训需求情况，及时编制公司及各部门的培训计划	培训计划编制及时率达100%

续表

责任内容	目标描述	目标值
培训计划管理	3．根据培训计划制定详细的培训方案，并编制培训预算，确保方案及预算编制及时	培训方案及预算编制及时率达100%
培训实施与评估	1．依据培训计划组织培训的实施工作，确保培训各项计划的有效完成	培训计划完成率达95%以上
	2．做好培训项目的跟进工作，在各项培训项目结束后，及时编制培训效果评估报告	报告编制及时率达100%
	3．对培训过程中产生的培训管理费用进行控制，将培训费用控制在预算以内	培训费用预算达成率控制在100%以内
培训资源管理	1．建立内部讲师队伍，为培训讲师提供咨询和指导，确保讲师队伍的授课水平	培训讲师考核合格率达95%以上
	2．根据培训需求和课程开发计划开发、引进多层次的培训课程，健全企业培训课程体系	课程开发计划完成率达95%以上
	3．收集、筛选、编写、翻译、审校各类培训教材和资料，维护和更新培训档案系统，确保培训资料完整	培训资料完整率达100%
	4．负责培训仪器设备的保养、维修，确保培训器材的完好	培训器材完好率达95%以上
	5．进行外部培训机构的开发和管理，与外部培训机构建立良好的合作关系，共享相关信息	外部协作单位满意度达90分以上

三、培训岗位责任领导人具备的权限

1．企业各项培训工作的决策权。

2．对违反公司培训制度的员工的惩处权。

3．对部门费用支出的审核权。

4．对下属业务工作的指导权与考核权。

四、责任期限

本责任书一式两份，人力资源部和培训负责人各执一份，有效期为_____年___月___日至_____年___月___日。

人力资源部责任人签字：	培训岗位责任领导签字：
签订时间：_____年___月___日	签订时间：_____年___月___日

6.5.3 薪酬岗位目标责任书

责任书名称	薪酬岗位目标责任书		责任部门	
编　　号		有效期限		责任领导	

为了进一步增强绩效岗位人员工作的积极性，确保绩效管理和绩效考核体系的完善，充分发挥绩效考核对员工的激励作用，根据《××企业人力资源管理制度》《××企业绩效管理制度》等，人力资源部与本企业绩效岗位人员签订《绩效岗位目标责任书》。

一、薪酬岗位工作责任

薪酬岗位2013年度的工作责任如下表所示。

薪酬岗位工作责任

序号	责任内容	责任人	责任领导	完成期限
1	薪酬市场调研	陈××	齐××	2013年1月中旬
2	薪酬管理体系设计	齐××	齐××	2013年1月底前
3	薪酬日常管理	王××	齐××	按需完成
4	成本控制	孙××	齐××	按需完成
5	福利津贴计划	张××	齐××	2013年1月底前

备注： 由人力资源部与薪酬岗位责任领导朱××签订《薪酬岗位目标责任书》。

二、薪酬岗位目标描述

薪酬岗位的目标描述如下表所示。

薪酬岗位目标描述

责任内容	目标描述	目标值
薪酬市场调研	1．及时了解政府相关政策及社会经济发展，参与薪资福利的调研，收集有关的市场行情信息状况，对薪资福利系统做出相应的建议，确保薪资福利对外具有竞争力	薪资福利外部市场信息收集及时率达100%
	2．设计员工薪酬满意度调查问卷，了解公司内部员工对目前薪酬状况的满意程度，确保薪资福利对内具有公平性	薪资福利内部市场信息了解及时率达100%
	3．市场调研数据分析，确保信息分析准确	信息分析准确率达90%以上
	4．根据调研信息，撰写薪酬市场调研报告，报告内容全面、详细、客观	薪酬市场调研报告内容覆盖率达90%以上
薪酬管理体系设计	1．根据薪酬市场调研报告，建立一套对外具有竞争力、对内具有公平性的薪酬管理体系，确保可执行	薪酬管理体系可执行率达90%以上
	2．制定的薪酬管理体系能够根据企业的发展变化进行适时地调整和完善	薪酬管理体系灵活性达90%以上
	3．细化薪酬管理规章，加强检查和监督，确保各分解的薪酬管理规章得到贯彻执行	细化的薪酬管理规章执行率达95%以上
	4．严格按照流程建立薪酬管理体系，确保体系内容全面、客观	考核体系内容覆盖率达100%
薪酬日常管理	1．依据公司薪酬管理制度、实施细则、员工出勤情况及绩效表现，审定各类员工的薪金和奖金发放情况，确保数据无误	数据准确率达100%
	2．根据绩效考核的统计结果、岗位变动及职位的升迁，按照公司薪酬管理制度及时调整员工薪资，确保调整无误	数据调整准确率达100%
	3．根据国家有关法规和政策，审定劳保、医疗、养老、失业和福利等项目和支出水平，为各有关人员办理相应的手续，确保手续的全面及各福利项目办理的及时性	手续全面性达100% 福利项目办理及时率达95%以上
	4．根据公司业务发展情况和市场水平制定合理的薪酬调整实施方案，确保方案可操作、可执行	方案可执行效率达95%以上
	5．对员工考勤、调休、请假、加班等进行统计，确保统计数据的准确无误	统计数据准确率达100%

责任内容	目标描述	目标值
薪酬日常管理	6．建立工资台账，确保及时、准确地编制劳动工资方面的统计报表，提出有关的统计分析报告和改革建议	工资报表编制及时、准确率达100%
	7．执行国家薪资福利政策，确保所有的薪资福利项目符合劳动法规定	薪资福利项目合法性达100%
	8．积极配合有关部门和方面做好医疗、结婚、计划生育、人口统计、和劳动争议等具体工作	相关部门满意度达90%以上
	9．开展员工关怀、访谈等工作，提高员工薪酬满意度	员工薪酬满意度达90%以上
成本控制	1．根据企业总体财务预算及部门发展需求，确定薪资总额增长幅度	薪资总额增长幅度确定准确率达90%以上
	2．对工资福利统计数据进行严格审核，确保工资福利核算的精准无误	工资福利核算准确率达100%
	3．制定薪酬福利成本控制方案，将其成本控制在预算范围内，确保不影响企业总体经营成本	薪酬福利成本控制率达90%以上
福利津贴计划	1．根据公司实际情况及薪酬福利控制方案，制订福利津贴计划，确保计划可执行	福利津贴计划可执行率达100%
	2．监督各部门福利津贴计划的贯彻执行情况	福利津贴计划执行率达100%

三、薪酬岗位责任领导人具备的权限

1．对薪酬管理体系和津贴福利计划的审核权和解释权。

2．对员工工资表的审批权。

3．对薪酬福利费用的审核权。

4．对下属员工日常工作的分配权和监督权。

5．对薪酬鼓励各项工作的决策权。

6．权限范围内的财务审批权。

7．对下属人员任用、培养、选拔、晋升、降职等人事事务的建议权。

五、责任期限

本责任书一式三份，人力资源部和薪酬岗位负责人各执一份，有效期为____年__月__日至____年__月__日。

人力资源部责任人签字： 签订时间：____年__月__日	薪酬岗位责任领导签字： 签订时间：____年__月__日

6.5.4 绩效岗位目标责任书

责任书名称	绩效岗位目标责任书		责任部门	
编　　号		有效期限		责任领导	

为了进一步增强绩效岗位人员工作的积极性，确保绩效管理和绩效考核体系的完善，充分发挥绩效考核对员工的激励作用，根据《××企业人力资源管理制度》《××企业绩效管理制度》等，人力资源部与本企业绩效岗位人员签订《绩效岗位目标责任书》。

一、绩效岗位工作责任

绩效岗位2013年度的工作责任如下表所示。

绩效岗位工作责任

序号	责任内容	责任人	责任领导	完成期限
1	编制绩效管理制度	朱××	朱××	2013年1月底前
2	建立绩效考核体系	朱××	朱××	2013年1月底前
3	绩效考核实施	程××	朱××	2013年12月初
4	绩效考核沟通	李××	朱××	按需完成
5	绩效考核反馈	田××	朱××	考核完成后3天内
6	考核结果处理	王××	朱××	2013年12月底前
7	考核申诉处理	孙××	朱××	结果公布后15天内
8	考核结果应用	张××	朱××	2014年1月底前
9	绩效改进	赵××	朱××	2014年1月底前

备注：由人力资源部与绩效岗位责任领导朱××签订《绩效岗位目标责任书》。

二、绩效岗位目标描述

绩效岗位的目标描述如下表所示。

绩效岗位目标描述

责任内容	目标描述	目标值
编制绩效管理制度	1．根据公司战略发展目标及各年度发展目标，制定绩效管理制度，确保绩效管理制度的实施能够促进企业经营目标的实现	绩效管理制度具有较高的实用性
	2．绩效管理制度编制完成后应及时公告，并进行相应培训，确保绩效管理制度的贯彻实施	绩效管理制度执行率达100%
建立绩效考核体系	1．建立起集目标、责任、奖惩"三位一体"的绩效考核体系，且绩效目标设置清晰、合理，绩效奖惩适度	绩效目标设置准确率达90%以上
	2．考核指标体系完善，且进行考核评价时可操作性强	考核指标体系完善率达100%
	3．考核标准等级划分清晰度强，确保考核结果有明确的考核标准参照	考核标准等级清晰度达95%以上
	4．严格按照流程建立绩效考核体系，确保体系内容全面、客观	考核体系内容覆盖率达100%
绩效考核实施	1．严格按照绩效管理制度的相关规定实施绩效考核，确保绩效考核客观、公正、公平	绩效考核实施与绩效管理制度一致性达90%
	2．加强与各部门的联系，确保各部门能够有效支持绩效考核工作的开展	各部门对绩效考核工作满意度达4分以上
	3．制订员工的绩效计划，明确规定绩效计划完成的时间和标准，确保绩效计划得到有效实施	绩效计划可执行率达95%以上
	4．绩效考核方法恰当、适宜，能确保绩效考核的有效实施	考核方法有效率达90%

责任内容	目标描述	目标值
绩效考核沟通	1. 确保绩效考核沟通贯穿于整个绩效考核过程，绩效考核沟通及时、有效地展开	绩效考核沟通及时率达100%
	2. 明确绩效考核沟通的原则和要求，确保通过沟通及时解决员工疑虑	绩效考核沟通问题解决率达100%
	3. 根据绩效考核沟通的目的，确定绩效考核沟通的内容，做到全面、核心	沟通内容覆盖率达100%
绩效考核反馈	1. 绩效考核反馈及时，确保在规定时间内告知被考核人员考核结果	绩效考核反馈及时率达100%
	2. 绩效考核反馈表设计完善	反馈表完善率达100%
考核结果处理	1. 考核结果数据统计全面、准确	统计准确率达100%
	2. 能够综合运用多种分析方法，确保考核结果数据分析准确、客观、公正	分析准确率达100%
	3. 根据统计及分析结果，编制绩效考核报告，确保报告具有可参考性价值，有助于领导决策	报告有用性达90%以上
考核申诉处理	1. 根据员工对绩效考核结果的质疑，能够准确、专业地进行解答，使双方达成一致	考核结果质疑处理有效率达90%以上
	2. 考核申诉能够确保在规定时间内及时进行处理	处理及时率达100%
	3. 对不能有效解决的申诉确保及时上报	上报及时率达100%
考核结果应用	1. 考核结果与员工晋升、调薪、培训等其他人力资源工作联系起来，确保为其他人力资源工作提供有效支持	考核结果应用有效性达95%以上
	2. 考核结果应用时确保公正、公平	考核结果应用客观
绩效改进	1. 与被考核人员共同制定绩效改进方案，确保方案可操作	方案可操作率达90%
	2. 监督被考核人员执行绩效改进方案，确保方案执行性	方案执行率达100%

三、绩效岗位责任领导人具备的权限

1. 对绩效管理制度和绩效考核体系的审核权和解释权。

2. 对绩效考核工作的监督权和指挥权。

3. 对绩效考核费用的审核权。

4. 对下属员工工作的分配权。

5. 对绩效管理各项工作的决策权。

6. 对违反绩效考核规定的员工的惩处权。

7. 对绩效考核结果的解释权。

8. 对下属人员任用、培养、选拔、晋升、降职等人事事务的建议权。

四、违约条款及责任

绩效岗位责任人员在目标责任期内，发生下述行为之一的，公司有权视情节轻重程度，分别给予其扣除部分工资、警告、降级等处分。

1. 因考核或监督不力，导致员工违反生产纪律，造成工作任务无法完成或安全事故的。

2. 未经公司允许，在公司以外兼职、从事与本公司竞争或损坏公司利益的活动的。

五、责任期限

本责任书一式三份，人力资源部和绩效岗位负责人各执一份，有效期为＿＿＿＿年＿＿月＿＿日至＿＿＿＿年＿＿月＿＿日。

人力资源部责任人签字：	绩效岗位责任领导签字：
签订时间：＿＿＿＿年＿＿月＿＿日	签订时间：＿＿＿＿年＿＿月＿＿日

第 7 章

中小微企业目标任务人员落实

7.1 销售人员目标任务落实

7.1.1 销售经理目标任务书

任务书名称	销售经理目标任务书			
编 号		有效期限		责任人	
任务负责人：总经理			任务执行者：销售经理	
姓 名：			姓 名：	

一、编制目的

为了使销售部全体成员和销售经理明确本年度工作重点，树立正确的工作方向，端正日常工作态度，确保本年度销售目标任务的顺利达成，促进公司经营发展，特制定本任务书。

二、销售经理职责描述

（一）在公司领导的带领下和各部门同事的密切配合下完成日常工作。

（二）严格遵守公司各项规章制度，并参照制定本部门的各项管理制度。

（三）制订部门销售计划和设计销售模式。

（四）结合市场和竞争对手的变化，确定部门营销对策。

（五）制定部门的销售战略规划，为重大人事决策提供建议和信息支持。

（六）负责销售部内部员工管理，参与销售人员的招募、选择、培训、调配。

（七）领导部门员工完成市场推广、销售、服务等工作，销售业绩的考察评估。

（八）制定销售渠道与客户管理方案，及时了解客户反馈的信息，促进产品改进和新产品开发。

（九）建立并完善销售信息管理系统。

（十）负责部门应收账款管理，销售费用预算编制及实施。

（十一）销售情况的及时汇总、分析、汇报并提出合理建议。

三、销售经理__年工作任务描述

任务名称	任务内容	任务等级	任务完成时限	任务完成目标
部门各项管理制度建立	编制部门绩效管理制度	重要	__年__月__日	制度编制及时且能满足公司实际经营需要
	监督指导部门各项制度的实施			
销售管理	制定销售计划方案并组织实施	重要	每月__日	销售计划、方案、模式制定及时且100%执行

任务名称	任务内容	任务等级	任务完成时限	任务完成目标
销售管理	结合市场变化设计销售模式	非常重要	__年__月__日	
	根据市场变化，制定销售对策	非常重要	__年__月__日	对策制定及时且合理
	建立并健全销售管理信息系统	非常重要	__年__月__日	信息全面且适用
销售渠道管理	组织开发新的销售渠道	重要	每月__日	每月完成__个渠道
	参与销售渠道维护	非常重要	每月__日	渠道建立100%有效
客户管理	定期进行客户回访	重要	每月__日	回访及时且全面
	了解客户变动及反馈信息	非常重要	随时	了解及时，信息准确
销售费用管理	编制部门销售费用预算	重要	__年__月__日	预算与实际误差率上下不超过5%
	销售费用日常监督实施和控制	非常重要	__年__月__日	

四、销售经理__年任务达标资源支持

销售经理在执行年度销售目标任务时，不仅要了解企业的销售政策，市场上的经营环境变化，竞争对手的营销策略变化等信息，还要掌握一定的销售技巧，营销手段，营销知识及市场分析能力，在这些前提下还要得到来自企业和社会各个方面的支持与配合。

资源支持事项

资源支持	具体说明
人力资源支持	为实现经营目标，公司要为销售经理配备足够的有相关知识和能力的销售管理人员
物力资源支持	销售所需要的商品，各种办公设备设施等
财力资源支持	业务通信费用，办公设备、文具费用，人员培训，薪酬福利费，关系维护费用等
信息资源支持	经营管理相关政策，市场及竞争对手信息、产品质量、性能等相关信息
其他	除了以上人力、物力、财力、信息资源等之外的其他支持

五、附则

（一）本任务书，经总经理与销售经理协商一致后，双方签字执行。

（二）本任务书未尽事宜双方执行过程中另行协商确定。

（三）本任务书有效时限为一年，将作为公司各种人事决策的参照依据。

任务负责人签字：　　　　　　　　　　任务执行者签字：

日期：____年__月__日　　　　　　　日期：____年__月__日

编制日期		审核日期		批准日期	
修改标记		修改处数		修改日期	

7.1.2　销售主管目标任务书

任务书名称		销售主管目标任务书		
编　　号		有效期限		责任人	

任务负责人：销售经理　　　　　　　　任务执行者：销售主管

姓　名：　　　　　　　　　　　　　　姓　名：

一、编制目的

为使销售主管明确本年度工作重点，及时采取正确的营销方法或技巧，积极拓展市场，提高销售业绩，促进部门销售目标的达成，确保公司本年度销售目标任务的顺利实现，特制定本任务书。

二、销售主管职责描述

（一）根据公司整体经营目标，制订销售计划，同时制订本组每月销售计划，掌握销售进度。

（二）定期组织汇报销售情况，编制销售报表，定期报送总经理审批。

（三）每日汇总并确认下属人员的销售业绩。

（四）根据销售计划参与制定并调整销售方案。

（五）根据公司绩效管理政策，组织实施部门人员绩效考核。

（六）参与制定现场销售工作流程和标准，并组织员工研究确定。

（七）组织销售培训，支持下属人员尝试新的工作方法和标准。

（八）制定各种公关、宣传、促销活动项目并报总经理审批同意后实施。

（九）组织实施市场调研，了解市场运营环境变化信息和竞争对手营销政策，并分析评估。

（十）参与客户谈判，客户维护及开发，记录并反馈信息。

（十一）组织并参与部门应收货款回收，为呆账、坏账管理提供合理的解决措施。

（十二）部门及公司领导交办的其他事项。

三、销售主管__年工作任务描述

任务名称	任务内容	任务等级	任务完成时限	任务完成目标
销售计划方案管理	编制销售计划方案并组织实施	重要	__年__月__日	计划方案编制及时且100%执行，报告分析透彻，能揭示问题
	分析计划方案执行效果并起草报告			
日常销售数据管理	收集、汇总、统计销售数据	非常重要	每月__日	收集及时、准确，报表编制正确上报及时
	编制销售报表并上报审批	重要	每月__日	
部门人员管理	组织部门销售人员销售技能和产品知识培训	非常重要	每季度次月__日	相关培训测试通过率达100%
	组织实施部门人员绩效考核	重要	每月__日	考核工作开展及时
市场调研管理	编制市场调研方案并组织实施	重要	每月__日	方案编制及时且可行
	分析调研方案实施效果并编写报告	非常重要	随时	分析报告分析透彻能揭示实际问题且上报及时
客户管理	定期回访客户记录并反馈信息	重要	每月__日	回访及时，信息反馈准确
	组织安排开发新客户或新渠道	重要	每月__日	每月不少于__个
应收账款管理	组织参与销售应收货款回收	重要	__年__月__日	应收账款100%回收
	制定应收货款呆账、坏账对策	非常重要	__年__月__日	对策制定及时且有效

四、销售主管__年任务达标资源支持

销售主管在执行年度销售目标任务时，不仅要了解企业的销售政策，部门的销售策略，市场环境的变化及竞争对手的营销策略变化等信息，还需要得到一定的资源支持，具体内容如下表所示。

资源支持事项

资源支持	具体说明
人力资源支持	公司及部门领导的支持，部门及企业同事的支持与配合，合作单位人员的支持与配合
物力资源支持	销售所需要的商品，促销品，宣传推广资料及各种必要的设备设施等
财力资源支持	采购销售支持物品费用，销售渠道维护费用，客情维护费用，顾客投诉解决费用等

续表

资源支持	具体说明
信息资源支持	经营管理相关政策，市场及竞争对手信息、产品质量、性能等相关信息
其他	良好的渠道销售地理位置资源支持，实施销售方案时机支持

五、附则

（一）本任务书经销售经理与销售主管协商一致后，双方签字执行。

（二）本任务书未尽事宜，双方执行过程中另行协商确定。

（三）本任务书将存入员工个人档案。

（四）本任务书将作为公司各种人事决策的参照依据，有效期为一年。

任务负责人签字：　　　　　　　　　　　任务执行者签字：

日期：＿＿＿年＿月＿日　　　　　　　　日期：＿＿＿年＿月＿日

编制日期		审核日期		批准日期	
修改标记		修改处数		修改日期	

7.1.3　渠道专员目标任务书

任务书名称		渠道专员目标任务书			
编　　号		有效期限		责任人	

任务负责人：销售经理　　　　　　　　　　任务执行者：渠道专员

姓　　名：　　　　　　　　　　　　　　　姓　　名：

一、编制目的

为使渠道专员明确本年度的工作重点，及时采取正确的渠道拓展及管理方法或技巧，积极拓展销售渠道，提高部门的销售业绩，确保公司本年度销售目标任务的顺利达成，特制定本任务书。

二、渠道专员职责描述

（一）公司现有渠道的维护、更新，及时沟通、反馈渠道合作者信息，做出处理意见。

（二）负责公司各渠道销售订单、出货，配合公司其他团队完成渠道销售任务，承担销售指标。

（三）负责公司渠道销售报表的制作、审核，渠道策略的定制、实施、监督和反馈。

（四）负责渠道团队建立，新渠道开发及新产品的渠道开发。

（五）参与制定渠道开发、选择、管理总体方案并在批准后实施。

（六）行业推广渠道发展趋势分析及渠道持续改进管理策略制定。

（七）渠道合作者的资格审查、联络、考评、筛选、淘汰和更新，并提供持续支持。

（八）对渠道合作者培训、售前协助、售后客户服务和技术支持等。

（九）配合执行渠道开发成本分析和控制方案。

（十）完成领导临时交办的其他任务。

三、渠道专员＿＿年工作任务描述

任务名称	任务内容	任务等级	任务完成时限	任务完成目标
渠道开发	负责各渠道销售状况调研	重要	＿＿年＿月＿日	调研信息全面且及时
	负责产品新渠道和新产品渠道的开发方案编制并实施			渠道开发方案编制及时且可行
渠道管理费用控制	预算并控制新渠道开发费用	非常重要	＿＿年＿月＿日	预算与实际费用误差上下不超出5%
	预算并控制现有渠道维护费用	重要	随时完成	

任务名称	任务内容	任务等级	任务完成时限	任务完成目标
渠道销售管理	统计各渠道销售订单、出货量	非常重要	每月__日	数据统计准确且及时
	编制并审核各渠道销售报表	重要	每月__日	报表编制及时且正确
渠道发展趋势分析	分析行业推广渠道发展趋势	重要	__年__月__日	编制分析报告揭示问题并提出改进意见
	制定渠道持续改进管理策略	非常重要	__年__月__日	
渠道合作者管理	渠道合作者日常维护及更新	重要	每月__日	有效渠道保有率达100%
	与渠道合作者沟通及信息反馈	非常重要	每月__日	沟通及反馈问题解决及时
	对渠道合作者提供技术支持	重要	随时完成	技术支持需求100%提供
渠道信息管理	建立并维护渠道信息管理系统	重要	__年__月__日	信息管理系统建立及时
	信息管理系统内容全面可行	非常重要	随时完成	系统数据全面且实用

四、渠道专员__年任务达标资源支持

渠道专员为了实现个人目标任务，在日常工作中需要得到来自企业和社会各个方面的支持，包括人力支持、物力支持、财力支持和信息支持，具体内容如下表所示。

资源支持事项

资源支持	具体说明
人力资源支持	公司及部门领导的支持，部门及企业同事的支持与配合，渠道合作者的支持与配合
物力资源支持	渠道开发、维护涉及的信息获取渠道，如网络设备、报纸、杂志等
财力资源支持	获取渠道信息的费用，设备设施采购费用，员工薪酬福利费，合作者客情维护费用等
信息资源支持	各种渠道的相关信息，公司经营管理信息
其他	如渠道开发涉及的技术、技巧、时间、机遇等资源支持

五、有效期限

本任务书有效期为一年，自__年__月__日起开始时执行。

六、附则

（一）本任务书经销售经理与渠道专员协商一致后，双方签字确认。

（二）本任务书未尽事宜，双方执行过程中另行协商确定。

（三）本任务书将存入员工个人档案，与个人其他资料一并保管。

（四）本任务书将作为公司各种人事决策的参照依据。

任务负责人签字：   任务执行者签字：

日期：____年__月__日   日期：____年__月__日

编制日期		审核日期		批准日期	
修改标记		修改处数		修改日期	

7.1.4 市场专员目标任务书

任务书名称		市场专员目标任务书			
编号		有效期限		责任人	

任务负责人：销售经理   任务执行者：市场专员

姓 名：   姓 名：

一、编制目的

为使市场专员明确本岗位的工作重点，及时调整努力方向，做好本岗位工作的同时，有效促进部门工作的达成，特制定本任务书。

二、市场专员职责描述

（一）负责开发项目所涉及的区域或层次的市场调研工作，同时为公司提供翔实的行业资讯。

（二）参与项目前期市场调研分析、市场定位分析、目标客户群及目标售价分析。

（三）立足公司实际发展情况，针对不同开发项目或同一项目在不同的发展阶段制定相应的实施方案。

（四）负责公司在开发项目的过程中涉及的文稿撰写及公司安排的写作任务。

（五）负责公司开发项目推广过程中的广告创意与全方位包装设计工作，收集相关广告的报价及相关材料、样板的收集及最新市场信息资料，建立相关信息库。

（六）负责广告费用计划并组织实施及监控。

（七）负责公司内部需要的美工设计与制作及在开发项目过程中所涉及的宣传品的设计与制作。

（八）协作制定项目销售方案、价格策略、项目营销推广方案和销售回款计划。

（九）负责协调开发项目的公共关系，筹划制定相应的公关策略及方案。

（十）对主要竞争对手的经营状况和动向进行全面跟踪，研究其竞争力状况。

（十一）完成领导临时交办的其他任务。

三、市场专员__年工作任务描述

任务名称	任务内容	任务等级	任务完成时限	任务完成目标
项目前期调研分析	编制并实施项目前期调研方案	重要	__年__月__日	方案编制及时
	项目调研资料及行业资 搜集			信息搜集准确
	项目调研方案实施结果分析			能揭示出问题
	撰写调研方案实施效果分析报告			报告提交及时
项目组织实施	制定不同项目的实施方案	非常重要	__年__月__日	项目实施方案编制及时可行
	制定项目不同发展阶段的实施方案	重要	随时	
建立项目推广数据库	搜集广告创意及包装报价、材料样板	非常重要	每月__日	信息搜集准确
	对广告创意及包装信息定期更新维护	重要	每月__日	更新及时
费用管理	编制并实施广告费用预算并控制误差	重要	__年__月__日	误差低于5%
业务协作	协助业务部门项目宣传品美工处理	重要	每月__日	业务协作及时
	协助制作项目销售推广策略方案	重要	随时	方案执行可行
公共关系维护	制定并实施公共关系维护策略及方	重要	__年__月__日	方案制定及时
竞争对手关注	关注其经营状况，收集动向信息	非常重要	随时	信息获取准确

四、市场专员__年任务达标资源支持

市场专员为了实现个人目标任务，在日常工作中除了要了解公司的营销政策，社会的发展趋势及经营环境的发展变化等信息外还需要得到其他各个方面的资源支持，具体资源如下表所示。

资源支持事项

资源支持	具体说明
人力资源支持	领导的支持，同事的支持与配合，外界合作单位的支持与配合等
物力资源支持	广告制作，美工处理所需要的各种物料、设备设施等
财力资源支持	购买各种物品、设备设施费用，广告制作、投放费用，公共关系维护费用等

资源支持	具体说明
信息资源支持	市场流行趋势，企业营销政策，业务部门级合作单位要求等
其他	广告制作技术、美工处理技术等技术资源

五、附则

（一）本任务书经销售经理与市场专员协商一致后，双方签字确认。

（二）本任务书未尽事宜，双方执行过程中另行协商签订补充条款。

（三）双方签字确认的补充条款与本任务书具有同等法律效力。

（四）本任务书将作为公司各种人事决策的参照依据。

（五）本任务书有效期为一年，自__年__月__日起开始时执行。

任务负责人签字：　　　　　　　　　　　　任务执行者签字：

日期：____年__月__日　　　　　　　　　日期：____年__月__日

编制日期		审核日期		批准日期	
修改标记		修改处数		修改日期	

7.2 生产人员目标任务落实

7.2.1 生产经理目标任务书

任务书名称		生产经理目标任务书			
编　号		有效期限		责任人	

任务负责人：总经理　　　　　　　　　　任务执行者：生产经理

姓　名：　　　　　　　　　　　　　　　姓　名：

一、编制目的

为使生产部顺利完成本年度生产任务，为公司销售目标达成提供充足的货源支持，公司组织制定生产经理目标任务书，帮助生产经理明确本岗位工作职责和工作重点。

二、生产经理职责描述

（一）组织编制生产管理制度，监督检查和指导制度的执行，

（二）组织编制公司和各子公司年度、季度、月度生产计划。

（三）定期或不定期组织召开生产计划会议，审核、平衡销售公司承接的订单并纳入生产计划，及时向各下属子公司下达生产任务单。

（四）按照生产计划监督、指导各产品生产单位进行生产，定期组织召开生产进度、协调会议。

（五）及时解决各类冲突事件，确保生产工作顺利完成。

（六）对各单位的生产数据及时统计汇总，并编制统计报表，报总经理审批。

（七）定期对公司生产设备进行调拨、分配，组织建立生产设备档案。

（八）及时处理设备维修维护、折旧、报损、报废等程序。

（九）组织编制年度生产安全计划，严格执行生产安全管理制度，确保各类设备的安全运行。

（十）组织各类仪器、设备的定期检修、维修、检查和校验。

（十一）定期组织员工安全生产教育并及时组织有关人员处理生产中出现的安全事故和安全隐患。

（十二）定期安排部门内部人员技能培训、业绩考核，建立人才激励机制，充分挖掘员工潜能。

（十三）部门各项管理费用预算编制。

（十四）按时完成总公司交办的其他临时性工作事务。

（十五）公司及部门领导临时安排的其他工作。

三、生产经理__年工作任务描述

任务名称	任务内容	任务等级	任务完成时限	任务完成目标
规章制度建设与管理	组织编制公司各项管理制度	重要	__年__月__日	制度建立及时且全部可行
	各项管理制度的监督实施			
生产计划制定及实施	编制生产计划并组织实施	重要	每月__日	计划编制及时且完成率达到100%
	定期召开生产进度协调会议		每月__日	
	生产数据统计并上报领导审批		每月__日	数据统计100%正确
	及时解决生产过程中出现的问题	非常重要	随时	问题解决全面及时
生产设备管理	定期安排设备设施检修、维修	一般重要	每月__日	设备检修维修及时
	建立设备档案并及时报损报废		按需完成	设备报废标准明确
安全生产管理	编制并执行安全生产管理制度	非常重要	__年__月__日	编制及时100%执行
	定期组织员工安全生产培训教育		每季度__月__日	培训考核全部合格
费用管理	编制并控制部门管理费用预算	重要	__年__月__日	费用误差不超过5%

四、生产经理__年任务达标资源支持

生产经理在执行生产目标任务过程中，需要得到来自企业和社会各方面的支持与配合，包括人力资源、物力资源、财力资源、信息资源等支持。

资源支持事项

资源支持	具体说明
人力资源支持	根据生产计划，公司要为生产车间各班组配备足够的有相关技术知识的生产人员
物力资源支持	生产需要的原材料、设备设施、设备维修检修器材、员工生活所需物品等
财力资源支持	原材料采购费、人员培训费、员工劳务费、福利费、个别生活用品费用等
信息资源支持	生产管理相关的政策，产品生产技术指导、产品质量管理相关说明等
其他	安全生产所需要的技术知识

五、附则

（一）本任务书中未尽事宜，经生产经理与总经理协商一致后签字执行。

（二）本任务书，执行结果将作为生产经理的人事决策依据，有效期为一年。

任务负责人签字：　　　　　　　　　　任务执行者签字：

日期：____年__月__日　　　　　　　日期：____年__月__日

编制日期		审核日期		批准日期	
修改标记		修改处数		修改日期	

7.2.2 生产调度目标任务书

任务书名称		生产调度目标任务书			
编　　号		有效期限		责任人	

任务负责人：生产经理　　　　　　　　　　　　任务执行者：生产调度主管

姓　　名：　　　　　　　　　　　　　　　　　姓　　名：

一、编制目的

为帮助生产调度主管管理好生产部各车间的生产调度管理工作，协助生产部经理对各车间生产情况进行协调与控制，以确保生产计划的顺利实现，特制定本任务书。

二、生产调度主管职责描述

（一）按照生产计划，组织生产、物料、设备及人员的协调与配合，确保按时、按质完成生产任务。

（二）负责各车间之间，车间与仓储部门之间的关系协调，以便生产活动顺利开展。

（三）按照生产计划监督各车间的生产进度，根据实际需要，适当召开内部小型生产调度会议。

（四）协助生产部经理做好现场管理工作，对车间生产材料、半成品、成品进行管理。

（五）定期或不定期组织召开生产调度会议，协调各生产单位的工作，确保各生产单位生产顺利进行。

（六）统计、分析并研究日、周、旬、月计划完成情况，为下一阶段生产调度工作提供参考依据。

（七）按时完成公司领导交办的其他临时性工作事务。

三、生产调度主管__年工作任务描述

任务名称	任务内容	任务等级	任务完成时限	任务完成目标
生产调度	编制并实施生产计划排程表	非常重要	每月__日前	生产排程达成率实现100%
	协调安排生产设备、人员与物料			
工作协调	协调各生产相关部门之间的关系	重要	随时完成	避免部门间矛盾发生
	及时处理各生产部门之间的矛盾	重要	随时完成	部门间矛盾解决及时
现场监督	监控现场物料、设备、设施利用	一般重要	随时完成	利用率达到100%
	监督现场生产人员工作进度	一般重要	随时完成	生产人员工时利用充分
生产分析	定期统计生产资料、数据等信息	非常重要	每周__	相关信息统计及时准确
	分析生产信息，提出下期完善方案	非常重要	每周__	完善方案具体可行

四、生产调度主管__年任务达标资源支持

生产调度主管在执行生产调度时，除了要有健全完善的生产计划作为指导，科学规范的生产操作流程外，还需要其他的一些资源支持，作为班组生产任务达标的支持性资源。

资源支持事项

资源支持	具体说明
人力资源支持	各级领导的支持，生产人员及仓储人员的支持与配合
物力资源支持	生产需要的原材料、半成品，设备设施等
财力资源支持	生产人员加班费，设备设施补充采购费等
信息资源支持	生产相关政策，产品生产技术工艺、产品生产工时，工人劳动生产率，交期等
其他	完成生产计划所需要的时间资源

五、附则

（一）本任务书中未尽事宜，经调度主管与生产经理协商一致后方可执行。

（二）本任务书内容确定后，需双方签字确认，方可生效。

任务负责人签字：   任务执行者签字：

日期：____年__月__日   日期：____年__月__日

编制日期		审核日期		批准日期	
修改标记		修改处数		修改日期	

7.2.3 生产质量目标任务书

任务书名称		生产质量目标任务书			
编　　号		有效期限		责任人	

任务负责人：生产经理   任务执行者：生产质量主管

姓　名：   姓　名：

一、编制目的

为帮助生产质量主管明确本岗位的工作重点，严格把控产品生产过程中，各环节质量关键点，确保生产出的产品完全符合公司既定的质量标准与工艺要求，顺利实现公司的生产目标，特制定本任务书。

二、生产质量主管职责描述

（一）负责监控产品工艺状态，将工艺参数对产品的影响进行认定，并论证工艺参数设定的合理性。

（二）根据企业的整体质量状况提出质量控制方案，监控生产产品的质量。

（三）定期对现有的工艺或质量控制方案进行评估，并做出适当的改进。

（四）制定企业产品质量检验标准和产品信息反馈统计流程。

（五）处理客户的反馈意见，依据反馈意见改善质量控制。

（六）找出产品质量问题，配合相关部门及时加以解决。

（七）负责原材料检验及产品评审，并协助跟踪产品使用情况，提供相应的改进意见。

（八）按时完成公司领导临时交办的其他工作事务。

三、生产质量主管__年工作任务描述

任务名称	任务内容	任务等级	任务完成时限	任务完成目标
工艺参数管理	监控并分析产品工艺参数	非常重要	__年__月__日	产品工艺参数设定科学合理可行
	设定合理的产品工艺参数			
工艺产品质量管理	制定并实施质量控制方案	重要	每月__日	方案编制及时且可行
	对质量控制方案评估与改进	重要	每月__日	评估及时，改进方案可行
	提供产品质量问题解决方案	重要	随时完成	方案编制及时且可行
原材料检验及评审	制定企业产品检验标准和流程	一般重要	__年__月__日	标准和流程制定及时可行
	组织原材料及产品检验与评审	一般重要	__年__月__日	检验与审评组织及时

四、生产质量主管__年任务达标资源支持

生产质量主管为确保公司的产品质量目标顺利达标，日常工作中需要得到以下资源的支持。

资源支持事项

资源支持	具体说明
人力资源支持	公司各级领导的支持，车间各班组生产人员的支持与配合
物力资源支持	质量控制所需要的设备、器材，检验工具等
财力资源支持	购买各种设备，检验器具，技术培训，工具书等花费的费用

资源支持	具体说明
信息资源支持	产品质量说明，产品工艺标准，公司生产相关制度，行业标准等
其他	完成生产计划所需要的时间支持、技术支持

五、附则

（一）本任务书中未尽事宜，经质量主管与生产经理协商一致后方可执行。

（二）本任务书内容确定后，需双方签字确认，方可生效。

任务负责人签字：　　　　　　　　　　　　任务执行者签字：

日期：___年__月__日　　　　　　　　日期：___年__月__日

编制日期		审核日期		批准日期	
修改标记		修改处数		修改日期	

7.2.4　班组长目标任务书

任务书名称	班组长目标任务书			
编　　号		有效期限		责任人	

任务负责人：车间主任　　　　　　　　　　任务执行者：班组长

姓　名：　　　　　　　　　　　　　　　　姓　名：

一、编制目的

根据我公司经营管理目标，生产管理制度和各车间生产计划等文件规定，为实现本年度生产目标，使班组长明确自己在2013年的相关目标任务，特制定本任务书。

二、班组长职责描述

（一）在公司车间主任的直接指导下，做好本班组生产计划、人员安排。全面负责劳动生产定额的实施和落实工作。

（二）掌握了解生产设备的操作规程、生产工艺流程并监督检查实施，并对设备及时进行维护、保养和检修工作。

（三）严格按照生产工艺、生产计划和产品质量控制标准进行生产，提高生产速度，降低生产成本，抓好节能降耗，提高工作效率。

（四）在完成生产任务的前提下，确保生产安全和人身安全。

（五）组织、带领本班组员工学习文件、会议精神。参加各种会议和集体活动。遵守公司各项规章制度，培养工人以厂为家、忠于职守的健康思想。

（六）搞好车间员工的"传、帮、带"，积极培养技术骨干。

（七）搞好车间卫生，为员工提供一个清洁的工作环境。

（八）按时完成总公司交办的其他临时性工作事务。

三、班组长__年工作任务描述

任务名称	任务内容	任务等级	任务完成时限	任务完成目标
生产管理	按计划执行车间生产	非常重要	每月__日前	符合生产计划规定或岗位规范要求或者产品工艺要求
	控制产品生产质量进度			
	及时安排补货订单			
安全管理	组织实施安全隐患排查	重要	每月__日前	符合国家相关要求
	组织安排安全生产教育	重要	每月__日	全员培训考核通过

续表

任务名称	任务内容	任务等级	任务完成时限	任务完成目标
生产设备维护	设备、设施定期检修、维修	一般重要	每月__日	安全事故率为零
员工管理	定期安排员工培训	一般重要	每季度首月__日	全员培训考核通过

四、班组长__年任务达标资源支持

班组在执行生产计划时，除了要有健全完善的生产计划作为指导，科学规范的生产操作流程外，还需要其他的一些资源，作为班组生产任务达标的支持性资源。

资源支持事项

资源支持	具体说明
人力资源支持	根据生产计划，公司要为生产车间各班组配备足够的有相关技术知识的生产人员
物力资源支持	生产需要的原材料、设备设施、设备维修检修器材、员工生活所需物品等
财力资源支持	原材料采购、人员培训、员工劳务费、福利费、个别生活用品等
信息资源支持	生产管理相关的政策，产品生产技术指导、产品质量管理相关说明等
其他	客户临时附加的相关要求、安全生产管理制度

五、附则

（一）本任务书中未尽事宜，经班组长与车间主任协商一致，报总经理协商一致后方可执行。

（二）本任务书内容确定后，需双方签字确认，方可生效。

任务负责人签字：   任务执行者签字：

日期：____年__月__日   日期：____年__月__日

编制日期		审核日期		批准日期	
修改标记		修改处数		修改日期	

7.3 采购人员目标任务落实

7.3.1 采购经理目标任务书

任务书名称		采购经理目标任务书			
编　号		有效期限		责任人	

任务负责人：总经理   任务执行者：采购经理

姓　名：   姓　名：

一、编制目的

根据我公司生产管理目标，各阶段生产计划及采购部采购计划、人员配置计划等文件规定，为确保本年度生产目标任务的顺利达成，使采购部经理明确本部门在__年度采购目标任务，特制定本任务书。

二、采购经理职责描述

（一）根据公司相关要求，组织编制本部门管理规章制度，报总经理批准后执行，并根据采购市场的变化及时调整相关制度，确保制度的合理性，确保制度能为公司经营管理提供支持。

（二）根据公司年度经营目标，销售合同数量及生产目标，编制部门年度采购计划，报总经理审批同意后下发执行。

（三）根据总经理审批同意的年度采购计划，逐步分解成部门季度、月度等阶段性采购计划并组织安排部门人员执行。

（四）商品运送到公司后，按照采购合同要求和公司的有关规定，对供应商品的数量、质量进行检验，对有关部门确认的不合格商品，按照合同规定条款，及时进行退换货处理，商品验收合格后及时入库保管。

（五）所有商品按要求建立物资台账，对于入库商品及时进行账务处理，做到日清月结，严格执行公司商品管理制度，预防盗窃、雨淋、受潮、变质、流失、损坏、火灾等事件发生。

（六）根据公司年度采购计划，编制部门采购预算及部门管理费用预算。

（七）管理本部门所有员工，对下属员工的业务工作、管理技能、工作态度等进行教育和培训，并实施考核，关心员工的身心健康和生活。

三、采购经理__年工作任务描述

任务名称	任务内容	任务等级	任务完成时限	任务完成目标
采购部制度建设	编制采购管理制度	重要	__年__月__日前	符合公司实际经营管理状况，能为公司采购管理提供依据
	编制商品验收管理制度			
	编制商品库存管理制度			
	编制运输管理制度			
预算管理	编制部门管理费用预算	重要	__年__月__日	预算编制误差上下均不超出5%
	编制部门采购预算			
采购计划管理	编制采购计划	重要	每季度首月__日	计划编制及时且100%执行
	执行采购计划	重要	按计划时间	
商品验收	验收商品质量	一般重要	采购物品入库时	确保验收后的商品完全符合生产需要
	清点商品数量	非常重要	采购物品入库时	
	验收商品达标情况	非常重要	采购物品入库时	
仓储管理	采购物品及时妥善入库	非常重要	采购物品入库时	确保商品周转期间库存保管不出现损失或损耗
	库存商品品质管理、保护	非常重要	采购物品入库后	
员工管理	定期安排部门员工培训	一般重要	每季度首月__日	全员培训考核通过

四、采购经理__年任务达标资源支持

采购经理在执行采购计划时，除了要根据生产经营需要外，还需要公司为其及时提供其他的必须资源，作为采购任务目标达标的支持性资源。

资源支持事项

资源支持	具体说明
人力资源支持	根据采购工作需要，公司要为采购部配备足够的有相关知识技能的采购人员
物力资源支持	采购员工作必需的车辆、样品、商品质量检验器具等
财力资源支持	商品采购所需的资金，维护供应商关系所需要的费用，采购人员薪资福利补贴等
信息资源支持	供应商信息，所采购物品市场价格信息，竞品市场信息，生产部提供的信息
其他	采购物品运输、库存管理注意事项等所需要的信息

五、附则

（一）本任务书中相关条款与采购部各项管理制度内容相冲突的，以部门相关制度规定为准。

（二）本任务书内容确定后，报总经理审批同意后，双方签字确认并执行。

任务负责人签字：		任务执行者签字：	
日期：____年__月__日		日期：____年__月__日	
编制日期		审核日期		批准日期	
修改标记		修改处数		修改日期	

7.3.2 采购主管目标任务书

任务书名称		采购主管目标任务书			
编　　号		有效期限		责任人	
任务负责人：采购经理			任务执行者：采购主管		
姓　　名：			姓　　名：		

一、编制目的

为了使采购主管明确自己阶段性采购任务，并采取各种有效的措施执行采购工作，确保采购工作能100%按照采购要求完成，特制定本任务书。

二、采购主管职责描述

（一）直接对采购部经理负责，全面主持采购组工作执行，确保各项采购任务的顺利完成。

（二）结合往年工作完成情况及本年度公司经营发展状况，提出年度采购计划建议，统筹策划和确定采购内容。

（三）熟悉和掌握公司所需各类物资的名称、型号、规格、单价、用途和产地。检查购进物资是否符合质量要求，对公司的物资采购要求和质量负责，确保公司物资供应正常。

（四）新供应商开发和老供应商维护。

（五）主持中小宗商品订货的业务洽谈，检查合同的执行和落实情况。

（六）培训采购人员在从事采购业务相关技巧，技能，产品知识等。

（七）对采购人员进行法律意识灌输，倡导遵纪守法，讲信誉、不索贿、不受贿，与供货单位建立良好的关系，在平等互利的原则下开展业务活动。

（八）控制采购预算，尽量做到在节省开支的前提下，按计划完成公司各类物资的采购任务。

三、采购主管__年工作任务描述

任务名称	任务内容	任务等级	任务完成时限	任务完成目标
采购计划管理	提出采购计划建议	重要	__年__月__日前	符合公司实际经营管理状况，能为公司采购管理提供依据
	组织执行采购计划			
预算控制	执行并控制部门编制的采购预算	重要	采购计划执行时	确保采购费用不超出预算范围
供应商管理	开发新供应商	一般重要	每月__日前	每月新增加供应商__个，流失数量为零
	维护老供应商客情关系			
了解产品知识	供应市场价、数量信息	非常重要	每月__日前	知识考核成绩合格
	产品本质属性知识			
员工管理	部门员工采购技能培训	一般重要	每季度首月__日	全员培训考核通过
	部门员工产品知识培训	一般重要	每季度首月__日	全员培训考核通过

四、采购主管__年任务达标资源支持

采购主管在执行采购计划时，除了要严格按照部门既定的采购计划和采购要求外，还需要公司为其及时提供其他的必须资源，作为采购任务目标达标的支持性资源。

资源支持事项

资源支持	具体说明
人力资源支持	根据采购工作需要，公司要为采购部配备足够的有相关知识技能的采购人员
物力资源支持	采购员工作必需的车辆、样品、商品质量检验器具，培训教室、演示教具等
财力资源支持	商品采购所需的资金，维护供应商关系所需要的费用，采购人员培训费及薪酬等
信息资源支持	供应商信息，所采购物品市场价格信息，竞品市场信息，生产部提供的信息
其他	采购物品运输、库存管理注意事项等所需要的信息

五、附则

（一）本任务书中未尽事宜，经采购主管与采购经理协商一致后，报总经理审批。

（二）本任务书内容确定后，需双方签字确认，方可生效。

任务负责人签字：　　　　　　　　　　任务执行者签字：

日期：＿＿＿年＿月＿日　　　　　　　日期：＿＿＿年＿月＿日

编制日期		审核日期		批准日期	
修改标记		修改处数		修改日期	

7.3.3　合同专员目标任务书

任务书名称		合同专员目标任务书			
编　　号		有效期限		责任人	

任务负责人：采购经理　　　　　　　　任务执行者：合同专员

姓　　名：　　　　　　　　　　　　　姓　　名：

一、编制目的

为了使合同管理工作更加规范化，同时使合同专员不断提高自己的合同管理技能，规范合同管理工作，实现公司既定的合同管理目标，特制定本任务书。

二、合同专员职责描述

（一）协助部门经理进行采购价格和合同管理体系的建立、完善和更新工作。

（二）协助部门经理起草谈判管理制度，以及合同管理流程。

（三）收集采购价格信息实施采购价格调研活动，编写采购价格调研报告

（四）起草采购合同文本，初审合同主要条款，参与合同谈判工作，执行合同风险防范措施。

（五）整理、汇总谈判资料、价格资料和合同文件，对生效合同分类管理，过期销毁等。

（六）协助采购主管制定公司合同策略、价格分析流程和谈判流程编制合同范本。

（七）完成采购经理/主管临时交办的其他工作。

三、合同专员＿＿年工作任务描述

任务名称	任务内容	任务等级	任务完成时限	任务完成目标
协助完成采购价格管理体系	采购价格调研制度	非常重要	＿＿年＿月＿日	符合公司利益要求，符合国家法律法规
	采购价格决策制度			
协助完成合同管理体系建立	合同版本起草	非常重要	＿＿年＿月＿日	符合公司合同管理相关规范，促进公司经营业务发展及采购日常经营管理
	合同内容谈判流程制定	重要		
	合同审核流程制定	重要		
	合同归档管理流程制定	重要		
	合同管理分类标准制定	重要		

任务名称	任务内容	任务等级	任务完成时限	任务完成目标
合同内容管理	根据合同内容建立台账	一般重要	每月__日	完全符合公司要求
	合同合法性审核	非常重要	随时	符合公司及法律要求

四、合同专员__年任务达标资源支持

合同专员在执行采购合同管理时，除了要严格按照公司、部门规定的合同管理相关要求外，还需要公司为其及时提供其他必需的资源，作为采购合同管理任务目标达标的支持性资源。

资源支持事项

资源支持	具体说明
人力资源支持	公司需要具备相关知识技能的合同管理人员
物力资源支持	合同版本起草所需要的电脑，纸张等，生效合同管理需要的文件夹，文件柜等
财力资源支持	合同制定费用，合同生效期间谈判费用，合同专员劳务费等
信息资源支持	关于合同生效或失效的相关信息，合同制定相关法律信息
其他	关于合同管理需要注意的事项

五、附则

（一）本任务书经采购经理审核确认后执行。

（二）本任务书内容确定后，需双方签字确认，方可生效。

任务负责人签字：   任务执行者签字：

日期：____年__月__日   日期：____年__月__日

编制日期		审核日期		批准日期	
修改标记		修改处数		修改日期	

7.3.4　供应商专员目标任务书

任务书名称		供应商专员目标任务书		
编　　号		有效期限	责任人	

任务负责人：采购经理   任务执行者：供应商专员

姓　名：   姓　名：

一、编制目的

为了使供应商专员日常工作更加规范化，同时使供应商专员不断提高自己的目标任务执行能力，规范供应商管理工作，实现公司既定的供应商管理目标，特制定本任务书。

二、供应商专员职责描述

（一）负责协助供应商主管进行供应商的维护和供应商的拓展工作。

（二）供应商数据库的建立与维护保证数据及时更新和正常使用。

（三）定期开展市场行情调查，收集整理市场信息，汇报供应商情况及编制分析报告。

（四）协助供应商主管处理供应商关系，以及其他行政日常事务的处理。

（五）协助部门主管约访供应商，及不定期回访合作的供应商。

（六）配合供应商主管，利用各种方式及渠道掌握供应商及市场动态。

（七）及时完成上级领导安排的工作。

三、供应商专员__年工作任务描述

任务名称	任务内容	任务等级	任务完成时限	任务完成目标
供应商拓展	协助主管搜集供应商信息	重要	每月__日	信息收集及时、准确，满足正常工作需要
	协助主管建立供应商档案			
供应商数据库管理	数据库建立及日常维护	一般重要	随时	建立、维护、更新工作均执行及时
	数据库信息更新	非常重要		
供应商市场行情调研	定期开展市场调研	重要	每季度首月__日	调研信息准确，调研工作执行及时
	编制供应商行情分析报告	非常重要		
供应商回访	定期协助主管回访供应商	重要	每周周__	回访及时，供应商信息反馈准确
	供应商意见或建议动态反馈	一般重要		

四、供应商专员__年任务达标资源支持

供应商专员在执行供应商管理相关工作时，除了要严格按照公司、部门规定的相关要求外，还需要公司为其及时提供其他支持性资源，这些资源主要包括以下内容。

资源支持事项

资源支持	具体说明
人力资源支持	公司或部门领导的支持，部门其他同事的支持，供应商的支持
物力资源支持	供应商相关文件起草所需要的电脑，纸张等，供应商关系维护所需要的物品等
财力资源支持	客户维护费用，供应商专员薪酬福利费用等
信息资源支持	关于供应商市场的相关信息，供应商个人动态的信息
其他	关于供应商日常管理需要注意的事项

五、附则

（一）本任务书经采购经理审核确认后执行。

（二）本任务书内容确定后，需双方签字确认，方可生效。

任务负责人签字：　　　　　　　　　　任务执行者签字：

日期：____年__月__日　　　　　　　日期：____年__月__日

编制日期		审核日期		批准日期	
修改标记		修改处数		修改日期	

7.4　财务人员目标任务落实

7.4.1　财务经理目标任务书

任务书名称	财务经理目标任务书			
编　　号		有效期限		责任人	

任务负责人：总经理　　　　　　　　　任务执行者：财务经理

姓　名：　　　　　　　　　　　　　　姓　名：

一、编制目的

为了进一步规范公司财务管理工作，使财务经理明确自己的工作重点，实现公司既定的财务管理目标，特制

定本任务书。

二、财务经理职责描述

（一）负责公司的全面财务管理工作。

（二）负责根据公司的经营管理目标，编制财务规划，财务预算。

（三）解释、解答与公司的财务会计有关的法规和制度。

（四）分析检查公司财务收支和预算的执行情况，并编写分析报告。

（五）审核公司的原始单据、记账凭证、会计报表和办理日常会计业务。

（六）加强日常财务管理和成本控制，开展全面预算管理，严格控制财务收支。

（七）定期检查公司库存现金、银行存款，固定资产是否账实相符。

（八）按照国家税法和其他规定，严格审查应交税金，督促有关岗位人员及时办理手续，按时纳税。

（九）按期汇集、计算和分析成本控制情况，加强成本控制和管理，向高层领导提出成本控制分析报告和成本计划。

（十）承办总经理交办的其他财务工作。

三、财务经理__年工作任务描述

任务名称	任务内容	任务等级	任务完成时限	任务完成目标
财务规划预算管理	根据公司经营目标编制财务规划	重要	__年__月__日	规划符合公司经营状况，预算误差低于5%
	根据公司经营目标编制财务预算			
账务管理	审核各种日常财务管理报表	一般重要	每月__日	审核及时且审核后的账目不存在错误
	审核各种日常报销手续票据凭证	非常重要		
固定资产管理	定期盘查公司固定资产	重要	__年__月__日	固定资产账实相符
	编制固定资产管理台账	非常重要		
财务分析	分析公司财务费用收支状况	重要	__年__月__日	分析深入能揭示财务问题，报告编写及时
	编制财务收支分析报告	一般重要		

四、财务经理__年任务达标资源支持

财务经理为完成日常财务管理工作，除了需要掌握必要的知识、技能外，还需得到其他的资源支持，包括人力支持、物力支持、财力支持、信息支持及其他支持。

资源支持事项

资源支持	具体说明
人力资源支持	公司或部门领导的支持，部门其他同事的支持，供应商的支持
物力资源支持	日常办公所需要的设备设施，客户维护所需要的物品、礼品等
财力资源支持	执行财务日常工作所需要的管理费用
信息资源支持	财务管理所涉及的政策、法规，公司内部的经营管理信息等
其他	除人力、物力、财力、信息之外的资源支持

五、附则

（一）本任务书经总经理审批同意后执行，有效时限为一年。

（二）本任务书内容确定后，需双方签字确认，方可生效。

任务负责人签字：　　　　　　　　　任务执行者签字：

日期：____年__月__日　　　　　　日期：____年__月__日

编制日期		审核日期		批准日期	
修改标记		修改处数		修改日期	

7.4.2 会计员目标任务书

任务书名称		会计员目标任务书			
编　　号		有效期限		责任人	

任务负责人：财务经理	任务执行者：会计员
姓　名：	姓　名：

一、编制目的

为了使会计员明确自己的岗位职责，目标任务，规范日常会计管理工作，特制定本任务书。

二、会计员职责描述

（一）严格执行国家财经制度，及时学习、了解国家有关财务制度及相关政策法规根据各部门提供的资金收支计划，为企业经营管理提供财务信息。按照企业财务管理制度要求及国家会计制度规定，做出有关财务报表。

（二）与业务部门配合，组织企业货款回收核算，确保货币资金收入安全到位，及时编制现金流量表。

（三）做好发票管理工作，尤其是增值税发票，要严格按开票手续执行，以保证企业收入的实现。

（四）做好与生产部门的配合，力争核算中反映物流状况，以保证企业财产安全完整。

（五）对于各项存货，按季进行实物盘查，以保证账实相符；对清查盘点中出现的问题，及时向领导汇报，及时解决。

（六）执行经济合算原则，按月做出分析财务收支状况，考查资金使用效果揭示经营管理中的问题。

（七）按国家有关规定，保管好会计凭证、账簿、会计报表等有关会计档案，年末整理登记入册，进会计档案库。

三、会计员__年工作任务描述

任务名称	任务内容	任务等级	任务完成时限	任务完成目标
国家财务政策学习及应用	学习国家最新财务政策法规	重要	__年__月__日	及时正确地掌握财务政策变动信息
	运用国家相关政策实施财务核算			相关政策实操正确、准确、及时
部门合作	核算货款回收情况	一般重要	每月__日	相关工作正确率达到100%
	编制资金报表	非常重要		
货品管理	盘查实物数量	非常重要	每月__日	保证账实相符
	编制盘查账目			
财务分析	分析财务收支状况	重要	__年__月__日	分析透彻，能揭示企业财务问题
	编制财务分析报告			
凭证报表管理	及时编制财务报表	重要	每周周__	相关工作及时、正确完成
	装订整理财务凭证			

四、会计员__年任务达标资源支持

会计员为了圆满完成公司既定的财务目标需要事先掌握明确的财务管理要求，除此之外，还要一定支持性资源。

资源支持事项

资源支持	具体说明
人力资源支持	公司或部门领导的支持，部门其他同事的支持与配合
物力资源支持	日常财务管理所必需的各种硬件设备、软件等

		续表
资源支持	具体说明	
财力资源支持	财务管理需要的各种费用，财务人员的薪酬等	
信息资源支持	国家财务相关政策法规，公司相关规章制度等	
其他	除人力、物力、财力、信息之外的其他资源	

五、附则

（一）本任务书经会计员与财务经理协商一致后，签字执行。

（二）本任务书在执行结果将作为公司人事决策，薪酬决策的参考依据。

任务负责人签字：　　　　　　　　　　任务执行者签字：

日期：____年__月__日　　　　　　　日期：____年__月__日

编制日期		审核日期		批准日期	
修改标记		修改处数		修改日期	

7.4.3　出纳员目标任务书

任务书名称	出纳员目标任务书			
编　　号		有效期限		责任人	

任务负责人：财务经理　　　　　　　　任务执行者：出纳员

姓　　名：　　　　　　　　　　　　　姓　　名：

一、编制目的

为了使出纳员明确自己的岗位职责，任务目标，及时采取科学合理的方法，开展日常工作，特制定本任务书。

二、出纳员职责描述

（一）严格按照国家有关规定，办理现金的收支和银行结算业务，掌握和控制现金的使用范围。

（二）严格执行库存现金管理规定，不得超过核定的库存限额，严禁私自挪用现金，不得以白条抵库和保留账外现金。

（三）对于生产性支出，要严格按照财务支出计划执行，在支票签发时要填明日期、收款单位、用途等，严格控制签发空白支票。

（四）逐笔顺序登记现金日记账和银行存款日记账，并每日编制现金日报表结出余额。每日核对库存现金做到账实相符。

（五）保管好库存现金、有价证券、空白发票、空白支票、相关印鉴。

（六）每周两次日常费用报销，收支及时上缴银行，对不具备报销条件、不符合财务制度的款项有权拒绝并及时汇报避免不必要的损失。

三、出纳员__年工作任务描述（必写）

任务名称	任务内容	任务等级	任务完成时限	任务完成目标
现金管理	记录现金收支 控制现金使用范围 控制库存现金额度	非常重要	每天	相关工作办理及时、准确，保证库存现金账实相符
银行业务	银行结算业务 银行存款业务	重要	每天	业务办理正确率达到100%
报销管理	审核报销条件 拒绝并上报规定外报销项目	非常重要	随时	报销项目均符合国家和公司政策

任务名称	任务内容	任务等级	任务完成时限	任务完成目标
票据管理	票据填写正确、准确	非常重要	随时	票据填写正确,不出现丢失现象
	保管科学合理安全系数高			
印签证照管理	严格使用登记手续	非常重要	随时	印签证照使用登记规范,避免偷盗、丢失现象发生
	做好日常安全管理			

四、出纳员__年任务达标资源支持

出纳员要想顺利实现公司既定的业务目标除了严格遵守公司和国家的相关政策,管理规定外,还需要得到一些必要的资源支持,这些支持性支援包括财力、物力、人力和信息资源。

资源支持事项

资源支持	具体说明
人力资源支持	公司或部门领导的支持,部门其他同事的支持与配合
物力资源支持	如日常工作,所需要的各种办公设备、设施
财力资源支持	购买设备、软件,证照年审等所需要的费用,出纳员薪酬等
信息资源支持	国家的相关法律法规,公司的相关管理制度,经营管理信息,银行要求等
其他	除人力、物力、财力、信息之外的其他资源

五、任务期限

本任务书有效期限,自__年__月__日至__年__月__日。

六、附则

(一)本任务书经财务经理和出纳员协商一致后签字确认并执行。

(二)本任务书执行过程中,发现有未尽事宜,双方应协商另行签订补充条款。

(三)补充条款与本任务书有同等法律效力。

任务负责人签字: 任务执行者签字:

日期:____年__月__日 日期:____年__月__日

编制日期		审核日期		批准日期	
修改标记		修改处数		修改日期	

7.4.4 审计员目标任务书

任务书名称	审计员目标任务书			
编　　号		有效期限		责任人	

任务负责人:财务经理 任务执行者:审计员

姓　名: 姓　名:

一、编制目的

为了使审计员明确自己的岗位职责,工作重点,任务目标,及时采取科学合理的方法开展日常工作,特制定本任务书。

二、审计员职责描述

(一)在部门经理的领导下,按照国家审计法规、公司财务审计制度的有关规定,拟订公司具体审计实施细则,在上级批准后组织执行。

(二)监督公司各部门及下属单位对各项财经规章制度的执行。

（三）控制、考核、纠正下属单位偏离公司整体财务目标计划的行为。

（四）负责或会同其他部门查处公司内滥用职权、有章不循、违反财务制度、贪污挪用财物、泄密、贿赂等行为和经济犯罪的情况。

（五）协助政府审计部门和会计师事务所对公司的独立审计活动。

（六）定期或不定期地进行必要的专项审计、专案审计和财务收支审计。

（七）负责或参与对公司重大经营活动、重大项目、重大经济合同的审计活动。

（八）负责对所有涉及的审计事项，编写内部审计报告，提出处理意见和建议。

（九）做好审计资料原始调查的收集、整理、建档工作，按规定保守秘密和保护当事人合法权益。

（十）完成总经理和财务部部长临时交办的其他任务。

三、审计员__年工作任务描述

任务名称	任务内容	任务等级	任务完成时限	任务完成目标
审计制度 建立	学习国家审计法律法规	非常重要	__年__月__日	相关知识掌握及时 健全，制度编制适用
	编制并监督执行公司审计制度			
违法违纪 行为监督	监督考核与控制公司的违规行为	非常重要	每月__日	避免公司重大违纪 行为发生
	定期审核公司的重大经济活动费用			
审计建议	分析公司各项经济活动执行情况	重要	__年__月__日	完善建议或意见经 公司研讨全部可行
	编制审计报告提出审计建议或意见			
审计资料 保管	将审计原始资料分类整理、建档	重要	随时	审计资料档案保管 全面、及时
	负责对审计原始资料保管、保密			

四、审计员__年任务达标资源支持

审计员要顺利实现公司既定的业务目标，除了严格遵守公司和国家的相关政策，管理规定外，还需要得到一些必要的资源支持，这些支持性支援包括财力、物力、人力和信息资源。

资源支持事项

资源支持	具体说明
人力资源支持	公司或部门领导的支持，部门其他同事的支持与配合
物力资源支持	如日常工作，所需要的各种办公设备、设施，与政府部门关系维护需要的费用
财力资源支持	日常办公需要的各种经费，关系维护需要的各种经费
信息资源支持	国家颁布的与审计相关的法律法规，公司的相关管理制度，经营管理信息等
其他	除人力、物力、财力、信息之外的其他资源

五、任务期限

本任务书有效期限，自__年__月__日至__年__月__日。

六、附则

（一）本任务书经财务经理和审计员协商一致后签字确认并执行。

（二）本任务书执行过程中，发现有未尽事宜，双方应协商另行签订补充条款。

（三）补充条款与本任务书有同等法律效力。

任务负责人签字：　　　　　　　　　　任务执行者签字：

日期：____年__月__日　　　　　　　日期：____年__月__日

编制日期		审核日期		批准日期	
修改标记		修改处数		修改日期	

7.4.5 税务员目标任务书

任务书名称		税务员目标任务书			
编　　号		有效期限		责任人	
任务负责人：财务经理			任务执行者：税务员		
姓　　名：			姓　　名：		

一、编制目的

　　为了进一步规范公司税务管理工作，使税务员明确自己的工作目标，并及时采取科学、合理的措施执行税务管理工作，特制定本任务书。

二、税务员职责描述

　　（一）协助财务主管组织拟订企业整体税务计划并推进执行，确保企业税务目标的实现。

　　（二）按时、准确编制会计报表及各种纳税申报表。

　　（三）税务相关凭证的账务处理。

　　（四）负责准备税务检查的相关资料。

　　（五）及时了解掌握国家、地方的财税政策。

　　（六）对拟投资项目的涉税事项进行评估。

　　（七）合理进行税务筹划。

　　（八）根据国家税收、财务政策对企业税务实际问题提出建议和可行性方案。

　　（九）承办有关税务方面的其他事务。

　　（十）负责公司纳税申报工作。

三、税务员__年工作任务描述

任务名称	任务内容	任务等级	任务完成时限	任务完成目标
税务计划 管理	编制税务计划 推进实施税务计划	重要	__年__月__日	及时编制计划并执行
税务报表 凭证管理	编制纳税报表 纳税申报 处理税务凭证账务	一般重要	每月__日	按公司规定的时间及时完成相关工作
纳税筹划及 审核	参与公司纳税筹划 对公司投资涉税项目评估	一般重要	__年__月__日	纳税筹划及时且合理
税务局检查 工作协助	准备税务检查相关资料 实施税务局关系维护	非常重要	税务及公司要求的时间	协助及时且有效
国家税收政 策了解执行	了解国家税收政策变化 执行国家税收要求	非常重要	__年__月__日 随时	相关政策了解及时且准确、全面

四、税务员__年任务达标资源支持

　　为了保证税务员能保质保量按时完成公司既定的任务目标，税务员在开展日常工作时，除了应该按照国家规定的标准，正确办理日常工作外，还需要得到以下资源的支持。

资源支持事项

资源支持	具体说明
人力资源支持	公司或部门领导的支持，部门其他同事的支持，供应商的支持
物力资源支持	税务员日常工作执行，所需要的各种设备设施

续表

资源支持	具体说明
财力资源支持	公司纳税申报涉及的各项费用，税务人员的薪酬等
信息资源支持	国家有关纳税政策规定，公司的各种经营管理数据
其他	税务员履行各项职责所需要的时间支持

五、附则

（一）本任务书经财务经理与税务员协商一致后执行，有效时限为一年。

（二）本任务书内容确定后，需双方签字确认，方可生效。

任务负责人签字：　　　　　　　　　　任务执行者签字：

日期：____年__月__日　　　　　　　日期：____年__月__日

编制日期		审核日期		批准日期	
修改标记		修改处数		修改日期	

7.5　人力资源目标任务落实

7.5.1　人力经理目标任务书

任务书名称		人力经理目标任务书			
编　　号		有效期限		责任人	

任务负责人：总经理　　　　　　　　　任务执行者：人力经理

姓　名：　　　　　　　　　　　　　　姓　名：

一、编制目的

为了规范我公司人力资源管理工作，使人力资源部经理及部门其他人员明确人力资源部本阶段的工作重点、目标任务，共同向着有利于组织发展的方向努力，特制定本任务书。

二、人力经理职责描述

（一）组织制订人力资源部发展规划、计划与执行方案。

（二）组织制定人力资源管理规章制度，并督促、检查制度的贯彻执行；

（三）为公司重大人事决策提供建议和信息支持。

（四）组织编制职位说明书，并根据公司职位调整需要进行相应的变更，保证职位说明书与实际相符。

（五）根据各部门人员需求情况，提出内部人员调配方案（包括人员内部调入和调出），经上级领导审批后实施，促进人员的优化配置。

（六）与员工进行积极沟通，保证劳资关系稳定。

（七）制订招聘计划、招聘程序，进行初步的面试与筛选，做好各部门间的协调工作等。

（八）根据公司对绩效管理的要求，制定评价政策，组织实施绩效管理，并对各部门绩效评价过程进行监督控制，及时解决其中出现的问题，使绩效评价体系能够落到实处，并不断完善绩效管理体系。

（九）制定公司薪酬福利政策和晋升政策，组织提薪评审和晋升评审，办理社会保障福利。

（十）建立健全员工培训管理体系，并组织实施。

（十一）建立人力资源储备体系，保证公司正常运营。

（十二）根据员工个人特点，结合公司发展需要建立员工职业生涯规划，并组织实施。

三、人力经理__年工作任务描述

任务名称	任务内容	任务等级	任务完成时限	任务完成目标
规划管理	根据组织发展编制公司人力资源规划	非常重要	__年__月__日	规划编制及实施符合公司发展战略要求
	采取合理的措施组织实施人员规划			
招聘管理	建立健全招聘管理体系	重要	__年__月__日	体系建立符合公司实际情况，人员100%适岗
	组织实施招聘工作			
薪酬管理	建立健全薪酬管理体系	非常重要	__年__月__日	体系建立现实合理，对内无投诉，对外有竞争力
	组织实施薪酬管理体系			
绩效管理	建立健全绩效管理体系	非常重要	__年__月__日	体系建立符合公司实际情况，促进经营管理需要
	组织实施绩效管理体系			
培训管理	建立健全培训管理体系	重要	__年__月__日	体系建立符合公司实际情况，促进人员素质提升
	做好日常安全管理			

四、人力经理__年任务达标资源支持

人力资源经理要顺利实现目标任务，除了要掌握科学、先进的现代人力资源管理技术外，还需要得到必要的资源支持，在这些资源的及时支持下方能实现任务目标。

资源支持事项

资源支持	具体说明
人力资源支持	领导的支持，同事的配合
物力资源支持	日常工作所需要的设备、设施，器材、道具等
财力资源支持	员工日常管理所需要的各种费用
信息资源支持	国家和企业制定的用工管理相关政策，人力资源管理的最新技术
其他	除人力、物力、财力、信息之外的其他资源

五、附则

（一）本任务书经人力资源部经理与总经理协商一致后组织实施。

（二）本任务书中有未尽事宜，经双方另行协商确定。

（三）本任务书的实施需经双方签字确认，为期一年。

任务负责人签字：　　　　　　　　　　任务执行者签字：

日期：____年__月__日　　　　　　　日期：____年__月__日

编制日期		审核日期		批准日期	
修改标记		修改处数		修改日期	

7.5.2　招聘主管目标任务书

任务书名称		招聘主管目标任务书			
编　　号		有效期限		责任人	

任务负责人：人力经理　　　　　　　　任务执行者：招聘主管

姓　名：　　　　　　　　　　　　　　姓　名：

一、编制目的

为了进一步规范公司招聘管理工作，逐步提高招聘主管的工作技能和工作水平，为公司及时提供合适的人力资源，特制定本任务书。

二、招聘主管职责描述

（一）协助部门经理建立健全招聘管理体系。

（二）企业人力资源需求预测。

（三）根据企业招聘需求，选择合适的招聘渠道，招聘信息发布，简历筛选，预约面试。

（四）对应聘人员实施素质测评。

（五）参与招聘面试并提供可行性的建议。

（六）对新入职人员实施日常考核。

（七）了解劳动力市场动态信息，国家规定的企业用工政策等。

（八）招聘费用预算编制及实施控制。

（九）招聘渠道调研及开发。

三、招聘主管__年工作任务描述

任务名称	任务内容	任务等级	任务完成时限	任务完成目标
招聘管理体系建立	建立健全招聘管理体系	非常重要	__年__月__日	体系建立符合公司实际情况，人员100%适岗
	编制招聘计划、方案并组织实施			
招聘工作执行	选择招聘渠道发布招聘信息	重要	__年__月__日	根据公司要求保质保量按时完成招聘工作
	简历筛选，组织面试			
企业人员需求调查	调查问卷编制	非常重要	__年__月__日	调查信息准确，调查活动及时
	调查活动组织实施			
招聘费用管理	编制招聘费用预算表	重要	__年__月__日	费用耗费不超出预算
	招聘费用实施及控制	非常重要		
新员工入职管理	办理新员工入职手续	非常重要	随时	相关工作办理及时
	实施新员工试用期考核			

四、招聘主管__年任务达标资源支持

招聘要想顺利完成公司下达的招聘任务，需要得到来自企业和社会各界的支持，包括人力支持、物力支持、财力支持、信息支持及其他资源支持。

资源支持事项

资源支持	具体说明
人力资源支持	领导的支持，同事的配合，外界机构相关人员的支持与配合
物力资源支持	日常工作所需要的设备、设施，器材，道具等
财力资源支持	招聘费用及员工日常管理所需要的各种费用
信息资源支持	国家和企业制定的用工管理相关政策
其他	除人力、物力、财力、信息之外的其他资源

五、附则

（一）本任务书自__年__月__日起开始实施，有效时限为一年。

（二）本任务书内容经人力资源部经理与招聘主管协商确定。

（三）本任务书内容根据编制期的工作重点确定。

任务负责人签字：   任务执行者签字：

日期：＿＿年＿月＿日   日期：＿＿年＿月＿日

编制日期		审核日期		批准日期	
修改标记		修改处数		修改日期	

7.5.3 培训主管目标任务书

任务书名称		培训主管目标任务书			
编　　号		有效期限		责任人	

任务负责人：人力经理   任务执行者：培训主管

姓　名：   姓　名：

一、编制目的

为了使培训主管明确自己的工作重点，岗位职责，及时组织实施必要的培训活动，为公司经营发展达标提供支持，特制定本任务书。

二、培训主管职责描述

（一）协助部门经理编制培训管理制度，经公司领导审批同意后组织实施。

（二）组织实施员工培训需求调查，并分析调查结果。

（三）选择合适的培训方式及确定合适的培训内容。

（四）组织实施培训效果评估，并编写培训效果评估报告。

（五）培训资料归档。

（六）培训费用预算编制及实施控制。

三、培训主管＿＿年工作任务描述

任务名称	任务内容	任务等级	任务完成时限	任务完成目标
培训管理制度建立	协助部门经理编制培训管理制度 监督培训管理制度组织实施	重要	＿＿年＿＿月＿＿日	制度建立符合公司实际情况
培训需求调查	调查表编制 调查活动组织实施	非常重要	＿＿年＿＿月＿＿日	受到85%的受训人员好评
培训组织实施	选择培训方式 确定培训内容	重要	＿＿年＿＿月＿＿日	培训内容方式选择均实现了预期效果
培训效果评估	组织实施培训效果评估 编写培训效果评估报告	重要	＿＿年＿＿月＿＿日	效果评估及时，报告分析科学，合乎情理
培训费用管理	编制培训费用预算表 培训费用具体实施及控制	非常重要	＿＿年＿＿月＿＿日	实际培训花费与预算相差控制在5%之内
培训资料管理	培训资料搜集、整理 培训资料分类归档	非常重要	＿＿年＿＿月＿＿日	培训资料完整性，归档及时性

四、培训主管＿＿年任务达标资源支持

培训主管为实现公司既定的培训目标需要得到各方面的支持与配合，具体内容如下表所示。

资源支持事项

资源支持	具体说明
人力资源支持	领导的支持，同事的配合，外界机构相关人员的支持与配合
物力资源支持	培训实施所需要的各种费用
财力资源支持	培训需要的各种设备设施
信息资源支持	培训内容，培训信息，培训政策等
其他	除人力、物力、财力、信息之外的其他资源

五、附则

（一）本任务书自__年__月__日起开始实施，有效时限为一年。

（二）本任务书内容经人力资源部经理与培训主管协商确定。

（三）本任务书内容根据编制期的工作重点确定。

任务负责人签字：　　　　　　　　　　任务执行者签字：

日期：____年__月__日　　　　　　　日期：____年__月__日

编制日期		审核日期		批准日期	
修改标记		修改处数		修改日期	

7.5.4　绩效主管目标任务书

任务书名称	绩效主管目标任务书			
编　　号		有效期限		责任人	

任务负责人：人力经理　　　　　　　　任务执行者：绩效主管

姓　　名：　　　　　　　　　　　　　姓　　名：

一、编制目的

为规范公司绩效管理体系，提高公司绩效管理水平，促进公司经营目标的有效达成，帮助考核主管明确工作重点，特制定本目标任务书。

二、绩效主管职责描述

（一）组织建立公司绩效管理体系，并不断完善。

（二）对公司员工实施考核前期培训。

（三）考核方法确定及考核过程监督指导。

（四）考核资料收集，统计考核结果。

（五）考核过程中出现的问题调查、了解。

（六）组织监督各部门实施绩效面谈，协助绩效改进。

（七）针对每次考核中出现的申诉问题，组织调查、了解，提出可行性解决方案。

（八）领导临时交办的其他工作。

三、绩效主管__年工作任务描述

任务名称	任务内容	任务等级	任务完成时限	任务完成目标
绩效管理体系建立	协助部门经理编制绩效管理制度	非常重要	__年__月__日	制度建立符合公司实际情况
	监督绩效管理体系组织实施			
考核过程管理	考核方法选择	重要	__年__月__日	方法选择科学恰当，能及时解决技术问题
	考核过程技术指导			

任务名称	任务内容	任务等级	任务完成时限	任务完成目标
考核资料管理	收集并整理考核资料	重要	每月__日	资料收集完整，数字统计正确
	统计汇总考核结果			
绩效面谈管理	监督各部门实施绩效面谈	非常重要	每月__日	面谈要有书面记录，双方均须签字确认
	监督各部门绩效面谈记录并签字			
绩效改进	组织编制各岗位绩效改进方案	非常重要	每月__日	改进方案通过率达100%，且能全部落实
	监督各部门对绩效问题实施改进			
申诉管理	对申诉内容调查了解	重要	每月__日	申诉处理及时，申诉解决办法考核双方均无异议
	分析申诉内容并提供解决方案			

四、绩效主管__年任务达标资源支持

考核主管为了顺利实现公司既定的考核目标，需要得到来自企业内外的支持，包括人力支持、物力支持、财力支持、信息支持及其他资源支持，具体内容如下表所示。

资源支持事项

资源支持	具体说明
人力资源支持	公司及部门领导的支持，公司同事及外界合作单位的支持与配合
物力资源支持	考核实施所需要的各种费用
财力资源支持	日常工作开展所需要的各种设备设施
信息资源支持	公司经营管理政策，绩效管理政策，培训政策等
其他	除人力、物力、财力、信息之外的其他资源

五、有效期限

（一）本任务书有效期限为一年，自__年__月__日起开始实施。

六、附则

（一）本任务书列明了责任人相应时间段的工作重点。

（二）本任务书经双方签字确认后实施。

（三）本任务书实施结果将作为公司人事决策的参照依据。

任务负责人签字：　　　　　　　　　　任务执行者签字：

日期：____年__月__日　　　　　　　日期：____年__月__日

编制日期		审核日期		批准日期	
修改标记		修改处数		修改日期	

第 8 章

中小微企业目标任务事项落实

8.1 销售事项目标任务落实关键

8.1.1 销售回款目标任务落实关键

销售回款目标任务的有效落实是企业对销售业务进行管理和控制的重要内容。企业在制定销售回款目标任务时应提前考虑回款风险产生的可能性及回款作业中的各项漏洞。在落实销售回款目标任务时应把握以下关键，如表 8-1 所示。

表 8-1 销售回款目标任务落实关键点说明表

序号	关键点名称	关键点说明
关键点1	做好销售回款计划	1．销售部门应做好客户资信评估，评估的内容包括资信状况、经营状况及客户个人资料 2．财务部应根据销售情况、客户预付款情况、销售合同、客户资信情况等，编制销售回款计划 3．销售回款计划中，应明确指定专人负责回款追收工作，并要求该员工做好日常催收台账工作
关键点2	要有适当的销售回款催收方法	针对不同的客户有不同的回款催收方法，主要有软磨法、关系法等 1．软磨法，如耐心礼貌地采用信函、电话，甚至亲自上门等方式催款 2．关系法，主要是通过第三者介入，协调来解决付款问题 3．代价法，如对需要回款的客户停止发新货，前款到账再发新货 4．奖励法，如客户在规定的时间内回款可以得到相应的折扣 5．法律法，主要是由律师执笔寄出催账函，若客户仍不付款，则依据法律程序来调节或仲裁
关键点3	做好销售回款监控	1．销售部相关领导负责做好销售回款的监控工作，及时统计各阶段的回款情况，并与财务部沟通，了解货款到账的情况 2．分阶段对销售回款目标进行考核，回款考核结果将作为销售人员奖金发放、职位调整的依据，以激发销售人员的积极性，促进货款的及时回笼

序号	关键点名称	关键点说明
关键点4	做好销售回款问题的预防	1．销售人员应做好对回款客户的分析，掌握回款跟踪力度，对于信誉好的客户可以跟得松一点，对于信誉差的客户就要加大催款力度。 2．当客户出现以下情况时，负责催款的销售人员要加警惕，并制定相应的预案 （1）经常找不到公司负责人，频繁转换管理层、业务人员 （2）办公地点由高档写字楼向低档搬迁，低于进价抛售商品的 （3）无故拖欠物业费，公司离职人员增加的
关键点5	做好呆账、坏账的处理工作	一般而言，公司对于呆坏账的处理发放包括折让、回收货物、处理抵押品、寻求法律协助及诉讼保全等

8.1.2 产品促销目标任务落实关键

产品促销对企业的市场推广和经济效益起到直接的作用，产品促销计划、产品促销工作规范、产品促销现场控制、产品促销活动评估等对于促销目标任务的有效落实具有重要的意义。在落实产品促销目标任务时应把握以下关键，如表 8-2 所示。

表 8-2　产品促销目标任务落实关键点说明表

序号	关键点名称	关键点说明
关键点1	做好产品促销计划	1．要建立促销计划调研小组，由调研小组负责收集客户、竞争对手的基本情况，并对其进行分析 2．要适时组织促销策划会议，由相关人员共同讨论促销活动的目标、主题、内容、时间、预算等，制订年度促销计划 3．相关领导要根据年度促销计划及具体促销情况构思每期主题促销活动的具体计划
关键点2	要使产品促销工作规范化	1．工作时间规范化。促销人员要严格按照规定的时间上下岗，工作期间不得做与工作无关的事情 2．仪容仪表规范化。促销人员的服装、鞋子、胸卡、饰品等要严格按照公司规定统一佩戴 3．促销环节规范化。在促销活动中的各环节应有统一、规范的流程 4．顾客接待的规范化。在接待客户时，应有专业服务形象和得体服务礼仪
关键点3	做好产品促销现场控制	1．负责促销工作的领导要安排专人对现场进行分片管理，负责促销人员的管理、客户关系的维护等工作 2．要安排促销保安人员负责现场秩序维护和促销后台的财务安全工作 3．促销活动结束后，要有专人对促销现场的产品进行清点和核对，促销人员应根据产品清点情况及明日的预计销量，进行补货
关键点4	做好产品促销活动评估	1．要有科学的评估体系和奖惩体系，以激励促销员的工作积极性 2．要有专业的评委，对参与促销的员工进行评价，并保证促销活动评估的真实客观、有据可查

8.1.3 渠道建设目标任务落实关键

渠道建设是企业实现销售目标、降低销售成本的重要环节,企业在完成渠道设计后,要选择恰当的渠道成员,并通过宣传各种有利于中间商加入的信息,以促使目标渠道成员加入销售渠道。在落实渠道建设目标任务时应把握以下关键,如表8-3所示。

表8-3　渠道建设目标任务落实关键点说明表

序号	关键点名称	关键点说明
关键点1	做好环境分析和渠道选择	1. 要做好当前环境的分析,主要包括审视公司的渠道现状、盘点目前的渠道系统、收集渠道信息、分析竞争者渠道等 2. 做好主渠道、次要渠道和自然分销渠道的设计与选择 （1）主渠道:是指必需的、对品牌和销量价值巨大,需要重点开发和管理的渠道 （2）次要渠道:对品牌和销量有一定价值或目前不适合重点管理的渠道 （3）自然分销渠道:能产生销售,但价值不大,在开发和管理时基本不予考虑,通过然而分销或粗放分销的方式发展的渠道
关键点2	选择合适的分销区域市场	1. 即明确将产品卖到什么样的地域范围,分销管理什么样的地域范围等 2. 在选择分销区域市场时应考虑以下因素:产品定位与目标消费者分布、地域销售贡献的权重、各地域渠道发展水平、企业市场管理能力和交易谈判能力、该区域市场准入和维护成本、该区域的竞争状况等
关键点3	制定产品分销标准	1. 确定在目标地域市场的目标渠道应该主要销售什么目标产品 2. 制定产品分销标准时应考虑的因素包括:不同产品目标消费群的采购习惯、产品进店的限制因素、产品进店和维护的成本、不同渠道和客户的销售潜力等
关键点4	确定渠道长度	1. 确定产品从企业流动到消费者手中的渠道层次,设计渠道长度的结果主要是明确以下内容:要不要渠道中间商、渠道层级的级数、选谁做中间层级、渠道中间环节的供销关系 2. 相关人员在设计渠道长度时应考虑以下因素:产品定位与消费者规模和分布、渠道中间环节的发展水平、企业的资金和物流能力、企业的管理能力与中间商的谈判力量等
关键点5	确定渠道宽度	1. 在确定渠道宽度时主要有独占式分销策略、选择式分销策略、密集分销策略3种 （1）独占式分销策略:是指在限定区域选一家分销商或经销商的分销策略 （2）选择式分销策略:是指在区域市场所有目标客户中选择符合要求的有限数量的分销商或零售商作为客户 （3）密集分销策略:是指选择尽可能多的分销商或零售商销售产品 2. 在确定渠道宽度时应考虑的因素有:产品目标消费群的规模与分布、产品的专业化程度、产品的生命周期、企业的经济和管理能力等
关键点6	明确渠道中厂商角色定位	1. 与分销环节中各类型的客户与厂家建立何种合作关系的策略,如明确谁对区域市场的客户拓展具有决策权,明确谁负责获取消费者的订单等 2. 在确定厂商角色定位时应考虑的因素有:产品的生命周期、终端渠道的构成、目标渠道的重要程度、中间商的能力、竞争对手的策略等

序号	关键点名称	关键点说明
关键点7	建立分销商或零售商管理制度	1. 明确厂商的职责和义务，明确分销商或零售商的职责和义务 2. 明确厂商与分销商、零售商的合作模式 3. 有完善的分销商或代理商的考核体系 4. 有明确的违约责任和双方关系终止的说明

8.1.4 客户管理目标任务落实关键

客户管理是企业不断加强与顾客交流，不断了解顾客需求，并不断对企业产品及服务进行改进的过程。通过有效的客户关系管理可以提高企业对客户的服务速度、提高客户的满意度和忠诚度，提高客户维持度。企业在落实客户管理目标任务时应把握以下关键，如表 8-4 所示。

表 8-4　客户管理目标任务落实关键点说明表

序号	关键点名称	关键点说明
关键点1	做好客户信息的动态管理	1. 客户信息主要包括客户基础资料、客户特征资料、业务状况资料、交易活动现状等内容 2. 当建立客户信息后，应对客户的变化进行跟踪，根据客户情况的变化，及时剔除客户过去旧的或已经变化了的资料，及时补充新资料，以使客户信息管理保持动态性
关键点2	做好客户服务计划	本着双赢的方针，建设性的制定年度、季度和阅读客户政策、促销措施、市场工作计划等
关键点3	做好客户分析工作	根据客户信息做好客户构成分析、客户交易业绩分析、不同商品的销售构成分析、各客户对公司销售的贡献分析等
关键点4	完善客户投诉处理标准	1. 各类人员对客户投诉案件的处理，应以谦恭礼貌、迅速周到为原则 2. 应建立明确的客户投诉受理、处理流程 3. 应具备完善的客户投诉表单
关键点5	有提高客户满意度的策略	1. 根据企业的实际情况对客户做出承诺，不要给客户不切实际的期望 2. 在产品或服务的设计、方案的策划中就需要考虑顾客满意，避免产品或服务的价值太高顾客期望，造成水涨船高的现象 3. 不断加强管理来提升顾客对服务质量的感知水平

8.2　生产事项目标任务落实关键

8.2.1　生产进度控制目标任务落实关键

在生产计划的执行过程中，对有关产品生产的数量和期限进行有效的控制，是保证完成生产作业计划所规定的产品产量和交货期限指标的重要手段。企业在落实生产进度控制目标任务时应把握以下关键，如表 8-5 所示。

表 8-5 生产进度控制目标任务落实关键点说明表

序号	关键点名称	关键点说明
关键点1	科学进行产能负荷分析	1. 生产计划之所以与实际执行差距大，很重要的原因是对产能缺乏合理的分析，从而使一线员工难以执行《生产计划表》，使其形同虚设 2. 一般情况下着重于对人力负荷及机器设备的能力进行分析 （1）人力负荷分析主要是依据销售计划所预定的生产计划，针对各种产品的数量、标准时间等计算出生产该产品所需的人力 （2）机器负荷分析主要是对生产的机器设备进行分类，并确定需要生产哪些产品、产品的制程及每个制程的使用设备
关键点2	明确的计划表和制造命令单	当产品的生产计划完成后，由于每个产品有不同的流程，企业应根据机器负荷能力和人力负荷能力排定详细的生产计划，并及时发出制造命令单
关键点3	明确生产排程原则	一般坚持排程优先原则，具体表现为交货期原则、客户原则和工序原则 1. 交货期原则：交货期越靠前，正常来说应越先排产 2. 客户原则：众多客户，有轻重之分，重要的客户应做重点管理 3. 工序原则：工序越长，所需生产时间越长，在时间上应做好把控
关键点4	进行生产进度管理控制	运用批量管制法、订单管制法进行生产进度管理控制，在进度落后时应采取提高单位产能、延长工作时间、协调出货计划、减少紧急订单插入等措施

8.2.2 生产质量管理目标任务落实关键

企业生产所需各种材料的优劣直接关系到产品质量的优劣，生产质量管理的根本目的在于确保生产出既能满足一定标准，又符合顾客需求并具有市场竞争力的产品。企业在落实生产质量管理目标任务时应把握以下关键，如表 8-6 所示。

表 8-6 生产质量管理目标任务落实关键点说明表

序号	关键点名称	关键点说明
关键点1	明确相关质量责任	1. 明确相关人员的质量责任，一般而言生产质量的管理责任人自上而下包括总经理、生产总监、生产经理、生产主管、车间主任等。生产质量的直接责任人为班组长、生产操作员、质检员等 2. 明确生产质量的目标责任。如在制品检验合格率达到____%
关键点2	完善的质量管理体系	1. "ISO 9000族"国际标准文件能够帮助企业实施并有效运行质量管理体系，企业在建立质量管理体系时应将其作为主要的参考依据 2. 选择适用于本企业的质量体系标准，并编制符合标准要求的质量体系文件，并将质量方针和质量目标纳入相应的文件中
关键点3	做好质量监督和诊断	1. 质量监督是指预先设定质量标准，并将所设标准与生产中实际的运作状况进行对比，从而对符合和不符合质量标准的产品做出评价 2. 对质量进行诊断可以通过控制图诊断和工序能力诊断等方法，以判断产品的每项质量特征是否合格
关键点4	完善质量责任追究制度	1. 公司应对质量目标未达标、质量低下等情况，对相关人员追究质量责任 2. 质量责任追究的实施应注重客观证据，做到合理、公正、客观

序号	关键点名称	关键点说明
关键点5	进行有效的质量改进	1. 要有完善的质量改进流程 2. 要根据不同的质量问题，实施相应的质量改进方法，如头脑风暴法、矩阵图法、系统图法等

8.2.3　生产安全管理目标任务落实关键

企业加强安全生产，对于保护员工的人身安全及企业的财产安全具有重要的意义。企业应以"安全第一，预防为主"的原则进行安全生产管理。企业在落实生产安全管理目标任务时应把握以下关键，如表 8-7 所示。

表 8-7　生产安全管理目标任务落实关键点说明表

序号	关键点名称	关键点说明
关键点1	做好生产安全培训工作	1. 生产部的新进员工、临时工、实习人员等，必须先接受所在部门、车间、班组安全生产三级安全教育，经考核合格后，才能进入操作岗位 2. 在公司决定采用新的生产方法、添加新的技术设备、制造新的产品时，公司需要对相关人员进行新操作方法或新工作岗位的安全培训 3. 对于企业的特殊工种人员（如强弱电工程师、电梯操作工等）必须经过专业的培训，并经相关部门颁发合格操作证后才能独立操作设备 4. 企业需不定期的通过系统讲授法、角色扮演法、小组讨论法、情景模拟法等对所有员工进行生产安全方面的教育
关键点2	做好劳动场地的安全管理	1. 劳动场所的布局要合理，对于有毒、有害的作业，必须配备防护设施 2. 对于高温、低温、潮湿、雷电、静电等危险的场所，必须有相应的有效防护措施，在工作场所必须合理地设置报警器 3. 企业新建、改建、扩建生产场地时，其建设单位应接受建设工程质量监督机构的监督管理
关键点3	做好生产设备的安全管理	1. 确保生产设备引进、建设中的安全标准符合国家有关的法律、法规和相应技术规范 2. 建立生产设备台账，对设备进行规范化管理，确保生产设备的安全运行 3. 生产设备应由专人负责管理，定期组织检查和维护保养
关键点4	做好安全生产检查	1. 定期组织生产安全检查，以了解车间的安全管理情况，及时发现不安全的生产环境、操作行为和潜在的职业危害等 2. 在检查过程中若发现安全隐患，需立刻组织相关人员对问题进行分析，并提出相应的整改方案
关键点5	做好安全事故的处理工作	1. 安全事故的处理工作要以事实为依据，做到定性准确、责任分明、处理公正 2. 安全事故发生后首先要对其进行事故调查，调查清楚原因后，按照事故处理程序进行事故处理

8.2.4 生产物料管理目标任务落实关键

为加强成本核算,提高企业的基础管理工作水平,进一步规范生产物资和成品流通、保管和控制程序,维护企业生产资产的安全完整,加速资金周转,必须做好生产物料的管理工作。企业在落实生产物料管理目标任务时应把握以下关键,如表 8-8 所示。

表 8-8 生产物料管理目标任务落实关键点说明表

序号	关键点名称	关键点说明
关键点1	做好生产物料需求计划	企业应根据产品结构和各层次物品的数量,以每个物品为计划对象,以完工时期为时间基准倒排计划,按照生产需求,制订生产物料务求计划。制订生产物料需求计划的关键信息要素如下: 1. 主生产计划:指明在某一计划时间段内应生产出的各种产品 2. 物料清单:可以说明产品由哪些零部件、原材料构成,它们之间的关系如何及需求量如何 3. 库存记录:生产产品所需物料的现有库存量
关键点2	做好物料库存的控制	做好库存控制的目的是配合生产的需要和生产进度,保持物料的最低成本 1. 库存控制的内容包括:设定安全库存、设定订购点、设定订购量等 2. 企业应根据不同类型的物料分别采取定量订购制或定期订购等,以达到库存控制的目的
关键点3	做好物料的保养工作	仓库管理员应定期或不定期地对物料进行盘点,在物料的存储期间,应做好"五无""五防"工作 1. 五无:无霉烂变质、无损坏丢失、无杂物积尘、无鼠患、无隐患 2. 五防:防潮、防压、防腐、防火、防盗
关键点4	做好物料的使用管理	1. 在领用物料时,应填写领料单,领料单经相关领导审核后,由仓管员按照领料单的需求发放物料 2. 在使用物料时,应按照"先进先出"的原则顺序使用,使用物料时应轻拿轻放,不能野蛮作业 3. 对于剩余或不良物料应进行退料处理工作,以减少不必要的损失
关键点5	做好物料调拨管理工作	物料调拨是指物料实际存放地点已经发生变化,但账目不做变动的物料转移。在物料借出借入、委托加工、特殊物料的调拨中要做好相应的登记

8.3 采购事项目标任务落实关键

8.3.1 采购成本控制目标任务落实关键

采购成本控制主要是指企业对采购原材料及部件相关的物流费用的管理工作,主要包括采购订单费用、采购人员的管理费用等。企业在落实采购成本控制目标任务时应把握以下关键,如表 8-9 所示。

表 8-9　采购成本控制目标任务落实关键点说明表

序号	关键点名称	关键点说明
关键点 1	做好采购计划	1. 做好原材料采购计划的编制，具体包括收集生产计划任务量的信息、了解消耗定额、分析历史资料数据和分析市场商情等 2. 做好设备采购计划的编制，具体包括确定设备采购需求、调查设备采购市场、选择设备采购方式、提交设备采购申请等工作 3. 做好商品采购计划的编制，商品采购计划需要明确采购品种、采购数量、采购时间、选择的供应商等
关键点 2	做好采购预算的编制和审批	1. 相关人员必须以企业年度预算计划和预算管理制度为依据，来编制采购预算 2. 应根据不同类型采购预算的内容，选择合适的方法来编制采购预算，以保证其科学性，常用的采购预算编制方法有概率预算法、零基预算法、滚动预算法等 3. 企业采购部、财务部及相关部门应加强对采购预算的监督管理力度，以保证采购预算的准确性和严谨性
关键点 3	合理控制采购价格	1. 相关人员在执行采购作业前，应了解采购价格的现金价、出厂价、送达价、期票价等，应调查物资的范围等 2. 对于需要采购的物资，采购人员应向多个供应商询问采购价格 3. 采购人员应对各供应商报价单的内容进行评估与比较，为进一步的价格谈判提供参考依据 4. 为确定最终的购买价格，企业采购人员应正确的理解采购形式，使用合适的议价策略与供应商议价
关键点 4	合理控制采购订货量	相关采购人员根据采购费用、库存成本和采购价格等因素确定经济订货批量，审核每次采购数量，降低采购综合成本
关键点 5	做好采购入库及付款控制	采购人员应对满足入库条件的物资及时办理入库手续，并与供货方核对账务，账务确认无误后办理采购结算手续

8.3.2　采购质量控制目标任务落实关键

企业相关部门对采购的物资进行严格检验，杜绝不合格品入库，以确保采购的物资满足企业生产经营的需求。企业在落实采购质量控制目标任务时应做好采购质量检验、供应商认证、采购工作程序、采购员的工作细则等工作，具体内容如表 8-10 所示。

表 8-10　采购质量控制目标任务落实关键点说明表

序号	关键点名称	关键点说明
关键点 1	做好采购质量检验工作	1. 采购人员应收集整理采购的业务资料，并协同生产部、技术部等制定物资的产品规格和质量标准，并依据企业相关验收规定制定采购物资验收标准 2. 应根据采购物资的属性安排，运用合理的质量检验方法对采购物资实施检验，主要方法有感官检验法、物理检验法、化学检验法、产品试验法、微生物检验法等 3. 对于检验合格的物资，验收小组应出具"采购物料检验报告单"交由仓储人员办理入库手续，对于不合格的物资科采取退货、换货等方法处理

序号	关键点名称	关键点说明
关键点2	做好供应商认证工作	1. 采购人员应编制供应商质量认证标准和认证说明书，以保证认证工作的顺利进行 2. 供应商认证小组应在实施认证工作前明确供应商认证的内容，并在供应商说明书中进行标注。一般而言，认证的内容包括供应商的具体情况、企业管理水平、质量管理体系、生产情况、工艺水平、物流状况、生产环境、售后服务等 3. 采购部应与通过认证的供应商签订协议，其中必须约定所提供产品应达到的质量标准，以及违约责任等
关键点3	建立良好的采购工作程序	1. 按照整个采购工作程序来控制整个采购系统，使采购人员在工作时有章可循 2. 密切部门之间、部门内部员工之间的协作关系，以确保采购质量达标
关键点4	制定采购人员的工作细则	1. 采购人员的工作细则包括其工作职责和权限的划分、职业道德的界定、工作策略的选择、得体的礼仪等方面的内容 2. 采购人员的工作细则中应包含相应的奖惩措施，以提高采购人员工作的警惕性和积极性

8.3.3 采购招标管理目标任务落实关键

采购招标是指采购方作为招标方，事先提出采购的条件和要求，邀请多个企业来参加投标，然后由采购方按规定的程序和标准从中择优选择交易对象，采购招标的整个过程要遵循公开、公平、公正和诚实信用的原则。企业在落实采购招标管理目标任务时应把握以下关键，如表 8-11 所示。

表 8-11 采购招标管理目标任务落实关键点说明表

序号	关键点名称	关键点说明
关键点1	做好招标准备工作	1. 在招标采购前，应成立招标委员会，委员会的成员由采购方代表、招标协调人及专业技术顾问等组成 2. 根据招标项目的特点和需要编制招标文件。招标文件应当包括招标项目的技术要求、对投标人资格审查的标准、投标报价要求和评标标准等所有实质性要求和条件及拟签订合同的主要条款 3. 采用公开招标方式时，应当通过指定的报刊、信息网络或者其他媒介发布招标公告。招标公告应当载明招标方的名称和地址、招标项目的性质、数量、实施地点和时间及获取招标文件的办法等事项 4. 采用邀请招标方式的，应当向3个以上具备承担招标项目的能力、资信良好的、特定的法人或者其他组织发出投标邀请书 5. 招标方不得向他人透露已获取招标文件的潜在投标人的名称、数量及可能影响公平竞争的有关招标投标的其他情况，招标方设有标底的，标底必须保密

序号	关键点名称	关键点说明
关键点2	做好开标管理工作	在实际运作中，开标应当在招标文件确定的提交投标文件截止时间的同一时间公开进行；开标地点应当为招标文件中预先确定的地点，在开标的过程中应注意以下事项 1. 开标时，由投标人或者其推选的代表检查投标文件的密封情况，经确认无误后，由工作人员当众拆封，宣读投标人名称、投标价格和投标文件的其他主要内容 2. 招标方在招标文件要求提交投标文件的截止时间前收到的所有投标文件，开标时都应当当众予以拆封、宣读 3. 开标过程应当记录，并存档备查
关键点3	做好评标管理工作	评标由招标方依法组建的评标委员会负责，评标工作应严格按照评标程序进行。评标委员会应当按照招标文件确定的评标标准和方法，对投标文件进行评审和比较；设有标底的，应当参考标底。评标委员会在评标过程中应注意以下事项 1. 评标委员会成员应当客观、公正地履行职务，遵守职业道德，对所提出的评审意见承担个人责任 2. 评标委员会成员不得私下接触投标人，不得收受投标人的财物或者其他好处 3. 评标委员会成员和参与评标的有关工作人员不得透露对投标文件的评审和比较、中标候选人的推荐情况及与评标有关的其他情况
关键点4	做好中标管理工作	1. 中标人确定后，招标方应当向中标人发出中标通知书，并同时将中标结果通知所有未中标的投标人，中标通知书发出后，招标方改变中标结果的，或者中标人放弃中标项目的，应当依法承担相应的责任 2. 招标方和中标人应当自中标通知书发出之日起30日内，按照招标文件和中标人的投标文件订立书面合同

8.3.4　采购风险管理目标任务落实关键

采购风险通常是指采购过程中可能会出现的一些意外状况，所以企业应做好采购风险的分析和控制，合理地规避采购预算与计划风险、采购价格管理风险、采购合同管理风险、采购进度风险等。企业在落实采购风险管理目标任务时应把握以下关键，如表8-12所示。

表8-12　采购风险管理目标任务落实关键点说明表

序号	关键点名称	关键点说明
关键点1	做好采购风险分析	1. 采购部应组建采购风险评估小组，及时预测、汇总采购中可能的风险 2. 编制采购风险评估报告，制定并实施采购风险规避方案
关键点2	做好采购风险控制工作	完善部门内部控制机制，建立合理的采购风险预警和应急体系，合理进行采购执行过程中的风险控制
关键点3	采购预算与计划风险规避	1. 建立完善的预算目标及标准体系，充分发挥预算管理的作用 2. 加强采购计划编制的依据和基础数据的控制，确保采购计划编制的可靠性和完整性

序号	关键点名称	关键点说明
关键点4	采购价格管理风险规避	1. 加强供应商供应价格的自律和内部监督，将信用激励与失信惩戒相结合 2. 增强企业内部采购价格控制的针对性，加强监督管理，以维护正常工作 3. 加强采购价格监测和预警能力建设，建立物资价格信息编制和调控管理
关键点5	采购合同管理风险规避	1. 提高采购人员的缔约能力和合同诈骗识别能力，加强自我防范意识 2. 建立完善的合同专用章管理制度，严格控制用章保管工作 3. 加强对合同执行情况的检查、分析和验收工作，确保合同全面有效执行 4. 严格控制采购合同变更的审核程序，规范采购合同变更的有关工作事项
关键点6	采购进度风险规避	1. 采购人员应有效的控制交货期，做好交货期管理的事前规划、事中执行和事后考核 2. 应改进采购工作业务水平，加强与供应商的沟通，建立畅通的沟通机制
关键点7	采购结算风险规避	1. 应根据不同结算方式的特点和适用性，根据国家规定的结算管理意见选择合适的结算方式 2. 建立预付账款追踪检查制度，规范企业预付账款的管理工作
关键点8	采购外包风险规避	1. 根据物资分类和企业发展的重心等，分析并决定采购外包业务的范围和形式 2. 企业应与外包商签订服务质量协议，并规定采购外包服务质量标准，在双方合作的过程中，应建立健全开放的信息交流机制，保证双方信息交流的及时性和准确性

8.4　财务事项目标任务落实关键

8.4.1　财务投资目标任务落实关键

根据不同的分类方式，一般可以把企业的投资分为直接投资和间接投资、短期投资和长期投资、对内投资和对外投资、初始投资和后续投资等，企业投资决策的事务，可能会导致投资低回报、无回报或投资权益损失等。企业在落实财务投资目标任务时应把握以下关键，如表8-13所示。

表8-13　财务投资目标任务落实关键点说明表

序号	关键点名称	关键点说明
关键点1	正确捕捉投资机会	1. 从国家各项政策的调整中寻找投资机会，如从产业政策、税收政策、金融政策的变化中寻找投资机会 2. 从市场状况及其变化中寻找投资机会，如从市场产品容量、供需状况、产品进出口等状况中寻找投资机会
关键点2	准确的投资项目决策	1. 编制《投资项目建议书》，并由相关人员或专家检查其可行性 2. 委托专业机构对项目的可行性进行研究，检查拟定的投资方案是否可行，主要的风险是否可控，是否采取了相应的防范措施等

序号	关键点名称	关键点说明
关键点3	有效的投资项目执行	1．对投资项目派驻具有规定资质的人员，并赋予其相应的权利和职责，对项目进行跟踪管理 2．定期组织人员进行投资质量分析，定期与被投资的企业核对账目，计算收益。还应制定投资备查登记簿，以便公司随时掌握长期或短期的投资状况 3．项目执行过程中出现异常且不可控的情形时，应及时上报相关领导
关键点4	投资处置工作规范化	1．财务相关人员在编制投资处置报告前要对投资项目情况进行科学的分析 2．投资处理的标准必须客观、严谨，对投资资产的处理必须按照权限逐级审批，不应越级审批
关键点5	合理规避投资风险	1．对各种风险进行全面而周密的分析，加强对投资风险的预测 2．尽量避免与风险有关的投资活动，加强对投资风险的控制 3．适当分散和转移风险，加强风险财务处理

8.4.2 财务融资目标任务落实关键

财务融资是指以企业为主体融通资金，使企业及其内部各环节之间资金供求由不平衡到平衡的动态过程。企业融资不及时会导致资金短缺，不能满足企业生产和经营发展的需要，融资决策失误，可能会造成资金冗余或债务结构不合理，导致融资成本过高。企业在落实财务融资目标任务时应把握以下关键，如表 8-14 所示。

表 8-14 目标任务落实关键点说明表

序号	关键点名称	关键点说明
关键点1	编制合理的融资方案	1．根据企业的融资目标和规划，结合年度全面预算，分析企业的资金需求，合理预测融资数量，以使融资额与需求额相符 2．明确融资用途、规模、结构、期限和方式等，拟定融资方案 3．相关人员应检查所确定的融资方案是否具有全面性、可行性和操作性
关键点2	准确进行融资风险评估	1．成立融资风险评估小组，确定风险评估标准和评估方法 2．合理分析风险形成的内部原因和外部原因，并形成《风险分析评估报告》
关键点3	有效的融资执行	1．严格按照融资方案的内容拟定融资合同或协议 2．上级领导及法律顾问应对拟定的融资合同或协议进行审核，以确保合同的合法性、完整性和合理性 3．融资合同或协议签订后，相关人员需及时核实资金的到账情况，发现异常，及时汇报 4．根据融资合同或协议中的相关规定，融资主管与专员应加强监督融资资金的使用情况，提高资金的使用效率
关键点4	合理的融资偿付管理	1．公司财务部应根据公司的财务状况合理安排借款的偿还期及归还借款的资金来源 2．相关人员在接到偿付清单和记账凭证后，需认真核对清单上的金额，并按照要求办理偿付手续

8.4.3 财务风险目标任务落实关键

财务风险产生的原因既有企业外部的原因，也有企业自身的原因。企业财务管理宏观环境的复杂性、财务决策缺乏科学性、财务管理人员对风险的认识不足、企业内部财务关系不明等都会产生财务风险。企业应合理的规避预算风险、成本和费用风险等，以实现财务目标。企业在落实财务风险目标任务时应把握以下关键，如表8-15所示。

表8-15 财务风险目标任务落实关键点说明表

序号	关键点名称	关键点说明
关键点1	做好财务风险的控制工作	1. 建立财务预警分析指标体系，防范财务风险的产生 2. 确立财务分析指标体系，根据实际情况建立短期或长期财务预警系统 3. 树立风险意识，健全内程序，降低或有负债的潜在风险
关键点2	规避预算风险	1. 建立预算工作岗位责任制，明确相关人员的职责、权限等 2. 加强对预算调整的控制，保证预算的调整依据充分、调整方案合理、调整程序规范 3. 建立预算执行分析、审计、考核等体系，确保预算的科学性、合理性
关键点3	规避资产风险	1. 建立固定资产业务的岗位职责制和授权审批制度 2. 加强固定资产的日常管理，明确固定资产的处置范围、标准和审批权限等，保证固定资产的安全与完整 3. 科学设置无形资产管理机构，明确无形资产管理业务中的审批程序 4. 加强无形资产的日常管理，明确无形资产的处置范围、标准和审批权限，避免无形资产流失或浪费
关键点4	规避成本和费用风险	1. 科学、合理地设置成本费用管控机构，明确机构中人员的职责分工 2. 成本费用的预测、决策、预算、控制、考核等应有标准化的流程和制度
关键点5	规避财务信息化风险	1. 财务信息系统的开发、变更和维护应该清晰、合理 2. 财务信息系统操作管理、数据管理、财务信息化档案管理应当完善

8.4.4 资金营运目标任务落实关键

企业应统筹协调生产经营过程中的资金需求，做好资金在采购、生产、销售等环节的平衡，全面提升资金营运的效率。企业内部资金调度的不合理，可能导致企业陷入财务困境，资金活动管理、控制不严格，也可能会导致资金被非法挪用、侵占等。企业在落实财务风险目标任务时应把握以下关键，如表8-16所示。

表8-16 资金营运目标任务落实关键点说明表

序号	关键点名称	关键点说明
关键点1	加强和完善现金管理	1. 遵守国家关于现金的管理规定。国家关于现金的管理制度主要包括：现金的使用范围；库存现金的限额；现金的存取规定等 2. 要建立企业内部的关于现金管理的制度 3. 企业应当建立健全现金账目，逐笔记载现金支付。账目应当日清月结，账款相符。现金的收支必须坚持"收有凭，支有据"，堵塞一切由于现金收支不清、手续不全而出现的漏洞

序号	关键点名称	关键点说明
关键点1	加强和完善现金管理	4．应控制好现金的持有规模，在办理现金付款手续时，应认真审查原始凭证的准确性和真实性 5．选取诚实可信、工作责任心强、业务熟练的人员来保管现金，超过企业规定的库存限额以外的现金应及时送存银行
关键点2	加强和完善银行存款管理	1．做好企业基本存款账户、一般存款账户、专用存款账户、临时存款账户的管理工作 2．企业相关人员应按照账户管理规定使用银行结算账户办理结算业务，不得出租、出借银行结算账户，不得利用银行结算账户套取银行信用或进行洗钱活动 3．相关人员应加强对预留银行签章的管理；相关责任人收到对账单或对账信息后，应及时核对账务并在规定期限内向银行发出对账回单 4．企业因各种原因要撤销银行结算账户，必须与开户银行核对银行结算账户存款余额，交回各种重要空白票据及结算凭证和开户许可证
关键点3	加强和完善应收账款的管理	1．对企业未来销售前景和市场情况进行预测和判断，对应收账款的安全性进行调查，并制定科学、合理的应收账款信用政策 2．坚定不移地催收应收账款，定期公布往来欠款；用折扣和订量换取应收账款的回收，将折扣和应收账款、扩大订货量、付现款挂钩 3．在应收账款明细账中清晰地记载坏账的核销，对已经核销的坏账进行专门管理

8.5 人力事项目标任务落实

8.5.1 人才引进目标任务落实关键

作为生产力中重要组成部分的知识，成为决定企业生存和发展的重要资源，同时拥有这样技能知识的人才将成为社会发展的核心资本。企业的前进，壮大、组织的发展，归根结底都是依赖于人们的推动，依赖于员工团队智囊的发挥和有效的作用。人才引进是当下中小微企业急需解决的人力资源问题。企业在落实人才引进目标任务时应把握以下关键，如表 8-17 所示。

表 8-17　人才引进目标任务落实关键点说明表

序号	关键点名称	关键点说明
关键点1	创造吸引人才的薪酬福利条件	1．对于中小微企业而言，一套有自己特色的、灵活的薪酬制度，是创造吸引人才的先决条件 2．要以建立现代企业制度为契机，制定灵活多样且具有吸引力的产、股权政策，在企业内部构建起新的"利益共同体"，激发人才的创造性 3．应积极参与社会福利制度的改革和建设，按照法律的规定，根据自身条件，努力建立较为完善的福利保障制度

序号	关键点名称	关键点说明
关键点2	拥有吸引人才的职位策略	1. 结合企业内部的情况，根据人才自身的素质和经验，依照企业的战略目标，为人才提供具有挑战性的职位 2. 在企业内部形成良好的人才竞争机制，依据"能者上，庸者下"的原则，采取公开、公平、竞争上岗
关键点3	拥有人才引进的优势理念	企业应秉承"找到最合适的人，使其从事最合适的事，并让他们做的高兴、有成就感"的人才引进理念 1. 合适的人：企业应建立科学的人才评估体系，以完成对人才道德、技术、能力等方面的测评工作，为选择合适的人才提供依据 2. 合适的事：企业应建立科学的岗位胜任素质模型，通过对人才素质的分析，实现人才的合理配置和动态调整 3. 做的高兴，有成就感：企业应根据人才的素质特征、从事的岗位、需达到的岗位目标等，为人才能力的发挥提供各种资源支持
关键点4	把握好招聘中的关键责权	一次有效的招聘，可以节省招聘成本，在招聘前，应准确地把握人力资源部、用人部门和上级主管的相应职责和权利，一般而言，其权利如下 1. 人力资源部：招聘的组织者，拥有初次筛选权、否决权，而无决定权 2. 用人部门：负责应聘人员的面试、评价，对其技能的决定权 3. 上级主管：对招聘结果可以存有异议，并有提出复试或要求重新选择人才的权利
关键点5	从战略上重视人才	企业文化是企业发展的凝聚剂和催化剂，对员工具有导向、凝聚和激励的作用。企业应建立符合公司发展战略的企业文化，并加强企业文化的宣传文化，从人力资源战略上、管理机制上、管理方式上解决人才引进出现的问题

8.5.2　人才培养目标任务落实关键

人才培养在企业人力资源管理中具有极为重要的地位和作用，它是在人才需求分析的基础上，从企业总体发展战略的全局出发，根据企业各种人才培养资源的配置情况，对人才进行培养的一系列安排。人才培养精密详细、科学合理的程度，决定了企业人力资源开发的成败。企业在落实人才培养目标任务时应把握以下关键，如表 8-18 所示。

表 8-18　人才培养目标任务落实关键点说明表

序号	关键点名称	关键点说明
关键点1	完善企业人才培养体系建设	1. 结合建立现代企业制度，推动建立和完善企业员工培训制度，将企业职工培训纳入企业发展总体规划 2. 改革培养模式，建立人才校企合作培养制度。推动本企业和高等院校联合培养重点人才 3. 加快建立健全以职业能力为导向，业绩和贡献为重点，注重职业道德和职业知识水平的人才评价体系
关键点2	建立人才的培养机制	1. 做到同步培养与超前培养并举：企业培养人才既要面向未来的发展目标，同时又不能离开现实目标的需要

序号	关键点名称	关键点说明
关键点2	建立人才的培养机制	2. 做到通才与专才并举：在企业发展的各个阶段，通才与专才都是并存且互补的人才。因此，通才培养与专才培养都是企业必须兼顾的人才培养模式与人才培养目标。只要认识到位，要实现这种模式与目标的兼顾并不是难事 3. 选择合适的培养方式：做到教学内容少而精，因材施教、对症下药，强调启发式教学，强调教学与研究相结合，强调教学合一、精讲多练
关键点3	做好人才培养规划	1. 人才培养规划作为实现企业人力资源开发的目标，满足人才培养需求的活动实施方案，在制定过程中应坚持系统性、标准化、有效性的原则 2. 一份完整的人才培养规划应包括培养目的、对象、内容、范围、规模、时间、费用等
关键点4	明确的人才培养内容	通过分析企业的战略形势、企业当前目标与行为的差距、员工工作行为与岗位绩效的差异、组织任务与胜任能力的差异等，制定明确的、有针对性的培养内容
关键点5	合理设计培训课程	1. 培训课程既是一宗教育活动，又是企业的一种生产行为。培训课程的设计要符合企业和学员的需求，要符合成人学员的认知规律，要体现企业培养人才的基本目标等 2. 对开展培训的环境及条件进行分析，以针对环境特点设计课程内容和选择教学方法
关键点6	开发企业培训资源	1. 合理设计培训中使用到的印刷材料，如工作任务表、岗位指南、测验试卷、培训者教材等 2. 正确选择培训教师，根据企业实际情况，确定适当的内部和外部教师的比例，做到内外搭配、相互学习、取长补短 3. 组织编写适合学员实际的、先进的、实用的教材

8.5.3 人才晋升目标任务落实关键

人才晋升是员工在企业中由低级岗位向更高级别岗位变动的过程。晋升是一种承认和开发员工能力的重要方法，它通常能使员工获得更多的报酬，也能使其肩负更大的责任，这种责任会使员工有很大的自我成就感和满足感。企业在落实人才晋升目标任务时应把握以下关键，如表 8-19 所示。

表 8-19　人才晋升目标任务落实关键点说明表

序号	关键点名称	关键点说明
关键点1	选择并采取有效的晋升策略	企业应从自身特点出发，选择和制定适当的人才晋升策略，具体而言，可供选择的晋升策略有：以员工实际绩效为依据的晋升策略、以员工竞争能力为依据的竞争策略、以员工综合实力为依据的晋升策略
关键点2	完善配套措施	实施晋升策略，还应完善以下配套措施 1. 一旦出现晋升机会，管理者首先要考虑从企业内部来填补空缺，这是对企业现有员工的一种有效激励 2. 建立并完善企业工作岗位分析、评价与分类制度，通过岗位分析，明确各岗位的工作职责、权利、内容和工作标准等，描绘合理的岗位晋升路线图

序号	关键点名称	关键点说明
关键点2	完善配套措施	3．企业定期公布内部岗位空缺情况，吸引优秀员工竞聘该空缺岗位，尽量减少岗位空缺可能带来的损失 4．企业应制定正确的人才晋升政策，完善人才晋升的工作程序，实现人才晋升工作的规范化和正规化
关键点3	做好员工晋升管理工作	1．为使晋升活动有计划地进行，企业应建立并完善人才信息系统，通过该系统能够使相关领导对员工的个人资料有大体的了解 2．企业应根据自身情况，设计开发出针对不同员工的晋升程序 3．在组织晋升的过程中，为保证晋升工作的公正性和公平性，应采取配对比较法、主管评定法、升等考试法、综合选拔法等来选拔晋升候选人

8.5.4　人才考核目标任务落实关键

人才考核具有评定功能，它能够把被考核者的行为特征与某种标准进行比较，以确定被考核者的素质构成和成熟水平。人才考核具有预测功能，通过对被考核者过去及现在大量行为表征进行了解与概括的基础上，能够判断将来其素质表征运动群的行为特征和倾向。

有效的人才考核有助于人才的理性选拔、有助于人才的合理配置、有助于人才的有效开发、有利于团队建设。企业在落实人才考核目标任务时应把握以下关键，如表8-20所示。

表8-20　人才考核目标任务落实关键点说明表

序号	关键点名称	关键点说明
关键点1	制订合理的考核计划	根据企业现状和人才考核目的，根据考核对象，确定人才考核的周期、内容和方法等 1．人才考核的周期：一般在考核计划设计时都要明确规定考核评的周期。考核周期的确定一般会受到考核目的、工作任务、工作性质、奖金发放周期等因素的影响 2．人才考核的内容：考核的内容有多种，如业绩考核、品德考核、态度考核等，应根据实际情况做出选择 3．人才考核的方法：人才考核的方法有很多，概括起来主要有笔试法、面试法、测量法和情景模拟法等，在选择人才考核方法时应对各种考核方法的效度、公平程度、可用性和成本有较好的了解，然后根据一定的选择依据来选择 4．需要注意的是：在实践中，岗位本身对人才素质的要求是多元化的，有时单一的考核方法往往不能满足岗位考核的需求，此时需要将某些考核方法组合起来使用
关键点2	建立人才考核指标标准体系	在人才考核指标标准体系中，结构性指标、行为环境指标和工作绩效指标等比较全面的构筑了人员测评要素体系的基本模式

序号	关键点名称	关键点说明
关键点2	建立人才考核指标标准体系	1．人才考核指标是指能够反映出被考核者特定属性的一系列考察要素或维度，是考核指标标准体系的基本单位。良好的考核指标应具备内涵明确、词义清晰、直观性强、有针对性等特性 2．权重是指每个考核指标在考核体系中的相对重要性，或考核指标在一定量的总分中应占的比重。考核指标权重是相对考核指标来确立的，指标权重的选择，实际也是对人才考核指标进行排序的过程
关键点3	做好人才考核的评价工作	1．考评官在评价过程中，应综合使用"问""听""察""析""判""评"等技巧，在评价被考核者时应坚持客观性、真实性的原则，避免晕轮误差与近因效应、暗示误差、个人偏见等 2．绩效评价时应坚持以下原则：与企业文化和管理理念相一致原则，公平、公正性原则，公开、透明原则，标准化和灵活性相结合的原则，可行性原则等 3．常见的评价方式包括：量表评测法、配对比较法、强制分步法、目标管理法、360度考核法等
关键点4	做好考核反馈与改进工作	1．反馈者应客观、全面地描述员工在考核周期内的工作业绩（好的方面和差的方面）和行为表现（如工作态度、工作能力）等，以使员工了解自己在考核周期内工作上的优点和缺点 2．通过对考核结果的反馈，总结绩效达成的经验，找出绩效未能有效达成的原因，为以后更好地完成工作打下基础 3．人才考核的最终目的是改善绩效。反馈者与员工一起分析考核结果不佳的原因，并设法帮助员工提出具体的改进措施后，形成书面的改进计划
关键点5	做好考核结果的应用	考核结果可以应用在绩效改进、绩效提升和绩效奖惩等方面。绩效奖惩主要是与人力资源管理相关的一些决策，如在薪酬的变动中的应用、在职位异动中的应用、在员工培训中的应用等

第 9 章

中小微企业目标任务绩效考核

9.1 目标任务绩效考核量表

9.1.1 销售目标任务绩效考核量表

销售目标任务绩效考核量表如表 9-1 所示。

表 9-1 销售目标任务绩效考核量表

销售目标任务绩效考核量表				考核日期		
被考核人				考核人		
考核项目	考核指标	分值	权重	考核量化标准		得分
销售额管理	销售额增长率	15	40%	考核期内，销售额增长率达到__%		X_1
	销售目标达成率	15		考核期内，销售目标达成率达到__%		X_2
回款管理	销售回款率	10	15%	考核期内，销售回款率达到__%		X_3
	坏账率	10		考核期内，坏账率低于__%		X_4
费用管理	销售费用率	10	15%	考核期内，销售费用率低于__%		X_5
	预算达成率	5		考核期内，费用预算达成率达到__%		X_6
销售方案合同管理	销售合同履约率	10	10%	考核期内，销售合同履约率达到__%		X_7
	方案预期目标实现率	5		考核期内，方案预期目标实现率达到__%		X_8
客户管理	客户增长率	5	20%	考核期内，客户增长率达到__%		X_9
	核心客户流失率	10		考核期内，核心客户流失率低于__%		X_{10}
	客户满意度	5		考核期内，客户满意度达到__%		X_{11}
计算公式	考核得分= （X_1+ X_2）×40%+…+ （X_9+ X_{10}+ X_{11}）×20%				考核得分	
被考核人			考核人		复核人	
签字：_____ 日期：_____			签字：_____ 日期：_____		签字：_____ 日期：_____	

9.1.2 生产目标任务绩效考核量表

生产目标任务绩效考核量表如表 9-2 所示。

表 9-2 生产目标任务绩效考核量表

生产目标任务绩效考核量表				考核日期	
被考核人				考核人	
考核项目	考核指标	分值	权重	考核量化标准	得分
生产计划及补货执行情况	生产计划完成率	15	40%	考核期内，生产计划完成率达到__%	X_1
	交期达成率	15		考核期内，交期达成率达到__%	X_2
	补货订单达成率	10		考核期内，补货订单达成率达到__%	X_3
成本控制	生产成本降低率	10	15%	考核期内，生产成本降低率达到__%	X_4
产品质量及生产率管理	产品质量合格率	10	20%	考核期内，产品质量合格率达到__%	X_5
	平均劳动生产率	10		考核期内，员工评价劳动生产率达到__%	X_6
设备利用及事故控制管理	设备利用率	10	10%	考核期内，设备利用率达到__%	X_7
	安全生产事故次数	5		考核期内，发生安全生产事故的次数不超过__次	X_8
员工管理	员工技能考核通过率	5	10%	考核期内，员工技能考核通过率达到__%	X_9
	核心员工流失率	5		考核期内，核心员工流失率达到__%	X_{10}
工作满意度管理	客户满意度	5	5%	考核期内，合作单位部门工作满意度达到__%	X_{11}
计算公式	考核得分＝（X_1+ X_2 +X_3）×40%+…+ X_{11}×5%			考核得分	
被考核人		考核人		复核人	
签字：_____ 日期：_____		签字：_____ 日期：_____		签字：_____ 日期：_____	

9.1.3 采购目标任务绩效考核量表

采购目标任务绩效考核量表如表 9-3 所示。

表 9-3 采购目标任务绩效考核量表

采购目标任务绩效考核量表				考核日期	
被考核人				考核人	
考核项目	考核指标	分值	权重	考核量化标准	得分
采购计划及成本控制	采购计划完成率	10	30%	考核期内，采购计划完成率达到__%	X_1
	采购成本降低率	10		考核期内，采购成本降低率达到__%	X_2
采购效率及质量控制	物品采购及时率	10	20%	考核期内，物品采购及时率达到__%	X_3
	采购物资合格率	10		考核期内，采购物资合格率达到__%	X_4
	原材料库存周转率	5		考核期内，原材料库存周转率达到__%	X_5

考核项目	考核指标	分值	权重	考核量化标准	得分
供应商管理	供应商履约率	10	25%	考核期内，供应商履约率达到__%	X_6
	供应商开发增长率	10		考核期内，供应商开发增长率达到__%	X_7
	供应商资料完整性	5		考核期内，供应商资料不能存在缺失项	X_8
员工管理	核心员工流失率	5	10%	考核期内，核心员工流失率低于__%	X_9
	培训计划完成率	5		考核期内，员工培训计划完成率达到__%	X_{11}
工作能力	谈判能力	5	10%	1．有丰富的谈判知识，能独立谈判得5分 2．有谈判知识，需领导配合谈判得3分 3．有基本的谈判知识，无法独立谈判得1分	X_{12}
	关注细节能力	5		1．能预见可能发生的细节问题，并提前给予控制得5分 2．能关注细节问题并提供解决办法得3分 3．能预见或发现工作中的细节问题，但不能解决得1分	X_{13}
工作态度	纪律性	5	5%	1．能遵守制度，严于律己，品行端正，并起到监督指导他人的作用得5分 2．能遵守制度，严于律己，品行端正得3分 3．偶尔有影响个人品行的行为发生，得1分	X_{14}
	主动性	5		1．工作非常积极，总能主动完成工作得5分 2．工作比较积极，偶尔出现拖延现象得3分 3．工作积极性一般，经常需要上级督促才能完成得1分	X_{15}
计算公式	考核得分＝（X_1+X_2）×30%+…+（X_{14}+X_{15}）×5%			考核得分	

被考核人		考核人		复核人	
签字：_____	日期：_____	签字：_____	日期：_____	签字：_____	日期：_____

9.1.4　财务目标任务绩效考核量表

财务目标任务绩效考核量表如表9-4所示。

表9-4　财务目标任务绩效考核量表

财务目标任务绩效考核量表				考核日期	
被考核人				考核人	
考核项目	考核指标	分值	权重	考核量化标准	得分
费用控制	费用预算达成率	10	25%	考核期内，费用预算达成率达到__%	X_1
	管理费用降低率	5		考核期内，管理费用降低率达到__%	X_2
资产收益及投融资管理	净资产收益率	10	25%	考核期内，净资产收益率达到__%	X_3
	投融资计划完成率	5		考核期内，投融资计划完成率达到__%	X_4
账务资料管理	账务处理及时率	10	15%	考核期内，各种账务处理及时率达到__%	X_5
	分析报告提交及时性	5		考核期内，分析报告提交及时性达到__%	X_6
	财务资料完好性	10		考核期内，财务资料完好性达到__%	X_7

考核项目	考核指标	分值	权重	考核量化标准	得分
部门培训管理	员工培训考核通过率	5	5%	考核期内，员工培训考核通过率达到__%	X_8
	部门培训计划完成率	5		考核期内，部门培训计划完成率达到__%	X_9
工作满意度管理	合作单位满意度	5	5%	考核期内，合作单位工作满意度达到__%	X_{10}
工作能力	理财能力	5	15%	能根据公司要求编制财务预算及时率达到__%，且内容编排全面、合理性达__%	X_{11}
	分析能力	5		具备财务数据分析以及公司财务动态预测的能力准确率达到__%	X_{12}
	沟通能力	5		在成本控制、资产管理等方面与其他部门深入沟通，意见一致性达到100%	X_{13}
	外部协调能力	5		与税务、审计、银行等部门沟通、协调顺畅，力求现实问题解决率达到__%	X_{14}
工作态度	进取敬业	5	10%	积极进取，追求卓越，工作细致、严谨、恪守职责，避免重大失误发生	X_{15}
	守法自律	5		遵守公司规章制度和国家法律，注重自身形象建设，杜绝违规违纪行为发生	X_{16}
计算公式	考核得分＝ （X_1＋X_2）×25%＋…＋X_{16}×10%			考核得分	

被考核人		考核人		复核人	
签字：_____	日期：_____	签字：_____	日期：_____	签字：_____	日期：_____

9.1.5　人力目标任务绩效考核量表

人力目标任务绩效考核量表如表 9-5 所示。

表 9-5　人力目标任务绩效考核量表

人力目标任务绩效考核量表				考核日期	
被考核人				考核人	
考核项目	考核指标	分值	权重	考核量化标准	得分
财务指标	管理费用预算控制率	10	15%	考核期内，管理费用预算控制率达到__%	X_1
	招聘费用预算控制率	10		考核期内，招聘费用预算控制率达到__%	X_2
内部运营指标	人力流程改进达成率	15	40%	考核期内，人力管理流程改进目标达成率达到__%	X_3
	规划方案提交及时率	10		考核期内，规划方案提交及时率达到__%	X_4
	考核计划按时完成率	10		考核期内，员工绩效考核计划按时完成率达到__%	X_5
	招聘计划完成率	10		考核期内，招聘计划完成率达到__%	X_6
学习与发展指标	核心员工流失率	10	30%	考核期内，核心员工流失率低于__%	X_7
	员工任职资格达标率	5		考核期内，员工任职资格达标率达到__%	X_8
	员工培训计划完成率	10		考核期内，部门培训计划完成率达到__%	X_9
客户指标	合作部门满意度	10	15%	考核期内，合作部门满意度达到__%	X_{10}
计算公式	考核得分＝ （X_1＋X_2）×15%＋…＋X_{10}×15%			考核得分	

被考核人		考核人		复核人	
签字：_____	日期：_____	签字：_____	日期：_____	签字：_____	日期：_____

9.2 目标任务绩效考核方案

9.2.1 销售目标任务绩效考核方案

销售目标任务绩效考核方案

编　号：　　　　编制部门：　　　　审批人员：　　　　审批日期：＿＿＿年＿＿月＿＿日

一、方案背景

近期发现公司销售人员工作积极性不强，迟到、早退现象普遍，销售业绩迟不前，经人力资源部调查了解发现，销售人员反映我公司对销售业绩评估缺乏客观性和科学性，业绩做得好与做得坏，最终结果并无两样。

因此，公司领导要求人力资源部完善绩效考核体系，增强销售目标绩效的客观性与科学性，为销售人员的业绩提供客观的评价，为销售人员的晋升、薪资调整、培训发展提供客观依据。

二、考核原则

（一）客观、公开、公平、公正原则。

（二）定性考核与定量考核相结合的原则。

三、考核周期

（一）季度考核

季度考核主要是针对某一自然季度销售目标的达成情况进行考核，考核周期为每个自然季度。可用于决定销售人员季度绩效工资的发放。

（二）年度考核

年度考核主要是针对自然年度的销售目标任务的达成情况。年度销售目标任务考核的结果可用于销售人员年度绩效工资的发放。

四、考核主体

对销售目标的考核涉及销售岗位及销售管理岗位的所有人员，如销售总监，销售经理，销售主管，销售员，导购人员等。

五、考核内容及量化方法

（一）考核内容

对销售目标的考核因岗位性质不同，考核内容而有所不同，主要涉及以下内容。

销售目标考核内容

岗位	举例	考核内容
管理岗	销售总监、销售经理	销售目标达成，销售回款管理，销售费用控制，重要客户管理，核心员工管理，市场份额增加、部门员工培训，销售方案制定等
普通岗	销售员、导购员、促销员	销售计划执行，销售回款执行，促销方案指定与执行，新客户开发，销售费用控制，销售额增长管理，销售费用控制等，客户投诉处理、销售信息收集

（二）量化方法

对销售目标考核涉及的指标包括定性指标和定量指标，因指标的性质不同可采取不同的量化方法，具体做法如下表所示。

指标量化方法

指标性质	举例说明	量化方法
定性指标	如正确性，及时性，完整性	化成可量化因素如差错次数，推迟天数，缺失项数
定量指标	如完成率、控制率、节省率等	通过数学划算或统计计算进行结果衡量

六、考核实施

对销售目标任务的考核主要采取KPI考核与360度考核相结合的方法。季度考核中，以KPI考核为主；年度绩效考核则选用360度考核，即上级、同级、下级及本人4个层次进行评估，以加强考销售人员在销售管理、组织、销售与沟通等方面的综合能力。4种考核方式所占的比重，如下表所示。

360度考核各方比重分配

考核者	上级	同级	下级	自我评价
权重分配	45%	30%	20%	5%

（一）上级考核

上级考核是指由被考核对象的直接上级，对被考核者打分。比如，公司高层领导负责对销售部经理的销售目标达成情况进行考核。销售员工由本部门最高领导对销售目标达成情况考核。

（二）同级考核

同级是指与被考核人员级别相同，而又有一定的工作较差的人员，对被考核人员的工作内容、工作态度及工作能力及有一定的了解，能给出比较客观的评价。

（三）下级考核

下级考核是指受被考核人员管辖或领导的人员，该类人员对被考核人员，工作能力，工作态度及工作方式，都比较了解，因而有一定的发言权。

（四）自我评价

自我评价是指被考核人员根据考核期自己的绩效表现进行自我反省，做出客观的评价。自我评价能有效帮助被考核者正确认识自我，正视自己的能力，并暗自努力达成业绩目标。

七、考核结果应用

在考核期结束时，根据考核结果，可用于以下工作安排。

（一）绩效面谈

通过绩效面谈，考核者和被考核者进行销售目标达成情况总结，并根据被考核者有待改进的地方，提出绩效改进、提高的期望与措施，同时共同制定下期的绩效目标。

（二）绩效奖金发放

每一期绩效考核结束后，人力资源部将根据最终确定的绩效考核结果核算当期绩效工资和奖金，并转交财务部发放。

（三）绩效辅导

销售部考核管理人员针对销售目标考核过程中发现的问题，制订相应的日常工作辅导计划；通过辅导及时完善业务的薄弱环节，确保绩效考核结果持续改进，确保部门的绩效考核成绩不断提升。

实施对象：   实施日期：_____年__月__日

9.2.2 生产目标任务绩效考核方案

生产目标任务绩效考核方案

编　号：　　　　编制部门：　　　　审批人员：　　　　审批日期：_____年__月__日

一、背景描述

通过对上年度公司生产任务完成情况进行回顾、总结，发现公司生产任务完成率仅为生产预定目标的85%，经公司中高层管理人员多次分析研讨发现公司的生产管理工作很多个环节都存在漏洞，为此公司领导要求人力资源部及生产部要对生产管理各个环节逐步完善，逐步排查。

二、考核周期

对生产目标任务的考核主要采取季度考核、半年考核和年度考核相结合的形式。

三、考核原则

对生产目标任务的考核遵循以下3项原则。

（一）结果考核为主，行为考核为辅

在考核中如果过于强调对行为的考核，会带来一系列的错误导向。因为这样，员工会更关心做事的方式，而不是做事的结果。

（二）外部评价为主，内部评价为辅

过分强调内部评价是很危险的，因为内部评价很可能不太关心生产对企业的实际价值，评价的目的应该强调外评。

（三）价值评价为主，产出评估为辅

对生产产出进行评估是不够的，必须对生产为企业带来的价值进行评估，生产的效果更重要地体现在新产品的开发价值上。

四、考核主体

对生产目标的考核涉及的岗位包括生产部所有人员。

五、考核内容

对生产目标的考核主要针对以下内容展开，如下表所示，再结合不同岗位的工作职责分别选取相应的关键业绩指标。

生产目标考核涉及的主要指标

指标	定义或说明	资料来源
生产计划完成率	$\dfrac{实际生产量}{计划生产量}\times100\%$	生产计划完成情况
交期达成率	$\dfrac{交期达成批数}{交货总批数}\times100\%$	交货记录表
补货订单达成率	$\dfrac{补货订单按时按量执行\ 数}{补货订单总数}\times100\%$	补货完成记录表
生产成本降低率	$\dfrac{上期生产成本-当期生产成本}{上期生产成本}\times100\%$	财务报表
产品质量合格率	$\dfrac{合格产品数量}{产品总数量}\times100\%$	产品验货登记
平均劳动生产率	$\dfrac{工业产值}{全部职工平均人数}\times100\%$	产值和人员盘点表
设备利用率	$\dfrac{全部设备实际工作时数}{设备工作总时数}\times100\%$	设备使用统计表
安全生产事故次数	考核期内生产安全事故发生的次数	事故发生记录表
核心员工流失率	$\dfrac{核心员工流失数量}{核心员工总数}\times100\%$	员工异动表

六、考核指标提取

（一）指标的提取依据

1. 根据企业年度生产计划目标，分解形成生产部各月生产目标，再分解到每个人。

2. 根据每个人的生产目标，结合各个岗位的工作内容及工作性质，初步确定各岗位的考核要素。

3. 综合考虑员工在某项工作流程中的角色、责任大小及与上下环节之间的关系，来确定每个岗位的绩效考核量化指标。

（二）指标的数据来源

生产部考核指标数据主要来源于两个方面。

1. 企业内部生产部及其他业务合作部门提供的数据。

2. 与本企业有业务联系的外部部门或单位提供的数据。

（三）指标的提取步骤

指标的提取一般采用自上而下法，具体包括以下步骤。

1．企业生产目标的分解、量化。

2．编制企业的考核指标。

3．编制生产部的考核指标。

4．编制生产部各岗位的考核指标。

5．构建生产部的指标体系。

6．生产部指标体系修订完善。

七、考核实施

对生产目标任务的考核，共包括3个阶段，具体内容如下表所示。

考核实施程序

程序	实施内容
计划沟通阶段	1．每月1号至___号考核者与被考核者对上个考核期目标完成情况和绩效考核回顾 2．考核者与被考核者对考核期的目标、重点进行了解
计划实施阶段	考核者对被考核者的工作进行指导监督，及时处理被考核者出现的问题
考核阶段	1．考核者对被考核者进行绩效评估 2．人力资源部和被考核的直属上级对考核结果进行评审，负责处理考核过程中的争议 3．人力资源部把考核结果反馈于被考核者，由考核者和被考核者进行沟通，并讨论绩效改进的方式和途径

八、绩效申诉

（一）申诉的范围

在对生产目标任务考核实施过程中，出现以下情况时生产人员均可以进行申诉。

1．对自己考核结果或考核过程不满或有异议。

2．对他人考核过程不满或有异议。

3．考核人考核操作不规范。

（二）申诉途径选择

生产人员申诉可直接向人力资源部递交申诉书或通过企业公布的电话或邮箱进行申诉。

（三）申诉处理的注意事项

申诉问题处理不当，很可能为企业带来法律上的纠纷，因此人力资源部在处理绩效考核申诉问题时应注意以下3点。

1．人力资源部人员应尽量与申诉人达成绩效共识。

2．申诉处理过程中人力资源部应注意多方面收集与绩效申诉相关的信息，避免仅听一家之辞。

3．绩效申诉沟通结束后，请申诉人在申诉处理方案上签字认可并备案，作为员工关系处理的证据。

实施对象：　　　　　　　　　　　　　　　　　　　　　　实施日期：____年__月__日

9.2.3 采购目标任务绩效考核方案

采购目标任务绩效考核方案

编　号：　　　　　编制部门：　　　　　审批人员：　　　　　审批日期：____年__月__日

一、考核前期准备

（一）考核方法选择

1．考核方法选择原则

对采购目标的考核遵循以下原则。

（1）成果产出可以有效进行测量的工作，采用结果导向型考评方法。

（2）考评者有机会，有时间观察下属需要考评的行为时，采用行为导向型考评方法。

2．考核方法介绍

根据采购人员的工作特点，对采购目标任务的考核主要采用目标管理法和行为锚定法两种方法相结合。

（1）目标管理法

目标管理法具有滞后性、短期性和表现性等特点，它较适用于工作成果可以计量的工作岗位，目标管理法操作遵循以下步骤，如下表所示。

目标管理法的操作步骤及内容

操作步骤	操作内容
确定总体目标和具体目标	所有目标必须明确、具体、可计量，每一层次的每一个员工都要以总体目标为前提，形成各自具体的执行目标
制定计划和业绩标准	目标确定以后，制定达到目标的具体计划和执行计划中的业绩评价标准，在计划执行中的各个过程、步骤实施情况做出评价
业绩评价	对照设定的目标和业绩评价标准，对员工完成目标的情进行具体的评价
调整与反馈	通过业绩评价，员工找出实际工作业绩与预定目标之间的距离，分析这些差距，并通过调整工作方法等手段，努力完成各自目标

（2）行为锚定法

行为锚定法的操作思路是，描述职务工作可能发生的各种典型行为，对行为的不同情况进行度量评分，在此基础上建立锚定评分表，作为员工绩效考评的依据，对员工的实际工作行为进行测评给分。行为锚定法通常按以下5个步骤操作。

① 通过岗位分析寻找关键事件。

② 将关键事件归并为关键指标并初步定义绩效指标。

③ 由另一组管理人员重新分配关键事件并确定相应的绩效指标。

④ 综合确定各关键事件及相应的评价等级并按一定的规律排序。

⑤ 建立最终的行为锚定评价体系。

（二）绩效目标设定

1．部门绩效目标设定

根据公司年度运营计划和生产计划，结合采购部的实际情况，确定采购部年度绩效目标。

2．个人指标内容设定

为了使采购人员更好地完成部门绩效目标，结合采购人员岗位特点及职责要求，通过与采购人员的沟通确定采购人员的个人绩效目标。一旦确定某项指标用于绩效考核，就必须明确如何用该目标来衡量业绩。

对采购目标任务的考核针对不同岗位的工作侧重点，指标设置需要有一定的针对性，指标设定通常包括以下内容采购文档管理的规范性、采购计划准确性、采购计划达成率，采购物品质量合格率，供应商满意度，采购费用预算达成率，控制率等。

3．部门内部绩效协调

在对采购目标任务考核过程中，每个人的绩效与部门的绩效目标达成息息相关，因而采购部必须根据本部门的人员配置情况，采购市场及历史绩效情况进行综合分析，通过部门内部的沟通协调确保部门绩效指标的顺利实现。

（三）考核周期确定

由于产品的生产或研发通常是较为漫长的过程，且生产行为基本上属于批量性的，因而采购行为不会过于频繁，采用半年度与年度结合的考评频率。

二、考核实施

（一）考核实施程序

考核实施程序如下表所示。

考核实施程序

实施程序	具体内容
绩效说明	采购部主管在进入考核周期之前应与被考核人员进行绩效沟通，以明确考核目标与标准
绩效指导	考核者在考核周期内要对被考核者进行绩效指导，以帮助其随时保持正确的工作方法，以便于绩效考核目标的顺利达成
自我考评	在考核周期结束前考核者应向被考核者下发考核表，指导被考核者进行自我评价
主管考核	被考核者完成自我考核之后，上交考核表，由主管领导根据绩效目标进行考评

（二）考核结果划分

绩效考核结果根据评估分数将被划分成以下5个等级，如下表所示。

考核结果等级划分表

等级划分	卓越	优秀	良好	一般	较差
考核成绩	95分以上	90～95分	80～89分	70～79分	70分以下

（三）考核实施中的注意事项

在对采购目标具体实施绩效考核的过程中，要注意随时做好工作记录。绩效考评的资料来源主要是被考核岗位的日常工作记录、编撰文件或上报资料。经考核双方确认后的工作记录，参考资料能作为成绩评定的客观依据，实现了考核过程的客观性。

三、考核结果运用

1. 绩效改进面谈

考核者对被考评者的工作绩效进行总结，并根据被考评者有待改进的地方，提出改进、提高的期望与措施。同时共同制订下期的绩效改进计划和目标。

2. 绩效工资发放和利润分享

将采购人员绩效工资与绩效考核结果直接挂钩，以激起其工作的积极性，其具体标准如下。

（1）依据半年度考核等级，按下表所示比例享受绩效工资。

考核等级与绩效工资发放比例对照表

考核等级	卓越	优秀	良好	一般	差
发放比例	120%～150%	110%～120%	100%	80%～90%	0

（2）依据年度考核等级，按下表所示比例享受应得年终奖

考核等级与利润分享比例对照表

考核等级	卓越	优秀	良好	一般	差
发放比例	120%～150%	110%～120%	100%	50%～90%	0

3. 员工培训

（1）考核等级为卓越和优秀的员工，有资格享受公司安排的提升培训。

（2）考核等级为良好的员工，可以申请相关培训，经人力资源部批准后参加。

（3）考核等级为一般的员工，必须参加由公司安排岗位技能培训。

实施对象：　　　　　　　　　　　　　　　　　　　实施日期：____年__月__日

9.2.4　财务目标任务绩效考核方案

财务目标任务绩效考核方案

编　　号：　　　　编制部门：　　　　审批人员：　　　　审批日期：　　　年　　月　　日

一、组建考核管理团队

财务目标任务绩效考核管理小组主要由总经理、财务经理、人力资源部绩效专员共同组成。

二、考核原则

财务部的绩效考核遵循以下三大原则。

（一）三公原则。即公开、公平与公正原则。

（二）客观原则。即考核内容与成绩须客观属实，源于工作，用于工作。

（三）反馈沟通原则。绩效考核结果要用于反馈绩效表现与问题沟通。

三、考核内容

财务目标任务绩效考核除了根据岗位性质和职责不同确定考核指标外，还要参照被考核岗位的工作计划内容，考核期末根据计划完成情况总结报告来具体评定业绩达成结果，考核指标内容如下表所示。

财务目标考核指标内容

考核项目	指标内容
财务报表编制	财务报表完成率、财务报表编 质量
税金管理	税金交纳及时性
财务处理	各类账面登账、对账、结账的及时性、各类资产、账实相符
现金、账簿管理	管理的准确性、安全性
财务分析报告	提交及时性、报告质量
财务资料归档	资料的安全、完整性

四、考核实施

（一）考核频率

对财务目标任务的考核将采取季度考核结合年度考核的形式组织实施。

（二）考核方法

对财务目标任务的绩效考核方法主要采用KPI结合目标管理法。

（三）实施程序

对财务目标任务的绩效考核主要遵循以下程序，具体内容如下表所示。

考核实施程序

序号	考核程序	具实施内容
1	考前宣传	在正式开始考核之前，人力资源部对财务人员进行绩效考核沟通，明确考核目标与考核标准
2	过程指导	考核期内财务部经理要对财务人员进行绩效指导，以保证其努力方向不偏离部门目标主线，以便于财务人员个人绩效目标和部门绩效考核目标的顺利达成，人力资源部监督执行过程
3	自我评定	人力资源部在考核期结束前向财务部下发考核量表，指导财务人员对照绩效目标进行自我评价
4	领导考核	财务人员完成自我考核后上交考核量表，由直接领导对照绩效目标进行考评

五、绩效面谈

（一）面谈内容

财务目标任务考核实施完毕后应针对考核实施情况及时进行绩效面谈，面谈内容主要包括以下内容。

1. 财务部阶段性工作目标和任务完成情况。

2. 财务人员工作中表现好的地方和需要改进的地方。

3. 了解财务人员在工作中需要的帮助。

4. 让财务人员了解管理人员能为员工提供哪些帮助。

（二）面谈方法

财务人员实施绩效面谈可采取正式面谈和非正式面谈两种形式。正式面谈是指在正式场景下实施的面谈，须事先进行计划安排，并遵循一定的规则。正式面谈常用方法有会议沟通法和一对一面谈法。

1. 会议沟通

通过召开会议的形式组织员工绩效面谈，通常由较少的管理者同时面对较多的被考核员工。该形式的优点是能够满足团队交流的需要，成员之间可相互交流工作进度情况，面谈主持者可借机传递公司战略目标和组织文化信息。但该方法比较耗时耗力，容易对正常工作造成影响，有些问题不便在会议上讨论，对领导的沟通技巧要求较高。

2. 一对一沟通

即面谈负责人一次面对一个被考核者进行面谈，该方法的优点在于有利于及早发现问题和解决问题，可讨论不宜公开的观点，有利于建立融洽的关系。但该方法耗时非常长，对面谈负责人沟通技巧要求高，易带有个人感情色彩。

六、绩效改进

对财务工作实施绩效改进是指通过明确财务工作绩效的不足和差距，分析产生的原因，采取有针对性的改进计划和策略，不断提高财务绩效的过程，也即采取一系列行动提高财务工作人员的能力和绩效的过程。实施绩效改进必须从以下要点着手。

（一）分析工作绩效差距

工作绩效差距分析可采取以下三种方法，如下表所示。

绩效差距分析的方法

分析方法	方法说明
目标比较法	将考评期内财务员工的实际工作表现与绩效计划的目标进行对比，寻求工作绩效的差距和不足
水平比较法	将考评期内财务部员工的实际业绩与上一期的工作业绩进行比较，衡量和比较其进步或差距的方法
横向比较法	在财务部各成员之间进行横向比较，以发现下属员工工作绩效实际存在的差距和不足

（二）查明产生差距的原因

绩效差距产生的原因一般包括个人体力条件，心理条件，企业外部环境，企业内部环境等。

（三）实施改进绩效的策略

绩效改进的策略可采用以下3种。

1. 预防性策略与制止性策略。预防性策略是在作业前明确告诉员工应该如何做。制止性策略是及时跟踪员工的行为，及时发现问题予以纠正。

2. 正激励策略与负激励策略。正激励策略主要是鼓励，负激励策略主要是惩罚。

3. 组织变革策略与人事调整策略。针对考核中反映出的问题，及时对组织结构、作业方式、人员配置等方面进行调整。

9.2.5 人力目标任务绩效考核方案

人力目标任务绩效考核方案

编 号:	编制部门:	审批人员:	审批日期: 年 月 日

一、方案编制依据

人力部目标任务绩效考核方案的参考依据主要有以下3种。

（一）人力部门发展战略规划目标及人力部各岗位工作职责。

（二）上期绩效考核实施结果及完善意见。

（三）公司人力资源管理工作诊断。

二、考核原则

（一）效率优先，兼顾公平原则

公司对人力资源部的考核主要以工作业绩和工作成果为依据，设立清晰的绩效考核内容和评分标准，最大限度地减少考核人和被考核人之间的绩效认知差别。

（二）公开、公平、公正原则

人力部目标任务绩效考核过程必须坚持公开、公平、公正，一视同仁，注重客观事实的原则，切勿对考核结果主观臆断。

三、管理职责

人力资源部人员的绩效考核管理小组成员由总经理、人力资源部经理组成。

（一）总经理负责审批人力资源部绩效考核结果及绩效评估报告。

（二）人力资源部考核专员负责考核前期的组织培训，考核过程中监督指导，考核结果的汇总等工作。

（三）人力资源部经理负责本部门人员的绩效考核指标确定、权重确定、绩效评定、绩效面谈辅导及绩效改进等工作。

四、考核内容

人力资源部的目标任务考核内容围绕以下四大方面，十大项目。

（一）人力资源管理制度的规范性与完善程度。

（二）部门费用的达成情况。

（三）人力资源管理涉及的各种报表编制正确性和及时性。

（四）招聘工作开展的效率及人才适岗率、录用率。

（五）培训计划实施达成率，受训覆盖率等。

（六）培训费用预算控制情况。

（七）绩效管理工作开展的有效性，相关工作按计划完成情况。

（八）公司人工成本，薪酬福利预算及控制达成率。

（九）公司核心员工流失率及任职资格达标率。

（十）业务部门或合作单位对人力资源工作的满意程度。

五、考核实施

（一）考核内容量化方法

考核内容量化方法可采用数字量化法、时间量化法和行为量化法等，具体内容如下表所示。

考核内容量化方法

量化方法	具体说明
数字量化法	1. 百分比量化法。如完成率、达成率、差错率、满意度、达标率等
	2. 频率量化法。如次数、速度

量化方法	具体说明
时间量化法	有一部分绩效是可以用时间来进行量化的，如完成工作相应的时间、天数、完成期限（如办公设备出现故障必须在规定的时间内予以排除）等，用时间量化考核指标有助于企业对其阶段工作进行有效地控制
行为量化法	对于基础管理、业务支持等事务性工作很难具体化、量化的项目，可以将其流程化或行为化。比如，各种凭证、表单、报告及合同档案、账簿等档案资料处理传递情况，相关资料有没有按规定的时间传递，是否存在疏漏或错误，有没有给企业带来损失等，根据工作的完成程度确定相应的评分

（二）考核实施方法

人力资源部目标任务的绩效考核方法将采取以下3种方法相结合的方式进行考核，如下表所示。

绩效考核的实施方法

方法	解释说明
KPI	是从人力资源部被考核岗位的工作内容中，提取关键绩效指标进行考核的方法
BSC	把被考核岗位的业绩评价划分为财务、内部流程、客户及学习与发展4个维度，它不仅是一个指标评价系统，而且还是一个战略管理系统，是企业战略执行与监控的有效工具，多用于管理岗位的绩效考核
360度	是从与被考核岗位存在工作关系的多方主体那里获得被考核者的信息，并以此对被考核者进行全方位、多维度的绩效评估的过程

（三）考核实施程序

1．公司考核专员在考核期之前__个工作日，向部门人员发放"××岗位绩效考核量表"。

2．考核期结束后的第__个工作日，考核专员统一收取"××岗位绩效考核量表"。

3．考核期结束后的第__个工作日，考核专员将"××岗位绩效考核量表"发给被考核者本人进行确认。

4．被考核者如有异议由其考核者进行再确认，确认工作必须在考核期结束后的第__个工作日完成。

5．考核期结束后的第__个工作日，考核专员将考核结果反馈给各被考核者。

6．考核期结束后的第__个工作日，考核专员根据考核结果，统计考核绩效工资，报总经理处和财务部备份。

7．财务部依据公司相关规定，根据考核专员提供的绩效工资标准进行绩效工资发放。

8．考核专员组织下期绩效考核指标和方案改进及修订，上报总经理批准后在下个考核周期执行。

六、考核申诉

（一）申诉形式

被考核者如对考核结果不清楚或者持有异议，可以采取书面形式向考核专员申诉。

（二）申诉内容

员工以书面形式提交申诉书。申诉书内容包括：申诉人姓名、职务、申诉事项、申诉理由。

（三）申诉受理

考核专员接到员工申诉后，应在3个工作日内做出是否受理的答复。对于申诉事项无客观事实依据，仅凭主观臆断的申诉不予受理。

受理的申诉事件，首先由考核专员对员工申诉内容进行调查，其次与部门直接上级或共同上级进行协调、沟通，不能协调的上报总经理进行协调。

（四）申诉答复

考核专员根据申诉具体情况，在接到申诉书的10个工作日内明确答复申诉人申诉处理结果。

七、考核结果运用

1．公司授予每月绩效考核成绩前三名者"月度明星员工"称号并向其发放奖金或奖品。

2．公司每月对绩效考核结果进行归档，连续3次获得"月度明星员工"称号的员工，自动获得"年度优秀员工"称号并享受公司发放的奖金。

3．连续3次绩效考核排名在最后10%的员工，公司将对其进行调换工作岗位或者培训及其他处理。

实施对象：　　　　　　　　　　　　　　　　　　实施日期：　　　年　　月　　日

9.3　目标任务绩效考核制度

9.3.1　销售目标任务绩效考核制度

制度名称	销售目标任务绩效考核制度				
制度版本		制度编号		受控状态	□ 受控　□ 非受控
总则 **第1章**	**第1条　目的** 对销售部目标任务进行考核的目的主要在于以下7点。 1．使各岗位销售人员明确本岗位的工作职责、工作薪酬及工作目标。 2．便于监督指导销售部各岗位业绩管理情况，确保销售工作保质保量按时完成。 3．对销售部各岗位人员的工作业绩、工作能力及工作态度进行客观的评定。 4．作为销售人员绩效工资的发放，职务晋升或降职的依据之一。 5．用于指导和调整销售人员下一阶段的工作重点。 6．对销售部人员形成以考核为核心导向的人才管理机制，建造一支高素质、高凝聚力的销售团队。 7．引导销售人员加强自我管理，提高工作绩效，发掘销售潜能，同时促进员工与上级更好地沟通，创建一个具有发展潜力和创造力的销售团队，推动公司总体战略目标的实现。 **第2条　适用范围** 本制度适用于公司所有销售部正式人员的考核管理。 **第3条　考核原则** 1．定量和定性相结合原则 对销售目标任务的考核不仅涉及业务层面，还涉及销售管理层面，因此要定量和定性二者结合，对其进行综合考核。 2．实事求是，严肃、客观原则 对销售目标任务的考核必须以销售人员日常工作表现事实为依据，严肃客观地进行准确而客观的评价，不得凭主观印象判断。 3．公平、公正原则 对所有销售人员的考核在指标标准制定、考核执行程序等方面都应该一致，应该严格按照制度、原则和程序进行，公正地评价被考核者，排除个人好恶等人为因素的干扰，减少人为的考核偏差。 4．指导性原则 对销售目标任务的考核不能仅仅为利益分配而考核，而是通过考核指导帮助销售人员不断提高工作绩效。不仅侧重利益分配，更侧重于对其工作的指导。

总则 第1章	**第4条　职责分工** 1．人力资源部工作人员的职责 （1）绩效考核工作前期的宣传、培训与组织。 （2）考核过程中的监督、指导。 （3）考核结果的汇总、整理。 （4）根据绩效评估结果制定相关的人事决策。 2．销售部经理的职责 （1）具体组织、实施本部门员工的绩效考核工作，客观公正地对下属进行评估。 （2）与下属进行沟通，帮助其认识工作中的问题，并与下属共同制定绩效改进计划和培训发展计划。 （3）对考核结果进行审核、审批。 3．被考核人员 （1）学习和了解公司的绩效考核制度。 （2）积极配合部门主管讨论并制定本人的绩效改进计划和标准。 （3）就绩效考核中出现的问题，积极主动与部门主管或人力资源部进行沟通。
细则 第2章 考核准备	**第5条　考核周期** 1．销售目标任务的考核采用季度考核及年度考核3种考核方式相结合的考核方法。 （1）季度考核 季度考核是对销售人员季度销售任务完成情况及工作表现的考核，考核时间为次季度__日前，遇节假日顺延。 （2）年度考核 年度考核是对销售人员年度销售任务完成情况及工作表现进行的综合考核，考核时间为次年__月__日前，遇节假日顺延。 **第6条　考核对象** 对销售目标的考核主要涉及以下人员，销售部经理，销售主管，销售员及销售部后勤支持岗位的人员。 **第7条　考核内容** 1．销售目标考核涉及的考核指标内容包括但不限于以下几项。 （1）销售额相关。如销售额增长率、销售目标达成率等。 （2）销售回款相关。如销售回款率、应收账款坏账率等。 （3）销售费用相关。如销售费用率、预算达成率等。 （4）方案合同相关。如销售方案合同履约率、方案预期目标实现率。 （5）客户相关。如客户增长率、核心客户流失率、客户满意度等。 2．针对上述指标不同的岗位针对本岗位的工作职责选择相应的考核指标， 3．通常部门经理岗位从平衡计分卡4个维度来确定考核指标。 4．一般员工则侧重于本岗位的工作执行来确定考核指标。 **第8条　考核权重** 由于在不同的考核周期各岗位考核的重点内容不同，因此各岗位的指标权重应根据考核期工作重点进行适当调整，以确保被考核人员明确本期的重点工作方向。

第3章 考核实施	**第9条**　考核实施程序 1．销售部经理组织本部门人员根据考核期实际工作表现，对销售人员实施考核，并将考核结果汇总后上报人力资源部。 2．总经理负责对销售部经理的考核并将确认后的考核结果转交人力资源部。 3．人力资源部于审批结束后的第5个工作日内，将考核结果反馈给被考核者，并进行绩效反馈与面谈。 **第10条**　绩效反馈 1．绩效反馈的内容 考核人与被考核人进行绩效面谈，明确被考核人员取得的成绩，存在的不足并进行讨论、分析，制定有效的解决措施，编写绩效改进计划，确保被考核人员在下一周期进行改进，作为下一期绩效考评的一部分。 2．绩效反馈的周期 在每期绩效考核实施结束以后，考核人与被考核人均需要及时展开绩效反馈与沟通。 3．绩效反馈的形式 绩效反馈可以以正式会议的形式或一对一面谈的形式展开。 4．反馈注意事项 反馈与面谈应至少提前一天通知对方，使双方都做好心理准备。对于双方都确认的面谈结果要形成书面记录，且双方均需要签字确认。反馈面谈记录确认表要与员工考核评估表一并交人力资源部存档。

第4章 结果运用	**第11条**　结果处理 1．对销售目标的评估结果将采用正态分布法进行处理，分布范围参照以下标准进行划分，如下表所示。

销售目标任务考核结果划分标准

考核成绩	90～100分	80～89分	70～79分	60～69分	60分以下
等级划分	优秀	良好	中等	合格	差
分布比例	5%～10%	15%～20%	其余	15%～20%	5%～10%

	2．人力资源部将根据上述划分结果确定人员的职务调整，奖金分配，培训安排等。 3．如果被考核人员在考核期中间离职，则相应时间段的绩效结果无法衡量，绩效奖金等将不再计发。

附则 第5章	**第12条**　本制度未尽事宜由销售部会同人力资源部另行协商制定，经总经理审批同意后执行。 **第13条**　本制度由人力资源部组织制定。 **第14条**　本制度经总经理审批同意后组织实施。

编制部门		审批人员		审批日期	

9.3.2 生产目标任务绩效考核制度

制度名称	生产目标任务绩效考核制度				
制度版本		制度编号		受控状态	□ 受控　□ 非受控

总则 **第1章**	**第1条　目的** 为了提高公司生产人员的工作效率与业务素质，贯彻执行公司发展战略，确保公司生产工作的安全有序运行，特制定本制度。 **第2条　适用范围** 本制度适用于公司所有生产人员的考核管理。 **第3条　考核周期** 根据公司生产周期的特点，本着生产目标任务考核及时而又不至于过于频繁的原则，采用季度、半年度和年度相结合的形式进行评定。 **第4条　考核人员** 生产部会同人力资源部组成绩效考评小组对生产人员的目标完成情况进行考核。
细则 **第2章** **考核实施**	**第5条　考核内容** 生产目标的考核内容主要包括以下项目，如下表所示。 **生产目标考核主要内容模块** （见下表） **第6条　指标依据** 1. 中高层管理人员 生产部中高层管理人员的考核，依据目标考核与述职报告进行考核，考核的内容为关键业绩指标。 2. 基层执行人员和操作人员 基层执行人员和操作人员的考核依据绩效计划、职位说明书及其他相关文件或资料进行考核，考核内容可包括业绩指标和能力态度指标。 **第7条　考核争议处理** 生产部员工对自己的考核结果有异议，可在得知考核结果后__日内向上级主管人员申诉，也可以直接向人力资源部申诉。接到申诉的主管人员或人力资源部人员应在__日内予以处理。
第3章 **考核结果** **应用**	**第8条**　生产部目标考核结果主要应用于部门的绩效改进管理。 **第9条**　生产部员工考核结果主要用于部门员工薪资调整、职位晋升的依据，具体内容如下表所示。

生产目标考核主要内容模块

内容模块	指标说明
生产计划	计划完成率，定额完成率，补货计划完成率，交期达成率，生产排程准确率等
生产成本	生产总成本，单位产品生产成本，产品成本降低率
劳动生产率	投入产出率，平均劳动生产率
产品质量	产品合格率，次品率
设备管理	生产设备利用率，设备完好率
安全生产	事故发生率，事故发生次数，持续安全生产天数
员工管理	员工培训管理，核心员工流失率，任职资格达标率

等级	分值范围	参考比例%	结果应用
优秀	90～100	5	基本薪资提升两个等级或考虑给予晋升
良好	80～89	15	基本薪资提升一个等级或考虑予以晋升
好	70～79	35	基本薪资给予适当增加
一般	60～69	40	薪资待遇不变
差	59分及以下	5	警告、降级、减薪或调岗

生产部员工考核成绩评定及结果应用

第3章 考核结果 应用	**第10条　绩效考核问题说明** 1. 员工考核期内有以下情形之一的，其考核成绩不得列为优秀等级。 （1）曾受过任何一种惩处。 （2）迟到或早退累计__次以上。 （3）请假超过限定天数。 （4）旷工一天以上。 2. 员工考核期存在以下情形之一的，其考核等级不得划入A、B等级。 （1）在年度考核期内曾受记过以上处分。 （2）迟到或早退累计__次以上。 （3）旷工两天以上。 3. 员工出现以下情景的扣除全部绩效工资及奖金。 （1）出现责任范围内重大、特大安全事故、设备事故、质量事故、工艺事故。 （2）因工作失误给公司造成重大损失的。 （3）绩效考核成绩低于60分的。 （4）被公司协商认定恶劣程度达到一定水平的行为。
附则 第4章	**第11条　解释与制定** 本制度由人力资源部会同生产部经理协商制定并负责具体解释。 **第12条　调整与修订** 制度中涉及的考核指标和标准要结合生产周期的特点及时调整。 **第13条　审批与执行** 本制度经总经理审批同意后下发执行。
编制部门	审批人员 　　　　审批日期

9.3.3　采购目标任务绩效考核制度

制度名称	采购目标任务绩效考核制度			
制度版本		制度编号	受控状态	□ 受控　　□ 非受控
总则 第1章	**第1条　目的** 　　为了对公司采购人员的业绩达成情况，工作能力、态度等做出客观、公正的评定，科学发放采购人员的绩效工资，对采购人员的岗位调整做出合理的解释，同时规范和逐步优化公司的采购管理工作，特制定本制度。			

总 则 第1章	**第2条** 适用范围 本制度适用于采购部所有正式员工，下列人员不在采购目标考核范围之内。 1. 试用期人员。 2. 停薪留职人员。 3. 复职未达半年者。 4. 连续缺岗达30天以上者。
细 则 第2章 职责权限	**第3条** 采购部经理职责 1. 考核结果的审核、审批。 2. 具体组织、实施本部门的员工绩效考核工作，客观、公正地对下属进行评估。 3. 与下属进行沟通，帮助下属认识到工作中存在的问题，并与下属共同制订绩效改进计划和培训发展计划。 **第4条** 被考核者职责 1. 学习和了解公司的绩效考核制度。 2. 积极配合部门主管讨论并制订个人的绩效改进计划和标准。 3. 对绩效考核中出现的问题应积极、主动地与部门主管或人力资源部进行沟通。 **第5条** 人力资源部的职责 1. 绩效考核工作前的培训、宣贯和组织。 2. 考核过程中的监督、指导。 3. 考核结果的汇总、整理。 4. 应用绩效评估结果进行相关人员的人事决策。 **第6条** 其他部门或单位的权限 1. 供应商的配合权限 采购工作最直接的接触对象之一就是供应商，因此供应商的意见对于考评采购人员有很重要的参考作用。 2. 生产部的配合权限 生产部是采购物品的最直接接触者，对采购工作的执行情况有很重要的发言权，因此在对采购目标进行考核时，能起到关键的作用。
第3章 考核实施	**第7条** 考核内容 1. 采购部的业绩考核内容主要从采购数量，采购时间，采购物的品质，采购价格及采购效率5个维度进行提取。具体指标内容如下表所示。 **采购部考核内容维度** {table} 2. 对采购部后勤支持工作的考核主要从供应商管理、采购计划执行两大方面展开。 （1）供应商管理指标，如供应商履约率、供应商开发增长率、供应商资料完整性等。

采购部考核内容维度

5个维度	举例说明
采购品质	采购物资品质合格率、采购物资使用不良率等
采购数量	（呆料）滞料金额、库存周转率等
采购时间	是否导致停工、订单处理及时率等
采购效率	采购完成率、订单处理及时率等
采购价格	采购成本降低率、采购价格降低额等

	（2）采购计划执行指标如，采购计划完成率、采购计划执行及时性。 3．对采购人员的行为的考核也是采购目标考核的关键内容之一。采购人员的行为也在一定程度上影响了采购目标的达成情况。 **第8条　量表编制** 1．对采购目标的考核应事先根据各岗位适用指标编制相关的考核量表，量表格式由人力资源部统一决定。 2．量表内容根据各岗位的考核指标分类编排，考核成绩业绩指标占70%，其他指标占30%。 **第9条　考核方式** 对采购目标任务的考核统一由公司人力资源部牵头组织实施，采用自评和他评相结合的方式进行考核。
第3章 **考核实施**	1．自评。员工根据本人在考核周期的工作表现和业绩达成情况，收集相关资料自行评定，通过自评员工能够进行自我检讨，正确认识自己在考核期间取得的成绩和自身的不足。 2．他评。由与采购人员日常工作有一定关系的人员进行考评，根据他们对采购工作的认可程度进行评定。 3．将上述两种方式考核的结果相结合，来决定采购人员的最终成绩。 **第10条　考核方法** 对采购目标任务的考核主要采用目标管理法配合其他便于衡量的方法。目标管理法的相关规定有以下4项。 1．采购部每年分两次制定采购工作目标和预算。 2．采购部各岗位根据本部门的采购工作目标和预算制定本岗位的采购目标和预算。 3．采购部各岗位的工作目标及预算经部门经理同意后，双方应签字确认并存档。 4．采购部依据各岗位的工作目标达成情况对各岗位实施评估。
附则 **第4章**	**第11条　解释与制定** 本制度由人力资源部会同采购部协商制定并负责具体解释。 **第12条　调整与修订** 本制度未尽事宜由人力资源部与采购部另行协商制定，报总经理批准后实施。 **第13条　审批与执行** 本制度经总经理审批同意后下发执行。

编制部门		审批人员		审批日期	

9.3.4　财务目标任务绩效考核制度

制度名称	**财务目标任务绩效考核制度**			
制度版本		制度编号		受控状态	□ 受控　　□ 非受控
总则 **第1章**	**第1条　目的** 为了规范公司对财务目标的考核实施，提高财务人员的绩效管理能力和素质水平，做到科学奖惩，合理要求，特制定本制度。 **第2条　适用范围** 本制度适用于财务部所有正式员工的考核管理工作。 **第3条　考核原则** 1．一致性原则 在一段连续的时间内，对财务部的绩效考核内容和考核标准不能有打的变化。			

总则 **第1章**	2．客观性原则 考核要客观地反映财务部的实际工作情况，尽量减少因为个人原因亲疏不同带来的考核结果的偏差。 3．公开公平公正原则 对于同一指标应使用相同的考核标准，财务部最终考核结果应由人力资源部在考核结束后 **第4条　管理职责** 1．总经理负责审批财务部绩效考核结果及绩效评估报告。 2．人力资源部负责绩效考核前期的组织培训，考核过程中的监督指导及考核结果的汇总整理等工作。 3．财务经理负责配合人力资源部做好财务部的绩效考核工作，具体包括组织、实施本部门员工的绩效工作，客观公正地对下属进行考核等。

第5条　考核周期

对财务目标的绩效考核同一采用季度考核和年度考核两种形式。

1．季度考核工作要求

财务管理人员每季度定期及时编制"本季度工作总结"和"下季度工作计划"并转交直接主管。工作计划和工作总结是财务人员业绩考核的参照依据。

2．年度考核工作要求

财务管理人员每年定期编制"年度个人工作总结"及"下年度个人工作计划"并转交直接主管，直接主管根据年度工作总结及计划对财务人员的业绩目标达成情况进行考核。

第6条　考核内容

对财务目标任务的考核根据岗位的性质不同，将统一采用业绩考核或业绩加能力、态度考核相结合的方式，具体内容如下表所示。其中财务部管理人员的考核要遵循平衡计分卡4个维度来设计考核指标，财务部一般岗位则从日常事务执行中提取业绩指标。

细则
第2章
考核实施

财务目标考核内容与指标说明

项目	指标	指标说明
业绩	财务预算	财务预算编制及时、全面、合理，传达及时
	财务核算	财务核算及时、数据准确
	筹资管理	筹资方式恰当，按时完成筹资任务
	投资管理	投资收益达成计划目标
能力	理财能力	主持公司预算工作，制订公司投资、筹资计划的能力
	分析能力	分析财务数据，预测公司财务动态的能力
	沟通能力	在成本控制、资产的管理等方面与其他部门沟通，达成一致意见的能力
	外部协调能力	与税务、审计部门、银行等进行协调、沟通的能力
态度	进取敬业	积极进取，追求卓越；工作细致、严谨、恪守职责
	守法自律	遵守公司规章制度和国家法律，注重自身形象建设

第7条　考核方式方法

财务管理类人员的绩效考核采用工作总结自我评价和上级主管综合评判相结合的方式开展。

细则 第2章 考核实施	1．工作总结 （1）财务管理人员每季度在规定的时间，提交当季的工作总结，对自己的工作表现进行自我评价。 （2）财务管理人员每年12月25日前上交年工作总结，并对自己当年的工作表现进行自我评价。 2．上级评价 　　财务管理人员的直接主管接到下属的季度工作总结或年度工作总结后，按照考核期内计划目标的达成情况、财务管理人员的工作总结等，对财务管理人员进行评价，确定其最终的绩效考核得分。
第3章 结果应用	**第8条**　考核结果应用 　　不同周期的考核结果将会有不同的用途，公司根据财务部的考核结果将做出以下安排。 　　1．季度绩效考核结果应用 　　财务目标任务季度绩效考核结果的应用，参照如下标准执行，如下表所示。 **季度绩效考核结果应用标准** <table><tr><th>成绩范围</th><th>评估等级划分</th></tr><tr><td>91～100分</td><td>当期绩效考核成绩为卓越级</td></tr><tr><td>81～89分</td><td>当期绩效考核成绩为优秀级</td></tr><tr><td>71～79分</td><td>当期绩效考核成绩为良好级</td></tr><tr><td>61～69分</td><td>当期绩效考核成绩为一般级</td></tr><tr><td>60分及以下</td><td>当期绩效考核成绩为差级</td></tr></table> 　　根据各考核周期的评估等级，决定各季度的绩效奖金发放比例，并根据全年累计各等级出现频次，追加相应等级的其他奖惩项目，如带薪培训，公费旅游，职务调整，薪资调整等 　　2．年度绩效考核结果应用 　　财务管理类人员年度绩效考核结果应用标准如下表所示。 **年度绩效考核结果应用标准** <table><tr><th>绩效考核结果</th><th>奖惩措施</th></tr><tr><td>年度考核成绩为A级者</td><td>加发一月的基本工资</td></tr><tr><td>年度考核成绩为B级者</td><td>加发半个月的基本工资</td></tr><tr><td>年度考核成绩为C级者</td><td>年终不奖不罚</td></tr><tr><td>年度考核成绩为D级者</td><td>给予留用察看两个月处理</td></tr><tr><td>年度考核成绩为E级者</td><td>给予辞退处理</td></tr></table> 　　**第9条**　绩效面谈与改进 　　在每期绩效考核结束以后财务部均需要及时开展绩效面谈与反馈，通过面谈反馈认识考核期的成绩和不足，并为下期考核制订相应的绩效改进计划。
附则 第4章	**第10条**　人力资源部将考核结果相关资料归入员工个人档案。 **第11条**　本制度未尽事宜由人力资源部与财务部另行协商制定，报总经理批准后实施。 **第12条**　本制度由人力资源部协同财务部共同组织编制。 **第13条**　本制度经总经理审批同意后下发执行。

编制部门		审批人员		审批日期	

9.3.5 人力目标任务绩效考核制度

制度名称	人力目标任务绩效考核制度			
制度版本		制度编号		受控状态　　□ 受控　　□ 非受控

<table>
<tr><td rowspan="6">总 则
第1章</td><td>第1条　目的</td></tr>
<tr><td>为了规范公司绩效管理工作，提高人力资源部的工作绩效，达成人力资源部管理目标，实现规范、高效的人力资源管理工作，特制定本制度。</td></tr>
<tr><td>第2条　适用范围</td></tr>
<tr><td>本制度适用于人力资源部所有正式员工的考核管理工作。</td></tr>
<tr><td>第3条　考核原则</td></tr>
<tr><td>1. 效率优先，兼顾公平原则。
2. 公开、公平、公正原则。</td></tr>
</table>

第4条　人力目标任务考核参照下表内容执行。

人力资源部目标任务考核内容

工作项目	考核指标	指标说明
管理费用控制	管理费用预算控制率	$\dfrac{预算节省额}{实际预算额}\times100\%$
	招聘费用预算控制率	$\dfrac{实际招聘费用}{招聘预算费用}\times100\%$
内部运营指标	规划方案提交及时率	$\dfrac{本期按时提交方案数}{本期应提交方案数}\times100\%$
	人力流程改进达成率	$\dfrac{流程改进目标达成数}{流程改进目标总数}\times100\%$
	考核计划按时完成率	$\dfrac{按时完成的绩效考核工作量}{绩效考核计划工作总量}\times100\%$
	招聘计划完成率	$\dfrac{实际招聘到岗的人数}{计划需求人数}\times100\%$
学习与发展指标	核心员工流失率	$\dfrac{一定周期内流失的核心员工数}{公司核心人才总数}\times100\%$
	员工任职资格达标率	$\dfrac{当期任职资格考核达标的员工}{当期员工总数}\times100\%$
	培训计划完成率	$\dfrac{实际完成的培训项目（次数）}{计划培训的项目（次数）}\times100\%$
客户指标	合作部门满意度	$\dfrac{调查问卷满意的数量}{有效调查问卷总数量}\times100\%$

第5条　考核周期

对人力资源目标任务的考核采取月度考核、季度考核、半年度考核及年度考核几种考核周期相结合的方式。

第6条　考核目标设定

考核期正式开始前，考核小组依据公司经营发展阶段性目标，设定人力资源部BSC考核表，并将部门的工作目标或指标分解至各岗位，制定各岗位的KPI考核量表。

第7条　实施过程辅导

管理人员有责任在下属员工日常工作流程中对员工的绩效情况进行跟踪，发现绩效问题及时向员工提出，同员工共同商讨解决办法，为改进员工的绩效水平提供精神和物质上的支持。

第8条　考核评估

考核评估人员依据各指标的参考资料对考核表中的业绩指导达成结果进行评估，并汇总最终考核结果。

左侧栏：**细则**　**第2章**　**考核实施**

细则 第2章 考核实施	**第9条　考核申诉** 在员工得知考核结果以后，如果存在任何异议可以及时向考核人或公司高层领导及时申诉，申诉受理人对申诉内容充分调查了解后做出处理结果双方并在共同认同的申诉结果上签字。
第3章 结果应用	**第10条　绩效面谈与反馈** 在考核结束以后考核者与被考核者应及时展开绩效面谈与反馈，将考核中发现的问题或取得的成绩及时向被考核人反馈。 **第11条　员工荣誉称号授予** 公司可根据考核结果对被考核人实施各种荣誉授予。 **第12条　培训机会奖励** 根据公司绩效管理制度规定的标准，对于部门采取（月度/季度/半年度/年度）考核，成绩__%以上达到优秀级别的人员将给予相应档次的培训进修机会。 **第13条　人事调整** 对于人力目标的考核成绩将作为公司人事调整的参考依据。
附则 第4章	**第14条**　本制度与公司绩效管理制度及其他人力资源管理制度相违背的以公司的相关管理制度为基准执行。 **第15条**　本制度由人力资源部组织编制并负责解释。 **第16条**　本制度报总经理批准后下发执行。
编制部门		**审批人员**		**审批日期**	

9.4　目标任务绩效奖惩措施

9.4.1　销售目标任务绩效奖惩措施

考核周期	季度		年度
评估等级	全年等级频次P 及奖惩参照标准		奖惩
卓越	P＝1次	■按季度销售额__%发放季度销售提成	发放2倍年度奖金标准
	P＝2或3次	■价值__万元的带薪培训 ■职务晋升__级	
	P＝4次	■为期__天公费旅游 ■发放价值__万元的物品	
优秀	P＝1次	■按季度销售额__%发放季度销售提成	发放1.5倍年度奖金标准
	P＝2或3次	■价值__万元的带薪培训 ■职务晋升__级	
	P＝4次	■发放价值__万元的物品 ■为期__天国外旅游	
良好	P＝1次	■按季度销售额__%发放季度销售提成	发放1倍年度奖金标准
	P＝2或3次	■价值__万元的带薪培训	
	P＝4次	■价值__万元的公费旅游	

评估等级	全年等级频次 P 及奖惩参照标准		奖惩
一般	P＝1次	■按季度销售额__%发放季度销售提成	发放0.8倍年度奖金标准
	P＝2或3次	■发放__万元的销售奖金	
	P＝4次	■发放__元的销售奖金	
差	P＝1次	■无奖无罚	无奖金
	P＝2或3次	■基本工资等级降低__级	
	P＝4次	■劝退	

注：1. 表中频次"P"仅供年底统计各考核周期的评估等级时用。

2. 每一期考核结束后，兑现的奖惩措施参照每一评估等级的最低频次范围对应奖惩标准，当期兑现。

3. 各等级出现频次多于1次的，在年底可再追加相应等级频次范围对应的奖惩措施，统一兑现。

例如，全年季度考核成绩有2次卓越，除了按季度销售额__%发放季度销售提成外还要享受职务晋升。

9.4.2 生产目标任务绩效奖惩措施

考核周期	季度		半年度		年度
评估等级	全年等级频次 P 及奖惩参照标准				奖惩
卓越	P＝1次	■发放季度奖金__万元	P＝1次	■发放1倍奖金标准	按全年产值的__%发放年度奖金
	P＝2或 3次	■为期__天公费旅游 ■发放价值__万元物品			
	P＝4次	■职务晋升__级 ■价值__万元带薪培训	P＝2次	■岗位晋升 □薪酬等级上调__级	
优秀	P＝1次	■发放季度奖金__万元	P＝1次	■发放0.8倍奖金标准	按全年产值的__%发放年度奖金
	P＝2或 3次	■为期__天国外旅游 ■发放价值__万元物品			
	P＝4次	■职务晋升__级 ■价值__万元带薪培训	P＝2次	□带薪培训 ■带薪旅游	
良好	P＝1次	■发放季度奖金__万元	P＝1次	■发放0.6倍奖金标准	按全年产值的__%发放年度奖金
	P＝2或 3次	■价值__万元的物品 ■为期__天的公费旅游			
	P＝4次	■价值__万元的带薪培训	P＝2次	■带薪假__天 □鼓励性奖金	
一般	P＝1次	■发放季度奖金__万元	P＝1次	■口头鼓励 □书面鼓励	按全年产值的__%发放年度奖金
	P＝2或 3次	■价值__万元的物品			
	P＝4次	■价值__万元的带薪培训	P＝2次	□口头鼓励 □书面鼓励	
差	P＝1次	■无奖金	P＝1次	■无奖金	按全年产值的__%发放年度奖金
	P＝2或 3次	■无奖金			
	P＝4次	■劝退	P＝2次	■劝退	

注：1. 表中频次"P"仅供年底统计各考核周期的评估等级时用。

2. 每一期考核结束后，兑现的奖惩措施参照每一评估等级的最低频次范围对应奖惩标准，当期兑现。

3. 各等级出现频次多于1次的，在年底可再追加相应等级频次范围对应的奖惩措施，统一兑现。

9.4.3 采购目标任务绩效奖惩措施

考核周期		半年度	年度
评估等级		全年等级频次P 及奖惩参照标准	奖惩
卓越	P＝1次	■发放1.5倍绩效工资	年度奖金＝1.5×利润分享基数
卓越	P＝2次	■职务晋升__级 ■薪酬等级上调__级	年度奖金＝1.5×利润分享基数
优秀	P＝1次	■发放1.2倍绩效工资	年度奖金＝1.2×利润分享基数
优秀	P＝2次	■价值__万元的带薪培训 ■薪酬等级上调__级	年度奖金＝1.2×利润分享基数
良好	P＝1次	■发放1.0倍绩效工资	年度奖金＝1.0×利润分享基数
良好	P＝2次	■享受带薪假 ■鼓励性奖金__万元	年度奖金＝1.0×利润分享基数
一般	P＝1次	■发放0.8倍绩效工资	年度奖金＝0.8×利润分享基数
一般	P＝2次	■鼓励性奖金__万元	年度奖金＝0.8×利润分享基数
差	P＝1次	■无绩效工资	无奖金
差	P＝2次	■劝退	无奖金

注：1. 表中频次"P"仅供年底统计各考核周期的评估等级时用。

2. 每一期考核结束后，兑现的奖惩措施参照每一评估等级的最低频次范围对应奖惩标准，当期兑现。

3. 各等级出现频次多用1次的，在年底可再追加相应等级频次范围对应的奖惩措施，统一兑现。

9.4.4 财务目标任务绩效奖惩措施

考核周期		季度	年度
评估等级		全年等级频次P及奖惩参照标准	奖惩
卓越	P＝1次	■发放1倍标准季度奖金	发放2倍年度奖金标准
卓越	P＝2或 3次	■职务晋升__级 ■价值__万元的带薪培训	发放2倍年度奖金标准
卓越	P＝4次	■发放价值__万元的福利品 ■价值__万元的公费旅游	发放2倍年度奖金标准
优秀	P＝1次	■发放0.8倍标准季度奖金	发放1.5倍年度奖金标准
优秀	P＝2或 3次	■职务晋升__级 ■价值__万元的带薪培训	发放1.5倍年度奖金标准
优秀	P＝4次	■发放价值__万元的福利品 ■价值__万元的公费旅游	发放1.5倍年度奖金标准
良好	P＝1次	■发放0.6倍标准季度奖金	发放1倍年度奖金标准
良好	P＝2或 3次	■价值__万元的公费旅游	发放1倍年度奖金标准
良好	P＝4次	■价值__万元的带薪培训	发放1倍年度奖金标准
一般	P＝1次	■发放0.5倍标准季度奖金	发放0.8倍年度奖金标准
一般	P＝2或 3次	■价值__万元的带薪培训	发放0.8倍年度奖金标准
一般	P＝4次	■价值__万元的带薪培训	发放0.8倍年度奖金标准

中
·
小
·
微
企
业
目
标
管
理
实
务

评估等级	全年等级频次P及奖惩参照标准		奖惩
差	P＝1次	■无奖金	无奖金
	P＝2或3次	■职务降低__级	
	P＝4次	■劝退	

注：1. 表中频次"P"仅供年底统计各考核周期的评估等级时用。

2. 每一期考核结束后，兑现的奖惩措施参照每一评估等级的最低频次范围对应奖惩标准，当期兑现。

3. 各等级出现频次多于1次的，在年底可再追加相应等级频次范围对应的奖惩措施，统一兑现。

9.4.5 人力目标任务绩效奖惩措施

考核周期	月度		季度		半年度		年度
评估等级	全年等级频次P及奖惩参照标准						奖惩
卓越	P≤4次	■发放1.5倍绩效工资 ■授予荣誉称号及证书	P＝1次	■发放1.2倍标准的季度奖金 ■授予荣誉称号及证书	P＝1次	■发放__万元奖金	按__%比例享受利润分红
	4<P≤8次	■基本工资上调__级 ■价值__万元的公费旅游	P＝2或3次	■价值__万元的物品 ■为期__天的公费旅游	P＝2次	■授予荣誉称号	
	P>8次	■职务晋升__级 ■价值__万元的带薪培训	P＝4次	■一次性奖金__万元 ■价值__万元的带薪培训			
优秀	P≤4次	■发放1.2倍绩效工资	P＝1次	■发放1.0倍标准的季度奖金	P＝1次	■发放__万元奖金	按__%比例享受利润分红
	4<P≤8次	■基本工资上调__级 ■价值__万元的公费旅游	P＝2或3次	■价值__万元的物品 ■为期__天的公费旅游	P＝2次	■带薪培训	
	P>8次	■职务晋升__级 ■价值__万元的带薪培训	P＝4次	■一次性奖金__元 ■为期__天的公费旅游			
良好	P≤4次	■发放1.0倍绩效工资	P＝1次	■发放0.6倍标准的季度奖金	P＝1次	■发放__万元奖金	按__%比例享受利润分红
	4<P≤8次	■价值__万元的带薪培训	P＝2或3次	■为期__天的公费旅游			
	P>8次	■发放一次奖金__万元 ■价值__万元的公费旅游	4次	■享受价值__万元的带薪培训 ■享受价值__万元的公费旅游	P＝2次	■价值__万元的带薪培训	
一般	P≤4次	■发放0.8倍绩效工资	P＝1次	■发放0.5倍标准的季度奖金	P＝1次	■口头鼓励 □书面鼓励	按__%比例享受利润分红
	4<P≤8次	■价值__万元的带薪培训 ■价值__万元的公费旅游	P＝2或3次	■享受价值__万元的带薪培训	P＝2次	■口头鼓励 □书面鼓励	
	P>8次	■发放一次奖金__万元	P＝4次	■价值__万元的一次性奖金			
差	P≤4次	■无绩效工资	1次	■无奖金	P＝1次	无奖金	无奖金
	4<P≤8次	■基本工资下调__级 ■职务下调__级	P＝2或3次	■基本工资下调__级	P＝2次	劝退	
	P>8次	■劝退	4次	■劝退			

注：1. 表中频次"P"仅供年底统计各考核周期的评估等级时用。

2. 每一期考核结束后，兑现的奖惩措施参照每一评估等级的最低频次范围对应奖惩标准，当期兑现。

3. 各等级出现频次多用1次的，在年底可再追加相应等级频次范围对应的奖惩措施，统一兑现。

第 10 章

中小微企业目标任务实现问题

10.1　中小微企业目标任务实现人才问题

10.1.1　目标任务实现人才引进问题

1．人才引进问题导图

影响中小微企业目标任务实现的重要原因之一是企业的人才引进问题，人才引进方面的具体问题一般包括以下 5 类，如图 10-1 所示。

图 10-1　目标任务实现人才引进问题导图

2．人才引进问题分析

对于人才引进问题的具体问题描述及问题产生的原因分析如表 10-1 所示。

表 10-1　人才引进问题分析表

人才引进问题	问题描述	原因分析
人才引进认识不足	对人才引进的重要性估计不足，对人才作用的认识有较大差距甚至存在误区，忽视了企业对人才引进的管理工作	1．对人才引进工作没有加以重视 2．对人才的认识存在主观性、片面性、局限性和狭隘性，认为人才就是技术人才

人才引进问题	问题描述	原因分析
人才引进渠道单一	人才招募渠道单一，人才来源范围狭窄，导致人才储备不足，在人才竞争中处于弱势	1. 人才招募的渠道开发不足 2. 人才引进渠道的选择具有局限性
人才引进风险问题	无法对人才的能力、素质做出真实有效的判断，最终引进的人才不适合岗位，导致引进成本损失风险	1. 没有运用科学的测评程序和技术进行人才测评与选拔，从而导致的风险 2. 对引进人才的信息了解的不充分 3. 没有验证人才信息与资料的真实性
人才引进措施不力	缺乏人才引进措施或措施不到位，对人才的吸引力较低，不利于核心人才的引进	1. 缺少吸引人才的优势条件 2. 引进人才的内部环境营造的不够
人才引进机制不健全	没有健全的人才引进机制和整体规划，人才引进的工作缺乏规范化管理，导致优秀人才的引进工作受到制约	1. 缺少长远的人力资源部发展战略规划 2. 企业没有建立起完善、合理的人才引进与流动机制，缺乏制度化管理

3. 人才引进问题解决

对于人才引进的各项问题，企业应该有针对性地采取相应措施加以解决和避免，人才引进问题的解决对策及其操作要点如表 10-2 所示。

表 10-2　人才引进问题解决对策

人才引进问题	解决对策	操作要点
人才引进认识不足	1. 提高对人才重要性的认识，加大人才引进工作的投入力度 2. 树立全面的人才观，接纳多样性的、多层次的人才，企业人才包含技术、管理、市场营销、公关、一线等各个方面	树立全面的人才观
人才引进渠道单一	1. 拓展人才引进渠道，从内部选拔和外部招募等各个方面吸引优秀人才 2. 打破地域界限、行业界限，扩宽人才引进范围，大胆引进社会人才 3. 主动出击，联系各高等院校，千方百计吸纳优秀毕业人才 4. 规范人才档案的管理，建立必要的人才储备信息	进行招聘渠道分析、建立人才档案
人才引进风险问题	1. 运用科学的测评程序和技术进行人才测评与选拔，规避人才任用风险 2. 对引进人才的背景信息进行全面了解，从多渠道、多角度调查应聘者相关信息与资料内容的真实性	运用科学的人才测评技术、进行背景调查
人才引进措施不力	1. 充分考虑人才的需求，尽可能为引进人才创造良好的工作条件，以利于人才引进工作的开展 2. 制定灵活多样的薪酬制度，提供具有竞争力的薪酬福利水平	制定灵活的薪酬福利制度
人才引进机制不健全	1. 根据企业发展战略制订具有前瞻性、弹性的人力资源规划 2. 建立完善的人才评估体系，规范企业的招聘方法和流程 3. 做好岗位分析，制定明确而合理的岗位说明书为人才引进提供标准	制订人力资源规划书、岗位说明书、招聘方法与流程

10.1.2　目标任务实现人才激励问题

1. 人才激励问题导图

影响中小微企业目标任务实现的重要原因之一是企业的人才激励问题，人才激励方面的具体问题一般包括以下 4 类，如图 10-2 所示。

图 10-2 目标任务实现人才激励问题导图

2. 人才激励问题分析

对于人才激励方面的具体问题描述及问题产生原因的分析如表 10-3 所示。

表 10-3 人才激励问题分析表

人才激励问题	问题描述	原因分析
人才激励针对性不强	企业采用无差别的激励方式，不考虑企业自身的情况和员工的特点，采取盲目的激励措施，激励形式单一，导致人才激励的针对性不强，没有起到应有的激励效应	1. 采取"一刀切"的激励形式，激励措施没有与员工绩效或能力联系起来 2. 采用"薪酬加福利"的单一激励形式，没有与人才的个性化需求联系起来
人才激励措施不足	企业在进行人才激励时，采取的激励措施片面或不足，导致员工工作满意度不高，工作积极性下降	1. 只强调物质激励而忽视精神激励，或只强调精神激励而忽视物质激励 2. 企业只进行正向激励或负向激励，没有有效地将激励措施结合起来
人才激励沟通不充分	企业在激励过程中缺乏必要的沟通，使员工处于一个封闭的环境中，对自身的工作情况和激励措施认识不足，导致工作效率不高	1. 企业往往重视命令的传达与最终的结果，而不注重沟通反馈的过程 2. 企业在实施激励的过程中没有与员工进行交流，听取激励对象对于激励措施的意见和建议
人才评估体系不科学	人才激励的实施管理没有辅以系统科学的评估标准，最终导致实施过程中的"平均主义"，打击了贡献较大员工的积极性	1. 只有一套孤立的激励机制，而没有与企业相关考核与评估体制相配合 2. 绩效激励与评估方法不合理、不科学，导致最终的激励结果缺乏公平性

3. 人才激励问题解决

对于人才激励的各项问题，企业应该有针对性地采取相应措施加以解决和避免，人才激励问题的解决对策及其操作要点如表 10-4 所示。

表 10-4 人才激励问题解决对策

人才激励问题	解决对策	操作要点
人才激励针对性不强	1. 考虑不同时期的经营状况、员工结构、社会环境等采取有针对性的激励措施，最大限度地提高员工的工作积极性 2. 针对激励对象不同的需要、个性、心理特点等因素，实行形式多样、措施具有差异化的综合激励手段	企业发展周期分析、员工结构分析

人才激励问题	解决对策	操作要点
人才激励措施不足	1. 将精神激励与物质激励相结合，将正向激励与负向激励相结合，创新激励形式，从各个方面实施人才激励 2. 为员工提供良好的工作环境，改善工作氛围，提高人才工作的满意度 3. 对岗位进行评价和设计，使人才的工作内容扩大化、丰富化，提高人才工作的积极性 4. 制定激励性的薪酬福利制度，通过科学的薪酬福利体系设计，在公平的前提下提高薪酬水平，适当拉开薪酬层次，设置有激励性的福利项目	工作扩大化、工作丰富化、薪酬福利制度
人才激励沟通不充分	1. 企业在激励的过程中，可以通过一些员工大会、书面通知等方式发布激励措施和实施条件，为员工提供相应的信息，创造透明的激励环境 2. 管理者要注意对人才的正面反馈，感谢人才对企业的贡献，对人才进行肯定，使其了解公司的发展方向及现状，不断提高工作效率	人才激励沟通、正面反馈
人才评估体系不科学	1. 以员工绩效为依据，以员工需要为依托，对员工进行绩效奖惩，真正起到激励员工的目的，激励员工创造出高的绩效水平 2. 使科学有效的激励机制与企业一系列相关考核评估体制相配合发挥作用。建立绩效评估体系并以此作为激励的基础，在科学、准确的评估之上有针对性地进行激励，达到激励员工的最好效果	绩效评估体系、绩效奖惩措施

10.1.3 目标任务实现人才培养问题

1. 人才培养问题导图

影响中小微企业目标任务实现的重要原因之一是企业的人才培养问题，人才培养方面的具体问题一般包括以下 4 类，如图 10-3 所示。

图 10-3 目标任务实现人才培养问题导图

2. 人才培养问题分析

对于人才培养方面的具体问题描述及问题产生原因的分析如表 10-5 所示。

表 10-5　人才培养问题分析表

人才培养问题	问题描述	原因分析
人才培养意识不强	企业人才理念落后，不愿花时间和精力培养人才，致使企业很难对员工进行培训，从而造成了员工的技能不能得到及时更新，缺乏发展空间与安全感，员工的忠诚度降低	1. 企业重视人才使用，忽视人才培养，担心培训收益不能立竿见影，从而降低对人才培训的投入 2. 企业把对员工进行的培训当作福利或者是支出而不是投资，担心培养后人才流失，进而不愿实施人才培训
缺乏人才培养规划	企业对人才的培养缺乏长远的培养规划，没有合理的职业生涯规划，对人才的培养和管理不能适应企业发展的需要	1. 企业没有从总体发展战略出发，对企业未来发展所需的人才类型、素质、数据、结构等做出规划 2. 企业忽视了根据自身的发展需求从本企业员工中去发掘与培养人才的途径
人才培养形式单一	企业人才培养形式单一，大多以培训形式进行，致使员工发展途径狭窄，挫伤了人才的积极性等现象	1. 人才长期在某一岗位上从事重复的工作，没有明确的发展方向，久而久之便产生厌烦心理，失去了积极性与创新能力 2. 企业培训方式单一、内容枯燥、脱离实际，难以适应培训对象的需要
人才培养机制不健全	人才培养是一个系统的体系，然而不少企业并没有建立完善的人才培养体系，没有合理的培训与竞争机制，在培训中实现全程控制	1. 企业缺乏规范化的人才培养制度与流程 2. 企业只是为了培训而培训，没有将培训与员工技能和效率的提高结合起来，影响了培训作用和效果

3. 人才培养问题解决

对于人才培养的各项问题，企业应该有针对性地采取相应措施加以解决和避免，人才培养问题的解决对策及其操作要点如表 10-6 所示。

表 10-6　人才培养问题解决对策

人才培养问题	解决对策	操作要点
人才培养意识不强	1. 企业要塑造良好的人才培养环境，改变人才培养理念，加大培训投入 2. 真正树立以人为本的人才管理思想，实行人性化的人才培养和管理	人才培养理念
缺乏人才培养规划	1. 企业需要根据人力资源战略及企业发展的实际需要，制订合理的人才培养规划，并纳入企业人力资源总体规划 2. 人才培养规划在时间进度上不仅有短期计划，也要有长期方案，不仅考虑重点突出，还须注意全盘统筹，在实践中既要体现短期作用，更要考虑长远效应，从而确保人才培养战略体系与企业发展同步推进	人才培养规划、人才培养短期计划、人才培养长期方案
人才培养形式单一	1. 对于人才的培养和发展，企业除了采取培训的方式以外，还可以采用晋升、工作轮换、工作扩大化、工作丰富化等培养方式 2. 结合人才的个人职业兴趣为其设计职业发展规划，除了以个人工作业绩为基础外，还应综合考虑员工的技能和职业道德水平，参考多方面因素为人才规划培养、晋升与发展通道，明确培养方案	职业发展规划、个人培养方案

人才培养问题	解决对策	操作要点
人才培养 机制不健全	1. 企业需要建立合理人才培养机制，从不同类型、不同层次人才的实际和需求出发，促进各类人才的知识更新和能力提升 2. 建立全面的人才培训机制，明确培训的目标、培训的内容、培训成果反馈等方面的内容 3. 建立合理的人才竞争机制，创建并完善企业内部竞争机制，为人才提供良好的竞争、晋升和发展空间	人才培养机制、人才培训机制、人才竞争机制

10.1.4　目标任务实现人才误区问题

1. 人才误区问题导图

影响中小微企业目标任务实现的重要原因之一是企业的人才误区问题，关于人才任用和管理的误区主要存在以下 4 类问题，如图 10-4 所示。

图 10-4　目标任务实现人才误区问题导图

2. 人才误区问题分析

对于人才误区方面的具体问题描述及问题产生原因的分析如表 10-7 所示。

表 10-7　人才误区问题分析表

人才误区问题	问题描述	原因分析
重物质、轻人才	企业在物质方面的投入重于人才方面的投入，资源开发重于人才开发，项目引进重于人才引进	其根本原因在于企业没有认识到人才管理的重要意义，也没有认识到开展人才管理和充分发挥人才潜力的意义
唯学历论、唯职称论	企业在招聘人才时过分看重学历，或是在职称上一味拔高，致使劳动力成本大幅上升，造成了人才资源的巨大浪费	1. 一味追求高学历人才，而在实际任用中又往往"高才"低用、"大才"小用 2. 过于讲究人才职称的高低，失去了一些职称不高但实际操作能力较强的人才
重储备、轻流动	企业偏重于人才的储备，给人才流动设置重重障碍，这种做法不仅造成人才的巨大浪费，降低了企业对人才的吸引力，而且也大大影响了企业技术、管理等方面知识的革新	1. 企业只看到了人才储备的重要性，而忽视了人才流动带来的益处，一味地追求人才队伍的稳定将影响企业知识、技术、管理理念的革新 2. 企业大量人才的储备可能会产生人才大材小用、用非所学的现象

人才误区问题	问题描述	原因分析
唯物质待遇留人	在吸引人才、留住人才方面，更多地强调物质待遇而忽视了发展前景、职业规划、感情因素等留住人才的方法	1. 企业抱有"唯物质待遇才能留人"的观念，忽视了以人为本的管理 2. 只注重物质层面的激励，而忽视了精神层面的激励与沟通，导致人才的流失

3. 人才误区问题解决

对于人才误区的各项问题，企业应该有针对性地采取相应措施加以解决和避免，人才误区问题的解决对策及其操作要点如表 10-8 所示。

表 10-8　人才误区问题解决对策

人才引进问题	解决对策	操作要点
重物质、轻人才	1. 把人力资源开发放到更加突出的位置，重视人才的引进、重视优化人才发展环境、重视人才资源积累、重视人才开发与培养 2. 树立人才是第一资源的观念，大力引进和培养人才，为人才创造良好的工作、生活环境，发挥人才的作用和留住人才	树立人才观念
唯学历论、唯职称论	1. 企业在选拔和使用人才时，虽然要重视学历，但切不可抱着学历至上的观点，要全面、客观、实际地考察一个人的才能，而不能简单地将学历高低与人才级别等同起来 2. 企业在人才选拔与使用上，不能只看教授、研究员等职称、头衔，而应当认真考察其实际能力与实际水平，辨明其职称系列 3. 企业进行人才选拔要建立在岗位分析的基础上，按照岗位任职资格要求来选拔合适的人才	岗位分析、岗位任职资格要求
重储备、轻流动	1. 人才流动是企业向前发展的必然结果，企业为了今后自身发展，既需要广招人才，形成一定的人才储备，又需要借助人才流动来调整企业人才结构 2. 企业应建立合理的人才储备与流动管理机制，使人才有效地流动	人才储备与流动管理机制
唯物质待遇留人	1. 企业在注重提高人才物质待遇的同时，更要优化人才工作、生活的环境，建立科学、合理的人才任用和管理机制，规范人才考核、测评办法及在企业范围内选拔与晋升的程序 2. 做到用公平公正的管理留住人才，用明确的晋升途径和发展目标留住人才，用股权激励留住人才，用沟通和情感留住人才，使人才对企业有种强烈的归属感和自豪感	人才考核与测评办法、人员选拔与晋升程序

10.2　中小微企业目标任务实现资金问题

10.2.1　目标任务实现资金短缺问题

1. 资金短缺问题导图

资金是企业生存和发展的基础，是企业存在的灵魂。企业的经营过程也就是资金的流动和形式不断变化的过程。影响中小微企业目标任务实现的重要原因之一是企业的资金短缺问题，资金短缺方面的具体问题一般包括以下 4 类，如图 10-5 所示。

图 10-5　目标任务实现资金短缺问题导图

2. 资金短缺问题分析

对于资金短缺问题的具体问题描述及问题产生原因分析如表 10-9 所示。

表 10-9　资金短缺问题分析表

资金短缺问题	问题描述	原因分析
财务体系不健全	企业的财务管理体系不健全，缺乏管理财务制度，在使用资金上缺乏计划，使企业资金参加生产周转次数减少，没有发挥资金的应有作用，无法应付经营所需的资金，使企业陷入经营困难，财务进入窘境的状态	1. 缺乏足够经财务审计部门承认的财务报表和良好的连续经营记录 2. 信用意识淡薄，在企业经营发生困难时，可能会出现抽逃企业资金的现象
抵押能力不足	大多数中小企业资产小，符合抵押、担保条件的资产不多，企业贷款的难度加大，使得中小企业面临更加紧缩的融资瓶颈	1. 企业由于企业的规模和成长性，导致企业内部没有足够的固定资产和存量设备 2. 企业的资产负债率较高，大部分财产都已抵押，导致申请新贷款抵押物不足
企业信用记录缺失	难以有可行的途径来鉴别企业的信用度，也使部分需要资金借贷、信用良好的企业很难从银行借到资金，最终加重了企业的融资难问题	1. 银行为降低其经营风险，在企业没有抵押物，又缺乏信用担保的情况下，对企业采取惜贷政策 2. 目前还没有起完善的、详细的、专门针对企业的金融信用档案
抵抗风险能力差	企业规模小、经营不稳定，受市场环境影响程度较大，一旦市场环境发生变化，经营随之发生变化，导致企业经营业绩不稳定，银行贷款风险增大	1. 企业自有资金较少，技术水平落后，产品科技含量不高，缺乏核心技术竞争能力和发展后劲 2. 企业抵抗风险能力差，加大了对中小企业贷款支持的难度

3. 资金短缺问题解决

对于资金短缺的各项问题，企业应该有针对性地采取相应措施加以解决和避免，资金短缺问题的解决对策及其操作要点如表 10-10 所示。

表 10-10　资金短缺问题解决对策

资金短缺问题	解决对策	操作要点
财务体系不健全	1. 根据国家的有关规定，建立健全企业的财务、会计制度 2. 建立完善的财务报表体系，提高财务管理水平，不做假账，提高企业财务状况的透明度和财务报表的可信度	财务制度、会计制度、财务报表体系
抵押能力不足	1. 加快产权制度创新，不断改进和完善企业运行机制，尽快建立起产权清晰、权责明确、管理科学的现代企业发展新机制，根据贡献原则、效率原则和公平原则，尽快理顺内部产权关系，调整产权结构 2. 从企业本身的规模、从事产业的特点、企业的激励与约束机制等方面出发调整管理模式，提高企业的管理水平与盈利水平	调整产权结构、调整管理模式
企业信用记录缺失	1. 积极清偿银行的债务和应付款项，建立企业信用制度，提高企业的信任水平，树立良好的企业法人形象，杜绝不良信用记录 2. 建立一整套信用等级评估制度和指标，积极配合政府有关部门，尽快构筑信用体系	信用制度、信用等级评估制度和指标
抵抗风险能力差	1. 要积极寻求社会闲散资金，让社会资本投入企业中来 2. 积极和金融机构合作，争取资金，以促进企业的进一步发展 3. 在贷款的过程中要努力争取政府支持，主动寻找担保者	寻找融资渠道、寻求多方合作

10.2.2　目标任务实现资金管理问题

1. 资金管理问题导图

资金是企业生存与发展的基础，没有资金就谈不上企业资本的运动，没有资本的运动，就更谈不上企业创造效益。影响中小微企业目标任务实现的重要原因之一是企业的资金管理问题，资金管理方面的具体问题一般包括以下 4 类，如图 10-6 所示。

图 10-6　目标任务实现资金管理问题导图

2. 资金管理问题分析

对于资金管理问题的具体问题描述及问题产生原因分析如表 10-11 所示。

表 10-11　资金管理问题分析表

资金管理问题	问题描述	原因分析
缺乏资金管理意识	企业缺乏资金管理意识，导致项目资金链条断裂或资金运转不能如期完成，给企业带来破产的可能性，或由于过度筹集资金使企业陷入负债经营的恶性循环之中，使企业之间、企业与银行之间形成多角债务链	1. 企业管理者缺少资金时间价值观念和现金流量观，缺乏详细的资金使用计划和财务分析方法 2. 企业在资金的筹集、使用和分配上缺少科学性
资金管理水平较低	企业可能制订了资金使用计划和各项费用开支计划，但不能做到按计划控制，导致计划与实际严重脱节，使企业资金管理变得盲目，影响企业资金的正常周转	1. 银行账户多，资金分散 2. 资金使用计划的可操作性差 3. 对外投资决策随意性大，缺乏控制 4. 资金占用方面管理不善
财务信息失真	企业的信息严重不透明、不对称，使得企业高层决策者难以获取准确的财务信息，财务信息失真，会计核算不准，财务报表不真实	1. 管理部门间不愿及时提供相关信息 2. 企业各层面截留信息，或提供虚假信息，使得汇总起来的财务信息失真
忽视现金流控制	企业只重视利润指标考核，忽视现金流控制，没有对现金流运行情况进行有效的分析和控制，导致决策失误	1. 企业对资产项目的完好性和现金流量的良性运行等情况没有相应的考核评价 2. 部门需要新增资金时提供虚假报告
缺乏监督管理机制	对各资金运动环节不变存在着监控不利，甚至存擅自挪用转移资金甚至侵吞资产等问题	1. 没有建立科学的监管机制，完善资金监督与管理制度 2. 没有形成有效的资金决策约束机制

3. 资金管理问题解决

对于资金管理的各项问题，企业应该有针对性地采取相应措施加以解决和避免，资金管理问题的解决对策及其操作要点如表 10-12 所示。

表 10-12　资金管理问题解决对策

资金管理问题	解决对策	操作要点
缺乏资金管理意识	1. 转变观念，树立资金管理的核心理念，将现金流量管理贯穿于企业管理的各个环节，高度重视企业的支付风险和资产流动性风险 2. 严把现金的出入关口，对经营活动、投资活动和筹资活动产生的现金流量进行严格管理	树立资金管理的核心理念
资金管理水平较低	1. 建立健全企业内部资金控制制度，制定企业资金授权管理办法 2. 明确分级资金管理权限，强化资金使用的监督，落实资金管理责任 3. 根据资金需求量编制合理的资金使用计划，使资金的使用达到最优化	企业内部资金控制制度、资金使用计划
财务信息失真	1. 充分利用计算机财务管理系统使财务与其他部门之间数据信息的互通，提高管理效率，对企业资金管理的各个环节进行实时监控 2. 充分利用内部结算中心的信息反馈职能，随时了解和掌握销售部门和采购部门的业务进展，以便采取措施确保收支指标的实现	计算机财务管理系统、内部结算中心
忽视现金流控制	1. 加强现金流量的控制和分析，控制现金的流入和流出，保证企业具备充足的支付能力和偿债能力 2. 预算编制采取逐级编报、逐级审批、滚动管理的办法，预算一经确定，即成为企业内部组织生产经营活动的依据，不得随意更改	财务预算报表

资金管理问题	解决对策	操作要点
缺乏监督管理机制	1. 建立科学的监管机制，完善资金监督与管理制度 2. 形成有效的资金决策约束机制，加强资金支付审批的管理，避免权力过分集中，根据业务范围和金额大小，分批确定资金审批人员	资金监督与管理制度

10.2.3　目标任务实现投资风险问题

1. 投资风险问题导图

中小企业要更好地生存发展，在激烈的竞争中保持优势，投资活动是必不可少的一环，只有不断的投资、选择好的投资方向及方法，才能获得更多的利润。影响中小微企业目标任务实现的重要原因之一是企业的投资风险问题，投资风险方面的具体问题一般包括以下 4 类，如图 10-7 所示。

图 10-7　目标任务实现投资风险问题导图

2. 投资风险问题分析

对于投资风险问题的具体问题描述及问题产生原因分析如表 10-13 所示。

表 10-13　投资风险问题分析表

投资风险问题	问题描述	原因分析
缺乏战略指导	企业在发展中没有完整的战略规划，所进行的固定资产投资项目只考虑了眼前的需要，没有将其与企业的战略发展规划连接起来，容易造成投资浪费，不利于企业的长期发展	1. 企业没有考虑面临的机遇与挑战，优劣势因素和竞争对手状况等深层次问题 2. 企业在进行投资时没有详细的策略和计划，只考虑近期利益而忽视长远战略规划，盲目投资引发投资风险
项目管理重视不足	企业项目管理缺乏整体思路，结果往往是成本暴涨，投资增加，项目建设过程不受控制，导致项目延期，产生投资风险	1. 企业对投资项目的管理缺乏重视 2. 企业出于节省成本的考虑可能减少人员的数量，对于既定的投资项目很少配备专业人员进行必要的管理
投资人才缺失	企业投资专业人才的缺乏及投资决策者的水平不足，会计报表的分析存在着盲区，只看结果不分析过程	1. 项目投资人员的配备不合理 2. 不能通过企业战略、经济环境、政策研究及盈利能力的分析投资项目

投资风险问题	问题描述	原因分析
投资决策 缺乏创新	企业做出的投资决策缺乏创新，往往追随大型企业或同行相近企业的投资模式及投资做法，缺乏创新，不能通过投资培植自己独特的技术或核心竞争力	1. 企业的投资创新意识不够 2. 企业资本较少，资本实力有限，投资能力弱，使得投资具有局限性

3. 投资风险问题解决

对于投资风险的各项问题，企业应该有针对性地采取相应措施加以解决和避免，投资风险问题的解决对策及其操作要点如表 10-14 所示。

表 10-14 投资风险问题解决对策

投资风险问题	解决对策	操作要点
缺乏战略 指导	1. 树立整体战略意识，首先分析自身的优势和劣势，其次研究其所在行业的大环境，分析可能的竞争对手及潜在的竞争状况，从大局上先明确方向，制定出企业总体发展战略规划及详细实施方案 2. 将投资纳入企业战略管理，在企业总体发展战略的指导下制订相应的投资计划，选择最合适的投资项目	企业总体发展战略规划及实施方案、投资计划
项目管理 重视不足	1. 投资项目的管理需要有高素质的项目人员，核心竞争力的培养及风险防范系统等，加强对投资项目管理的重视程度，监控好每一个阶段 2. 在投资决策阶段要认真收集相关信息，做好投资方案的优化工作 3. 在投资实施阶段要选择好最佳投资时机，加快投资计划的实施 4. 在投资回收阶段要做好投资项目的反馈工作，实时监督控制与调整 5. 在投资收尾阶段要做好残值的变现及整个投资项目的经验总结	投资方案的优化、投资计划实施、实时监督控制与调整、投资项目经验总结
投资人才 缺失	1. 重视人员的培训，对核心员工定期培训，使他们掌握更多最新的咨询和管理经验，培养综合性的投资决策人才 2. 采取适当的员工激励策略，将物质激励和精神激励相结合留住人才	培养综合性的投资决策人才
投资决策 缺乏创新	1. 分散投资，以降低投资风险，减少投资损失的资金 2. 在吸取其他企业成功经验的基础上，重点开发自己的核心产品和创新自身的思维，培养自己的管理人才，勇于创新，敢于实践，围绕着企业自身的核心技术进行投资决策	创新思维进行投资决策

10.2.4 目标任务实现成本核算问题

1. 成本核算问题导图

成本是企业产品定价的重要依据，也是企业竞争优势的来源，成本核算影响着企业的财务经营成果及分配，影响着企业的总体利益。加强企业的成本核算，完善企业的成本核算制度，能促进中小企业的持续发展，提高其经营绩效。

影响中小微企业目标任务实现的重要原因之一是企业的成本核算问题，成本核算方面的具体问题一般包括以下 4 类，如图 10-8 所示。

图 10-8　目标任务实现成本核算问题导图

2. 成本核算问题分析

对于成本核算问题的具体问题描述及问题产生原因分析如表 10-15 所示。

表 10-15　成本核算问题分析表

成本核算问题	问题描述	原因分析
所有权、经营权不分	企业领导者集权现象严重，所有决策由领导者个人做出，企业所有者个人制订成本预算，这样就加大了失误发生的可能性，有时可能会脱离实际，给企业带来较大风险	1. 企业所有者身兼数职，不利于发挥会计人员的职能 2. 进行成本核算，制订成本预算对相关人员素质要求较高，需要其具备较高的财务成本知识
成本会计观念落后	会计不仅具有核算功能，还具有监督功能，而一些企业仅将作为成本核算的一个工具，不重视其监督职能	企业都有成本控制的概念，但把成本核算和管理简单理解为"减少支出、降低成本"，孤立地强调节约，单纯以提高利润为宗旨，未能以长远的眼光权衡效益
成本核算方法陈旧	企业采用品种法、分步法计算成本，只有很少的企业采用分批法，企业成本核算采用实际成本法，而较少采用计划成本法、标准成本法及作业成本法	1. 企业生产经营方式粗放、忽视消费者的需求个性，极大削弱了市场竞争力 2. 实际成本法计算过程复杂而且难以实现真正的成本控制，容易脱离实际，会导致中小企业成本核算的结果与实际不相符合，成本控制作用不大
成本管理责任不明	虽然每个项目都有一个成本目标，但具体到某个部门，却不了解自己所在层次的目标及其在成本管理中的作用	成本核算与管理的责任不明确，企业成本核算制度不完善，财务管理体系不健全

3. 成本核算问题解决

对于成本核算的各项问题，企业应该有针对性地采取相应措施加以解决和避免，成本核算问题的解决对策及其操作要点如表 10-16 所示。

表 10-16　成本核算问题解决对策

成本核算问题	解决对策	操作要点
所有权、经营权不分	1. 实现企业所有权和经营权分离，使企业管理由家族化走向社会化 2. 选聘有经验的管理者、专业财务人员，合理利用人才 3. 管理者加强自身能力和道德素质的建设，进行准确的企业定位	企业所有权和经营权分离

成本核算问题	解决对策	操作要点
成本会计观念落后	1. 树立先进的成本管理观念及科技创新理念，增强成本管理观念，贯彻技术与经济结合、生产与管理并重的原则 2. 培养全体成本管理意识，提高全体员工对成本管理的认识，要求各个部门协调一致、共同努力，成本管理应上升到企业生产全过程、全方位以及全员的高度，变少数人的成本管理为全员的参与管理	增强成本管理观念、培养全体成本管理意识
成本核算方法陈旧	1. 配备专门的成本会计工作人员，对企业日常的成本工作进行处理，加强会计人员队伍建设，提高会计人员业务素质 2. 采用较为先进、科学的成本核算方法，提高成本计算和分配水平，引导管理者的目光关注资源消耗的动因，分析成本发生的前因后果	提高会计人员业务素质、采用较为先进、科学的成本核算方法
成本管理责任不明	1. 建立健全企业的成本核算制度，完善企业财务管理体系，并将计算机技术运用到成本管理中 2. 明确成本核算与管理的相关责任，设置相关指标进行绩效考核	成本核算制度、财务管理体系、绩效考核指标

10.2.5 目标任务实现成本管理问题

1. 成本管理问题导图

成本管理是企业目标管理的重要组成部分，是实现现代企业管理目标的必要途径之一。影响中小微企业目标任务实现的重要原因之一是企业的成本管理问题，成本管理方面的具体问题一般包括以下 4 类，如图 10-9 所示。

图 10-9　目标任务实现成本管理问题导图

2. 成本管理问题分析

对于成本管理问题的具体问题描述及问题产生原因分析如表 10-17 所示。

表 10-17　成本管理问题分析表

成本管理问题	问题描述	原因分析
忽视流通性费用节约	企业重视生产性费用节约，忽视流通性费用节约的成本管理方法将无法有效地控制成本。若是，那么将不能适应市场经济的发展	1. 重视在生产过程中避免某些费用的发生，忽视了材料供应、市场营销和售后服务等过程中的流通性费用节约

成本管理问题	问题描述	原因分析
忽视流通性费用节约	企业重视生产性费用节约，忽视流通性费用节约的成本管理方法将无法有效地控制成本。若是，那么将不能适应市场经济的发展	2．企业只控制成本费用的报账数，而对已经发生的成本费用不够重视，甚至不入账，只计算财务成本不计算管理成本
忽视约束和激励机制	企业重视人工成本的节约，忽视约束和激励机制的形成，缺乏约束和激励机制，因此很难留住人才，从长远来看，这反而增加了企业的用人成本	企业把员工视为"成本"，千方百计通过节约人工成本来降低成本，降低员工薪酬福利水平，没有健全的约束和激励机制
忽视产品无形损失	重视产品的有形损失，忽视产品的无形损失，造成产业生产重复、产品档次不高、产大于销、产品待售时间长，甚至大量滞销积压，只能以低于其价值的价格销售的状况，造成严重的无形损失	1．产品的有形损失是指可以定量计算或可以用货币衡量的损失，产品的无形损失是指由于产品过时、过季及供过于求等原因造成的产品贬值 2．企业对产品的有形损失严格把关，而对产品的无形损失缺少评估标准
忽视成本战略管理	企业的成本管理只重视成本的战术管理，而忽视了成本的战略管理，没有将成本管理与本企业的竞争战略结合起来，市场竞争优势较弱	成本的战术管理是指生产经营过程中的成本管理，而成本的战略管理是指战略思想在成本管理中的具体应用，是在提高企业竞争优势的同时进行的成本管理

3．成本管理问题解决

对于成本管理的各项问题，企业应该有针对性地采取相应措施加以解决和避免，成本管理问题的解决对策及其操作要点如表10-18所示。

表10-18　成本管理问题解决对策

成本管理问题	解决对策	操作要点
忽视流通性费用节约	1．拓宽成本管理范围，进行产品的生产成本、信息来源成本、技术成本、后勤成本、库存成本、销售成本及售后维修成本等全程管理 2．对成本全程管理包括的全部成本都加以严格的控制，以细致、科学的手段进行管理，增强产品在市场中的竞争力	拓宽成本管理范围
忽视约束和激励机制	1．转变观念，将员工定义为全员的资源。支付给员工合理的薪酬，增加员工福利和必要的职业培训、创造良好的工作环境、生活环境和学习环境，通过人力资源的开发与管理，实现人力资本的升值 2．完善约束和激励机制，建立各种程序和规范，包括业务处理、业绩评价、奖惩措施及对组织结构的设定、职能的划分与分工等，将人力资源转化为巨大的创新能力和生产力	完善约束和激励机制
忽视产品无形损失	1．减少产品的无形损失，做好产品设计成本的控制，开发新产品不仅要考虑其市场可行性、技术可行性，还要注视其经济可行性，使新产品可以增加销售量，提高市场占有率 2．加大技术创新成本投入，以技术创新促进成本管理，以技术创新获取更大的效益，确立竞争优势	做好产品设计成本的控制、加大技术创新成本投入
忽视成本战略管理	重视成本战略管理，将成本管理与本企业的市场竞争战略结合起来，提高市场竞争力	重视成本战略管理

10.3 中小微企业目标任务实现市场问题

10.3.1 目标任务实现市场营销问题

1. 市场营销问题导图

影响中小微企业目标任务实现的重要原因之一是企业的市场营销问题，市场营销方面的具体问题一般包括以下 5 类，如图 10-10 所示。

图 10-10 目标任务实现市场营销问题导图

2. 市场营销问题分析

对于市场营销问题的具体问题描述及问题产生原因分析如表 10-19 所示。

表 10-19 市场营销问题分析表

市场营销问题	问题描述	原因分析
市场营销意识不足	企业的营销观念没有转变，市场营销意识不足结果是要么是产品库存大量积压，要么是应收账款急剧增加，资金周转出现困难，从而使大多数企业陷入停产或半停产的状态	1. 企业对市场仍然奉行传统的生产观念、产品观念和推销观念 2. 企业对市场束手无策，随大流盲目地推销产品
高层营销管理缺位	高层营销管理的缺位，导致对企业市场营销工作产生负面影响，挫伤员工的积极性，市场营销工作缺乏方向	1. 高层管理人员对营销认识的局部性、不确定性，决策缓慢，影响销售工作的高效进行 2. 市场营销决策不系统、不全面、不到位，从而造成企业的整体市场营销
缺少市场营销战略	企业盲目运行，缺少长期、中期的发展战略规划，没有制定有效的市场营销战略，导致市场营销在实施过程中杂乱无章	1. 企业只计划当期，没有设想过将来 2. 以眼前利益为指导而忽略了长期发展战略和方向
品牌管理存在问题	与企业的战略规划的重要性一样，品牌战略规划在品牌管理占有绝对的重要地位，对企业的市场缺乏继承性与延续性，不能形成市场的品牌积累，仅能够在某产品占优势，很难形成长久的压倒式的品牌优势，对品牌塑造不够，不利于持久发展	1. 企业在品牌管理工作中往往自觉或不自觉地忽视品牌战略规划，将品牌战略规划等同于营销策划、广告创意、公关及促销活动 2. 过分依赖广告等营销手段，逐渐产生促销无效的现象

市场营销问题	问题描述	原因分析
忽视了营销网络的功能	企业只注重产品生产，而没有建立起有效的市场营销网络，导致企业无计划、无目标地销售产品，不仅浪费营销资源，而且无法取得好的营销业绩	1．企业并没有在市场营销网络上给予足够的重视 2．企业的市场定位、促销方式等方面存在诸多问题

3．市场营销问题解决

对于市场营销的各项问题，企业应该有针对性地采取相应措施加以解决和避免，市场营销问题的解决对策及其操作要点如表10-20所示。

表10-20　市场营销问题解决对策

市场营销问题	解决对策	操作要点
市场营销意识不足	建立科学、实战的营销组织框架确立企业整体营销观念，使企业所有部门和员工紧密地协作	营销组织框架
高层营销管理缺位	1．根据市场开发需要，建立营销组织体系、市场信息管理体系、目标和计划管理体系 2．通过完善的营销管理体系明确营销管理层次及其职责、工作标准和工作流程，将目标市场和市场目标、营销管理人员和业务员、经销商、市场信息以最佳方式组织起来	营销组织体系、市场信息管理体系、目标和计划管理体系
缺少市场营销战略	1．企业应根据自己的具体情况，制定明确的发展战略，确立不同阶段的目标规划、具有可行性的实施步骤 2．把质量创新作为市场营销战略的根基，广泛采用新技术、新工艺、新材料，不断改进产品设计，开发新产品，加快技术改造的步伐	企业发展战略、加快技术改造的步伐
品牌管理存在问题	1．通过消费者需求调查与竞争品牌价值分析，进行核心品牌价值提炼与品牌定位，制定品牌发展战略与品牌塑造策略，整合制订市场营销计划 2．企业的所有价值活动特别是营销传播活动都要围绕以核心价值为中心的品牌识别而展开	市场营销计划
忽视了营销网络的功能	1．企业应针对消费者的需求，以地理、人口等为依据进行市场细分 2．企业根据市场的特点、企业的目标及市场营销资源的具体情况确定细分变量，调动企业营销资源，分配到市场，加强各细分市场的联系，形成高效的市场营销网络	市场细分、市场营销网络

10.3.2　目标任务实现市场竞争问题

1．市场竞争问题导图

影响中小微企业目标任务实现的重要原因之一是企业的市场竞争问题，市场竞争方面的具体问题一般包括以下4类，如图10-11所示。

图 10-11　目标任务实现市场竞争问题导图

2. 市场竞争问题分析

对于市场竞争问题的具体问题描述及问题产生原因分析如表 10-21 所示。

表 10-21　市场竞争问题分析表

市场竞争问题	问题描述	原因分析
管理水平不高	没有系统的管理理论，缺乏核心竞争力的经营理念，没有建立完善的现代企业制度，造成企业市场竞争力低下	1. 企业的管理模式和理念落后 2. 企业的经营管理过程缺乏系统性、整体性、全面性，过于主观化、随意化
核心技术缺乏	企业知识储备及技术研发能力缺乏，缺少高新技术，使企业在市场竞争中缺少核心竞争优势和科技实力	1. 企业对知识资源与技术开发投入的认识不够深刻，操作不到位 2. 企业具有自主知识产权和高技术产业的产品较少
企业资源过度分散	企业横向产业跨度过宽，纵向产业链过长，核心产业虚弱，结果分散了企业的有限资源，不仅没有培育出新的利润增长点，甚至还丧失了原有的竞争优势	为了实现其资产规模的扩张，在还不具备条件的情况下，就开始在本行业进行收购兼并，并将投资范围扩展到主营业务以外的其他领域，盲目实施多元化经营
企业文化缺失	企业没有明确的、与自身发展相匹配的企业文化和核心价值观，缺少对员工的吸引力和凝聚力，影响企业的市场竞争力	企业不重视人力资源的管理与企业文化的建设，缺少独特的企业文化，企业核心竞争力就失去了必要的内部环境和基础

3. 市场竞争问题解决

对于市场竞争的各项问题，企业应该有针对性地采取相应措施加以解决和避免，市场竞争问题的解决对策及其操作要点如表 10-22 所示。

表 10-22　市场竞争问题解决对策

市场竞争问题	解决对策	操作要点
管理水平不高	提升企业管理者的创新能力、对于宏观市场的洞察力和敏锐的判断力，以及战略决策能力，使管理者能把握未来较长时期的变化趋势和规律，使企业产品开发和市场开拓走在市场变化的前面	提高企业管理者的整体素质和能力
核心技术缺乏	1. 企业不断增强研究与开发能力，满足顾客不断变化的需求，掌握核心技术能力来创造顾客需求的产品，赶超消费者需求的预期	

续表

市场竞争问题	解决对策	操作要点
核心技术缺乏	2. 加大企业用于研究开发的经费投入，在加强研究与开发的同时，要重视汲取和获得相关的新技术和技能，改进或创新技术核心体系，形成核心竞争力新的整合	加强技术创新、加大核心技术的研发力度
企业资源过度分散	重新整合自己的内部资源，构造新的企业经营格局，调整产业结构与产品结构，构建新的企业经营机制，从而达到优化资源配置，提高市场竞争力的目的	整合内部资源、优化资源配置
企业文化缺失	1. 结合企业的状况和目标建立与企业自身相匹配的核心价值观，塑造优秀的企业文化 2. 对员工进行合理的引导，增强企业的亲和力和凝聚力，让优秀的企业文化深入每个员工的内心，使全体员工对企业的价值取向、经营理念和目标形成共识	企业核心价值观、优秀的企业文化

10.4 中小微企业目标任务实现管理问题

10.4.1 目标任务实现信息管理问题

1. 信息管理问题导图

影响中小微企业目标任务实现的重要原因之一是企业的信息管理问题，信息管理方面的具体问题一般包括以下 4 类，如图 10-12 所示。

图 10-12 目标任务实现信息管理问题导图

2. 信息管理问题分析

对于信息管理问题的具体问题描述及问题产生原因分析如表 10-23 所示。

表 10-23 信息管理问题分析表

信息管理问题	问题描述	原因分析
信息资源利用不充分	企业在信息化建设中存在重硬件，轻软件的问题，信息技术落后，数据库资源建设缺乏，数据资源不足，不能有效地利用信息资源	1. 企业没有建立统一共享的中央数据库，各个部门自成体系 2. 信息技术应用水平较低，信息资源利用不充分

信息管理问题	问题描述	原因分析
信息技术人员匮乏	企业没有信息管理专职人员，更没有设立专门的信息机构和信息主管，导致企业信息管理系统的缺失或落后	1. 缺少信息技术专业人才，没有建立起精通信息技术与管理技术的人才队伍 2. 忽视了信息技术的培训，人员素质的提高没有紧随信息技术的进步
管理模式层次较低	企业信息资源管理的层次处于集成阶段和数据管理阶段，即信息时代信息系统的初级阶段，造成重复建设，管理效率低下等问题	企业的信息资源系统往往不能有效地整合企业各个部门的信息资源，出现各自为政，相互独立，互不兼容的现象，大大削弱了前期投入的效力
信息管理制度不健全	企业信息管理制度不健全，没有成熟的信息管理体系，信息管理工作不规范，甚至存在安全隐患	随着网络技术的发展，威胁企业信息资源安全的因素越来越多，比如，自然环境的不可抗因素、软件和硬件系统因素、人为及管理因素、物理及电磁因素等

3. 信息管理问题解决

对于信息管理的各项问题，企业应该有针对性地采取相应措施加以解决和避免，信息管理问题的解决对策及其操作要点如表 10-24 所示。

表 10-24　信息管理问题解决对策

信息管理问题	解决对策	操作要点
信息资源利用不充分	企业应结合自身的特点，以能力和业绩为导向，完善激励和约束机制，遵循"高效益、低风险"的原则，提高信息技术水平，优化企业内部信息环境，积极鼓励信息技术的应用和创新	优化企业内部信息环境
信息技术人员匮乏	1. 加强企业信息管理人员的培养和队伍的建设，提高信息技术人员的专业素质和技能 2. 要通过多个途径培养信息管理人才，如根据信息管理前沿领域的发展对现有人员进行在职轮流培训，为企业信息人员参加对外交流创造条件，与高校、科研部门定期举办讲座，从高校吸收信息管理专业人才，通过实践选拔出优秀的信息管理人才等方法	加强企业信息管理人员的培养和队伍的建设
管理模式层次较低	1. 提高企业信息资源开发、管理和使用的效率。在企业的信息流中，要以产品为核心，以计划为依据，调整产销关系，提供物资需求，保证市场销售的动态信息 2. 建立信息资源管理系统，一方面为企业决策提供有力的支持；另一方面向外界提供本企业的公有信息，以增加市场机会，提高企业竞争优势	提高企业信息资源开发、管理和使用的效率
信息管理制度不健全	1. 完善企业信息管理体系，建立完整的情报资料体系，最大限度地实现各个业务部门的信息资源共享 2. 健全企业信息管理制度，规范信息管理工作，增强企业信息资源管理的安全管理水平	完善企业信息管理体系、健全企业信息管理制度

10.4.2 目标任务实现安全管理问题

1. 安全管理问题导图

影响中小微企业目标任务实现的重要原因之一是企业的安全管理问题，安全管理方面的具体问题一般包括以下4类，如图10-13所示。

图10-13 目标任务实现安全管理问题导图

2. 安全管理问题分析

对于安全管理问题的具体问题描述及问题产生原因分析如表10-25所示。

表10-25 安全管理问题分析表

安全管理问题	问题描述	原因分析
安全管理权责不对称	企业基本都已配备了专兼职的安全管理员，并规定了作为安全管理人员的职责和权力，然而在部分企业中，安全管理人员的权责并不对称，其管理职能被弱化了	1. 企业安全管理体系不完善，安全管理监督人员的权责没有对等起来 2. 企业安全管理人员负有承担安全管理的责任，然而其依法行使的权力在企业没有得到充分的发挥
安全生产意识薄弱	企业生产安全意识薄弱，思想认识不到位是安全事故频发的主要原因之一，安全生产管理只是停留在表面上，没有真正落到实处	1. 员工在工作中自我保护意识差，违章操作、违章指挥等现象仍有发生 2. 生产工作中存在经验主义和侥幸心理，缺少安全生产意识
安全生产技能不足	企业生产员工的操作水平参差不齐，缺乏操作理论、实践技术和经验，在生产中经常出现操作不当引发事故的现象	1. 企业对生产技术的培训不到位，缺少对生产技术培训的力度和经费投入 2. 企业没有配套的奖惩机制，企业员工缺乏学习生产知识和技能的积极主动性
安全管理制度不健全	企业的安全管理制度不健全，以及相关监督管理、考核激励制度的缺位导致安全管理工作难以实施，安全管理制度不能得到有效落实	1. 企业没有建立起安全生产及监督管理的有效制度，安全管理工作无章可循 2. 生产负责人为了抓工期、赶进度、创效益，使制度成为形式，违章成为一种普遍现象

3. 安全管理问题解决

对于安全管理的各项问题，企业应该有针对性地采取相应措施加以解决和避免，安全管理问题的解决对策及其操作要点如表10-26所示。

表 10-26　安全管理问题解决对策

安全管理问题	解决对策	操作要点
安全管理权责不对称	1. 完善安全监督管理体系，建立安全管理人员的责权对等制度，保证安全管理人员的作用得到充分发挥 2. 实施科学、系统的管理方法，对所有作业场所、设备、设施等进行全方位、全过程的危害识别与风险评价，并做到持续改进，达到管理目标 3. 建立突发事故处理机制，建立事故应急预案，能够在突发事故发生时，采取必要的应急处理措施，使事故得到有效控制	完善安全监督管理体系
安全生产意识薄弱	1. 加大安全培训力度，切实提高全员的安全意识和安全素质，每年定期安排安全教育培训，提高员工安全风险防范意识 2. 加大思想教育力度，使全体员工树立安全生产意识，实现安全观念的转变，严格遵守操作规范，杜绝违规操作行为	加大安全培训力度
安全生产技能不足	1. 加强生产技能培训工作，使生产员工其掌握岗位操作理论知识和实际动手操作方法，提高员工的安全生产技能 2. 建立安全技能培训的长效机制，加大投入力度，制定相关的制度保障每位员工每年都能得到一定学时的技术培训 3. 制定严格的培训奖惩考核制度，对员工进行培训后的考核，保障培训的质量	建立安全技能培训的长效机制
安全管理制度不健全	1. 建立健全安全管理制度体系，制定安全生产及监督管理的有效制度 2. 加强制度的宣传贯彻及考核机制，不断强化管理者及员工的安全意识，把安全管理制度落实到实处	建立健全安全管理制度体系

10.4.3　目标任务实现质量管理问题

1. 质量管理问题导图

影响中小微企业目标任务实现的重要原因之一是企业的质量管理问题，质量管理方面的具体问题一般包括以下 4 类，如图 10-14 所示。

缺乏全面质量管理意识　　基础数据缺乏管理

质量管理问题

片面理解ISO标准　　质量管理经验论

图 10-14　目标任务实现质量管理问题导图

2. 质量管理问题分析

对于质量管理问题的具体问题描述及问题产生原因分析如表 10-27 所示。

表 10-27　质量管理问题分析表

质量管理问题	问题描述	原因分析
片面理解 ISO标准	企业对ISO标准的理解片面，把获取ISO9000认证看作是一劳永逸的事，质量是一个多维的概念，它不仅与最终产品有关，并且与如何交货，如何迅速响应顾客的投诉等相关	1. 企业未形成良好的质量管理系统、没有从整个生产管理过程去提高质量 2. 企业缺乏对全体人员、全过程、全方位的质量管理体系
缺乏全面质量管理意识	企业的质量意识仍然十分淡薄，导致企业难以形成完善的质量文化，也缺少以质量为导向的企业价值观，不注重在生产前和生产过程中杜绝产品质量问题	1. 全面质量管理强调的就是全员、全过程、全方位地对质量进行管理 2. 企业过于短期效益，从购买设备、原材料采购到生产、发货的整个过程，没有在质量管理工作上下足功夫，在企业中形成了错误的质量价值观导向
基础数据缺乏管理	企业在制定很多决策时，没有科学的依据，没有真实的数据信息，企业缺乏基础数据管理，没有成熟的文件体系去支撑管理决策，导致做出的决策，不符合企业实际状况，或执行遇到困难，使企业产生很大的内耗，增加失败成本	1. 企业不重视基础数据管理，使得数据资料的缺失 2. 管理者只能依靠资历和经验来制定相关的决策
质量管理经验论	企业在实际管理过程中不注重学习新知识，也不能及时将经验升华为理论，造成管理粗放，凭主观决策，导致企业管理效率不高、生产质量不佳	1. 企业错误地认为管理主要靠经验和实践，轻视先进管理工具和方法对实践的指导作用 2. 缺少管理的工具和方法，缺乏管理制度和规范，使生产过程产生许多薄弱环节

3. 质量管理问题解决

对于质量管理的各项问题，企业应该有针对性地采取相应措施加以解决和避免，质量管理问题的解决对策及其操作要点如表 10-28 所示。

表 10-28　质量管理问题解决对策

质量管理问题	解决对策	操作要点
片面理解 ISO标准	1. 企业应自行编制质量文件，质量文件包括公司的质量政策、质量责任和质量保证体系的要求及标准工作程序等 2. 按照标准程序的要求对整个生产、销售、客户服务过程进行反复的检查审核，促进企业整个质量体系工作真正按照要求运作	对全过程进行反复的检查审核
缺乏全面质量管理意识	1. 企业应提高全员参与质量管理的意识，围绕质量管理标准展开教育培训活动，使企业上下全体员工积极参与，增强每一位员工的责任感 2. 企业要从生产流程、技术支持、培训系统、企业价值观和文化等进行全面的改进，将质量管理进一步贯彻落实到具体工作中，不断地总结经验并持续改进	提高全员参与质量管理的意识
基础数据缺乏管理	1. 企业应成立相关部门，组织相关人员加强基础数据管理，指定专人对文件进行切实有效的保管，确保企业数据资源的保密性及避免数据流失 2. 建立相应文件内控管理流程，对文件按机密等级进行分类处理 3. 建立文件的内部核查制度，定期核查文件流通中容易造成文件的缺失、遗漏、损毁的各个环节	加强基础数据管理、建立文件内控管理流程及核查制度

质量管理问题	解决对策	操作要点
质量管理经验论	1. 制订相应的质量管理计划和措施，使质量方针和质量目标更加科学 2. 增强质量问题归因能力，科学对待产品质量问题并提出行之有效的对策	制订质量管理计划和措施

10.4.4　目标任务实现创新管理问题

1. 创新管理问题导图

影响中小微企业目标任务实现的重要原因之一是企业的创新管理问题，创新管理方面的具体问题一般包括以下 4 类，如图 10-15 所示。

企业投入资金不足　　创新管理问题　　企业创新制度缺乏

企业创新动力不足　　企业合作创新不足

图 10-15　目标任务实现创新管理问题导图

2. 创新管理问题分析

对于创新管理问题的具体问题描述及问题产生原因分析如表 10-29 所示。

表 10-29　创新管理问题分析表

创新管理问题	问题描述	原因分析
企业创新动力不足	企业创新动力不足，习惯于模仿照搬，缺乏创新意识，满足于从外部引进先进技术，进行创新管理的动力不足	1. 企业进行简单模仿或者照抄照搬，进行技术含量低下的简单重复劳动，不对引进的技术进行消化和二次创新 2. 企业专利意识薄弱，原创技术难以得到保护，减弱了企业创新的积极性
企业投入资金不足	企业投入资金不足，创新人才匮乏，资金投入不足导致技术等方面的创新困境，进而影响企业长期生存发展	1. 企业创新需要大量的人力财力支持，而企业投入研发方面的资金远远不足 2. 企业极其缺乏高层次创新人才，高新技术的创新无法进行
企业创新制度缺乏	企业创新制度缺乏，内部管理落后，如果企业没有与创新相匹配的激励制度、人才引进制度等内部制度保障时，企业创新更容易受到领导风格影响，当领导风格趋于保守时，企业创新就会受限企业的创新管理难以进行	1. 企业仍然面临着产权不明晰，制度不完善和管理落后的问题 2. 企业的创新不仅是技术问题，也是制度和管理问题

创新管理问题	问题描述	原因分析
企业合作创新不足	创新最终能否创造经济价值是企业十分关注的,而这必须通过市场来检验,而企业创新主要由企业自主独立完成,较少与高校和科研机构进行沟通,有的企业在合作创新过程中调研不足,忽视了市场需求	1. 高校和科研机构的研究成果及进行的创新时常并不是企业和市场所需要的 2. 产学研合作创新过程中盲目采用先进科技,不考虑消费者的接受度和需求度,忽视了市场需求

3. 创新管理问题解决

对于创新管理的各项问题,企业应该有针对性地采取相应措施加以解决和避免,创新管理问题的解决对策及其操作要点如表 10-30 所示。

表 10-30 创新管理问题解决对策

创新管理问题	解决对策	操作要点
企业创新动力不足	1. 企业要学会吸收先进技术,提高企业创新意识,在引进国内外先进技术后,要善于消化吸收和二次创新,使企业成为真正意义上的技术创新的主体 2. 企业应当加强专利保护的意识,保护其成果不被剽窃抄袭,在发现侵权后善于使用法律武器保护自身利益	提高企业创新意识
企业投入资金不足	1. 企业可将每年销售收入中一定比例的资金固定作为技术研发创新的专项资金,加大创新人才引进力度 2. 适当提高创新人才的福利待遇,建立基于创新的激励制度,营造鼓励创新的工作氛围	扩大创新资金投入
企业创新制度缺乏	1. 建立企业创新制度体系,完善企业内部管理,为企业创新提供高效的管理和制度安排 2. 通过完善内部管理和组织流程,对产品设计、生产、营销、提供服务、改进工艺等各个部分进行重新组合,形成战略优势 3. 建立能够实现有效外部联系的可行规章,以促进创新的识别、资源的分配和方案的实施	建立企业创新制度体系
企业合作创新不足	1. 企业要加强产学研合作创新,依托高校实验室,设立工程中心和技术中心,在技术转移中吸收创新资源,进行集成创新和再创新 2. 在产学研合作创新的过程中,要确立企业的领导地位,要以满足企业和市场需求为目的构建战略联盟	加强产学研合作创新

10.4.5 目标任务实现内部控制问题

1. 内部控制问题导图

内部控制是企业内部各职能部门、各有关工作人员之间,在处理经济业务过程中相互联系、相互制约的一种管理手段。影响中小微企业目标任务实现的重要原因之一是企业的内部控制问题,内部控制方面的具体问题一般包括以下 4 类,如图 10-16 所示。

图 10-16　目标任务实现内部控制问题导图

2. 内部控制问题分析

对于内部控制问题的具体问题描述及问题产生原因分析如表 10-31 所示。

表 10-31　内部控制问题分析表

内部控制问题	问题描述	原因分析
管理层内控意识淡薄	企业的管理层尚未意识到内部控制的意义，没有建立内部控制制度，或者是虽然制定了内部控制制度，但只把企业的内部控制制度看作是文件和制度，没有有效地落实	1. 企业对内部控制的认识还停留在较原始的内部牵制阶段，或者认为内部控制就是内部监督 2. 认为强化内部控制就是要增加管理人员，对内部控制的目标方法并不明确
内部控制制度不健全	企业只重视内部控制的制定，没有具体的监控具体的实施情况，也没有根据执行的差异对计划进行有关的调整	1. 没有建立自我防范与约束机制，偏重事后控制而忽略了事前预防控制 2. 内部控制制度不够全面，没有覆盖所有的部门和人员，没有渗透到企业各个业务领域和各个操作环节中，制度的设计也停留在内部会计控制上，参与内控管理的也仅仅是财务人员
内控实施缺乏有效性	企业虽然有健全和完善的内部控制制度，但内控制度在实际执行时仍然存在明显的漏洞，弱化了内部控制的职能，无法在有效执行内部控制制度的基础上确保内部控制质量	没有设立相应的检查与考核内部控制制度实施情况的机构，从而削弱了员工执行内部控制制度的自觉性和警觉性
内部控制管理效率低	内部控制的实施过程无人监督或者难以落实，内部控制的管理效率低下，进而扭曲了内部控制制度既定的目标和发挥作用的初衷	1. 企业缺乏完整、系统、科学的管理制度来指导员工如何行动，往往凭经验办事 2. 内部控制存在其固有的、不可避免的局限性

3. 内部控制问题解决

对于内部控制的各项问题，企业应该有针对性地采取相应措施加以解决和避免，内部控制问题的解决对策及其操作要点如表 10-32 所示。

表 10-32 内部控制问题解决对策

内部控制问题	解决对策	操作要点
管理层内控意识淡薄	1. 增强管理者的素质和内部控制的意识，提高内部控制实施的效率 2. 避免高层管理人员越权行使职能的行为，利用权力机构、决策机构、经营机构和监督机构相互分离、相互制衡的原则，减少高层管理人员交叉任职，真正使各利害关系方在权力、责任和利益上相互制约	增强管理者的素质和内部控制的意识
内部控制制度不健全	1. 加强对企业法人的内部控制监督，建立企业重大决策集体审批制度 2. 加强对企业部门管理的控制监督，建立部门之间相互牵制的制度 3. 加强对关键岗位的定期稽查制度，强化内部审计和控制自我评估 2. 在完善内部控制制度的基础上还应该建立对执行人员的考核评价机制	完善内部控制制度
内控实施缺乏有效性	1. 建立财物分离的内部机制，从内部控制角度来考虑企业内部架构和各个机构的职能分工 2. 做到内部机构的设置合理、职能明确、相互沟通和制约	建立财物分离的内部机制
内部控制管理效率低	1. 实行不定期的岗位轮换制，尽力消除内部财务风险 2. 根据内部、外部环境的变化，不断地调整内部控制的程序、方法、内容，不断完善内部控制，使之适应企业的经营管理与发展变化 3. 加强企业文化建设、引导和激励企业内部控制的顺利实施	不断地调整内部控制的程序、方法、内容

10.4.6 目标任务实现文化建设问题

1. 文化建设问题导图

企业文化建设的目的是为了凝聚企业员工的思想，激发员工的工作积极性和创造性，营造有利于企业管理和发展的内部环境，促进企业获得更高的生产效率，实现企业效益的最大化。影响中小微企业目标任务实现的重要原因之一是企业的文化建设问题，企业文化建设方面的具体问题一般包括以下 4 类，如图 10-17 所示。

图 10-17 目标任务实现文化建设问题导图

2. 文化建设问题分析

对于文化建设问题的具体问题描述及问题产生原因分析如表 10-33 所示。

表 10-33　文化建设问题分析表

文化建设问题	问题描述	原因分析
对企业文化缺乏认识	企业在对企业文化的理解上存在误区,对企业文化建设缺乏正确的认识	1.将企业文化等同与企业外在形象设计 2.将企业文化等同于企业文体活动 3.将企业文化等同于政治思想工作 4.将企业文化等同于规章制度
与经营活动缺乏联系	企业文化建设与企业经营活动缺乏紧密联系,在文化建设上往往与经济效益之间的关系处理不当,最后形成了文化建设、经济效益毫不相关的局面	企业为建设文化而建设文化,不注重经济效益,不注重经济效益与文化建设的实际联系,使企业文化脱离实际,失去了文化建设的根本意义
文化建设缺乏创新	企业文化建设缺乏个性及创新精神,甚至出现企业文化雷同的现象,在一定程度上这样的企业文化不仅不能推动企业的发展,甚至会阻碍企业的发展	1.企业不注重创新,不根据社会、企业条件的变化而对企业文化建设做出相应的调整,使得文化建设与社会文化发展、企业自身发展严重脱节 2.企业文化的建设一味模仿,全盘照搬
企业文化落实不到位	盲目追求企业文化的形式,而忽略了企业文化的落实,导致企业文化建设难以持续,无法对企业的发展产生深远的影响	1.把企业文化口号化,笼统地提要求、提口号,而不是把建设企业文化作为长期的宣贯任务 2.不能形成文化推动力,将企业文化建设落实到员工思想、行动上的

3. 文化建设问题解决

对于文化建设的各项问题,企业应该有针对性地采取相应措施加以解决和避免,文化建设问题的解决对策及其操作要点如表 10-34 所示。

表 10-34　文化建设问题解决对策

文化建设问题	解决对策	操作要点
对企业文化缺乏认识	1.建设企业文化的关键在企业的最高管理层,企业管理者要从思想认识上认清企业文化的性质、目标和重要性,给予企业文化建设充分的支持 2.强化全员的企业文化意识,加强企业文化建设的宣贯力度,注重企业文化意识的传播工作,扩大企业文化的影响力	强化全员的企业文化意识
与经营活动缺乏联系	1.在企业文化建设时,要立足于企业的生产经营活动,为企业的生产经营活动服务,将企业文化建设与经营活动紧密相连,用文化推动企业生产经营活动的开展 2.企业文化建设要立足于企业的长远发展,为企业的可持续发展提供文化保障	将企业文化建设与经营活动紧密相连
文化建设缺乏创新	1.企业应该结合自己企业的自身特点,创造出具有一定特色、富有个性的企业文化 2.对企业文化的要素进行整合,形成科学有效系统完善的企业文化模式和文化体系,重视企业文化的创新并推动企业文化的个性化发展	重视企业文化的创新、推动企业文化的个性化发展
企业文化落实不到位	1.构筑企业制度文化,以企业文化体系为中心,结合其他的制度,开展宣传活动,丰富企业文化活动内容,将企业建设落到实处 2.构筑企业创新文化和科技文化,以开拓创新的精神管理企业,营造尊重知识、尊重人才、尊重科学的氛围	构筑企业制度文化、构筑企业创新文化和科技文化

10.4.7 目标任务实现的执行力问题

1. 执行力问题导图

影响中小微企业目标任务实现的重要原因之一是企业的执行力问题，执行力方面的具体问题一般包括以下 4 类，如图 10-18 所示。

图 10-18 目标任务实现执行力问题导图

2. 执行力问题分析

对于执行力问题的具体问题描述及问题产生原因分析如表 10-35 所示。

表 10-35 执行力问题分析表

执行力问题	问题描述	原因分析
执行力认识不到位	企业对执行力的认识不到位，执行不力成为一种习惯，久而久之，各项决策的落实也都将执行不到位，执行问题一直存在于企业，企业的生存和发展将受到巨大的影响	1. 企业管理者置身于制度之上，盲目地制定和修改企业的各项决策 2. 企业的经营管理存在问题，对于制定的各项政策朝令夕改，使员工在执行的过程中失去方向
制度流于形式化	在执行方面，企业虽然制定了一些制度，但在企业的日常管理过程中，制度流于形式，制度和执行不能同步	1. 企业没有形成科学、合理的规章制度体系和约束机制，难以得到有效执行 2. 各项制度没有规范的执行流程和标准，使员工在执行中无章可循
组织结构存在缺陷	企业组织结构混乱，各部门间、上下级间责任划分不清楚，沟通不畅，造成执行过程中的混乱，上级决策无法有效传达到执行者，下级的执行情况也无法畅通反馈给上级	组织结构设计得不合理导致出现多头管理的局面，使得组织在执行过程中责任不明确、沟通不顺畅，执行效率低下
缺乏配套支持系统	企业没有建立执行力的配套支持系统，意识不到执行力的提升需要激励与约束机制的支持，影响了员工有效执行的积极性	企业是由员工构成的，若想要员工有效地执行企业各项目标和决策必须有相应的宝座与激励措施，促使员工为提高执行力而努力

3. 执行力问题解决

对于执行力的各项问题，企业应该有针对性地采取相应措施加以解决和避免，执行力问题的解决对策及其操作要点如表 10-36 所示。

表 10-36　执行力问题解决对策

执行力问题	解决对策	操作要点
执行力认识不到位	1. 强化企业管理层对执行力问题的科学认识，管理者应在日常的管理活动中充分重视目标与决策的执行情况，建立起高效的自上而下的执行流程，以及自下而上的反馈渠道 2. 提高企业全体员工对执行力的认识，由管理层引导整个企业形成重视执行力的氛围，发挥企业执行力的优势	强化和提高对执行力的认识
制度流于形式化	1. 改善企业的执行流程，使执行过程标准化、流程化，提高企业执行力 2. 制定完善合理的规章制度，使员工在执行任务时有章可依，有执行的标准，注意保证制度真正被执行，将制度落实到企业的日常经营活动中，避免制度流于形式化	及时革新和改进组织结构
组织结构存在缺陷	1. 企业应及时革新和改进组织结构，构建合理有效的组织结构形式，使得上级部门能够高效控制和指导下级部门的任务执行情况，下级部门能够及时将目标执行中遇到的各种问题反馈给上级部门 2. 企业应根据自身实际情况构建合适的组织结构，通常来讲，大型企业可以考虑采用矩阵式的组织结构，小型企业比较适合直线型的组织机构	及时革新和改进组织结构
缺乏配套支持系统	1. 为了形成对员工提升自身执行力行为的有效正面刺激，企业应设置合理的薪酬制度，薪酬制度能够直接有效地刺激员工保持高效的执行力 2. 企业应注重对员工进行培训，打造重视执行力的企业文化，树立员工对执行力的正确认识，向员工宣贯关于执行力的各项规章制度，为企业考核提供依据	设置合理的薪酬制度、注重对员工进行培训

第 11 章

中小微企业目标考核结果改进

11.1 中小微企业目标考核评估标准

11.1.1 销售目标考核评估标准

销售目标考核评估标准如表 11-1 所示。

表 11-1 销售目标考核评估标准

评价标准	需具备的条件	其他
卓越	1. 销售决策符合市场运行规律，决策准确率为100%（含）以上	1. 考核内容：销售决策、销售计划、销售控制、销售利润管理、产品与品牌管理 2. 考核指标：销售决策准确率、销售计划完成率、销售额、销售合同计划完成率、销售货款回收率、产品市场分析准确率及客户满意度 3. 考核方法：主要有分享计分法、逐月评分累计法名次排列法等 4. 注意事项：（1）上级与下级相同的评估指标比重不可相同（2）评估指标每3个月以上就可以更换（3）评估打分一定要配合有绩效考核面谈
卓越	2. 销售计划符合现实，能够有效平衡各种资源的使用，计划完成率为100%（含）以上	
卓越	3. 与客户接洽、谈判，销售合同计划完成率达到95%（含）以上，销售货款回收率达到100%（含）以上	
卓越	4. 销售人员完成计划销售量达到100%（含）以上	
卓越	5. 产品市场分析准确率达到100%（含）以上，产品市场客户满意度达到100%（含）以上	
优秀	1. 销售决策符合市场运行规律，决策准确率为95%（含）以上	
优秀	2. 销售计划符合现实，能够有效平衡各种资源的使用，计划完成率为95%（含）以上	
优秀	3. 与客户接洽、谈判，销售合同计划完成率达到95%（含）以上，销售货款回收率达到95%（含）以上	
优秀	4. 销售人员完成计划销售量达到90%（含）以上	
优秀	5. 产品市场分析准确率达到95%（含）以上，产品市场客户满意度达到95%（含）以上	
良好	1. 销售决策基本符合市场运行规律，决策准确率为80%（含）以上	
良好	2. 销售计划基本符合现实，基本能够平衡各种资源的使用，计划完成率为80%（含）以上	
良好	3. 销售合同计划完成率达到80%（含）以上，销售货款回收率达到80%（含）以上	
良好	4. 销售人员完成计划销售量达到75%（含）以上	
良好	5. 产品市场分析准确率达到80%（含）以上，客户满意度达到80%（含）以上	

评价标准	需具备的条件	其他
及格	1. 销售决策偶尔能够符合市场运行规律，决策准确率为75%（含）以上	
	2. 销售计划偶尔符合现实，能够适度平衡各种资源的使用的情况，计划完成率为75%（含）以上	
	3. 销售合同计划率达到75%（含）以上，销售货款回收率达到75%（含）以上	
	4. 完成计划销售量达到70%（含）以上	
	5. 产品市场分析准确率达到75%（含）以上，客户满意度达到75%（含）以上	
不及格	1. 销售决策不能符合市场运行规律，决策准确率在75%以下	
	2. 销售计划不能符合现实情况，不能做到各种资源之间的平衡与协调，计划完成率为75%以下	
	3. 销售合同计划率在75%以下，销售货款回收率在75%以下	
	4. 完成计划销售量在70%以下	
	5. 产品市场分析准确率在75%以下，客户满意度在75%以下	

11.1.2 生产目标考核评估标准

生产目标考核评估标准如表 11-2 所示。

表 11-2 生产目标考核评估标准

评价标准	需具备的条件	其他
卓越	1. 确定各产品全年生产任务和各季度、各月份的生产任务目标，企业年度生产计划完成率达到100%（含）以上，物料采购费用控制在总成本的1%以内	1. 考核内容 生产计划管理、产品生产管理、物料采购成本控制、仓储管理、生产实施管理、生产质量管理、设备及安全管理
	2. 保证仓储管理的正常工作程序和制度运行，原辅材料、零件的入库核对准确率达到100%	
	3. 严格按照生产工艺规程操作，生产质量事故发生率为0，生产过程中半成品和产成品的质量合格率达到100%	2. 考核指标 生产计划完成率、物料采购成本、材料入库核对准确率、生产质量事故率、产品质量合格率、生产设备完好率、生产安全事故发生次数
	4. 确保生产设备的日常保养，设备完好率达到100%	
	5. 严格遵守安全生产管理制度，安全事故发生的次数为0	
优秀	1. 确定各产品全年生产任务和各季度、各月份的生产任务目标，企业年度生产计划完成率达到95%（含）以上，物料采购费用控制在总成本的3%以内	3. 考核奖惩办法 目标奖金＝考评总得分×每分奖励金额数；对于不在岗人员、考核不称职者及工作中出现重大失误者不激发全年目标奖金
	2. 保证仓储管理的正常工作程序和制度运行，原辅材料、零件的入库核对准确率达到100%	
	3. 严格按照生产工艺规程操作，生产质量事故发生率为0，生产过程中半成品和产成品的质量合格率达到95%（含）以上	
	4. 确保生产设备的日常保养，设备完好率达到95%以上	
	5. 严格遵守安全生产管理制度，安全事故发生的次数为0	
良好	1. 确定各产品的生产任务目标，企业年度生产计划完成率达到80%（含）以上，物料采购费用控制在总成本的5%以内	

评价标准	需具备的条件	其他
良好	2．保证仓储管理的正常工作程序和制度运行，原辅材料、零件的入库核对准确率达到90%（含）以上	
	3．严格按照生产工艺规程操作，生产质量事故发生次数低于两次，生产过程中半成品和产成品的质量合格率达到85%（含）以上	
	4．确保生产设备的日常保养，设备完好率达到90%以上	
	5．企业生产安全事故发生次数为1次	
及格	1．企业年度生产计划完成率达到80%（含）以上，物料采购费用控制在总成本的5%以内	4．注意事项
	2．保证仓储管理的正常工作程序和制度运行，原辅材料、零件的入库核对准确率达到80%（含）以上	（1）确定生产目标必须是切实可行的
	3．严格按照生产工艺规程操作，生产质量事故发生次数低于3次，生产过程中半成品和产成品的质量合格率达到75%（含）以上	（2）生产目标的实现是一个循序渐进的过程，需要科学、完整和客观的目标计划进行支撑
	4．企业生产设备完好率达到80%（含）以上	
	5．企业生产安全事故发生次数为2次	
不及格	1．企业年度生产计划完成率低于80%，物料采购费用在总成本的5%以上	
	2．保证仓储管理的正常工作程序和制度运行，原辅材料、零件的入库核对准确率低于80%	
	3．严格按照生产工艺规程操作，生产质量事故发生次数高于3次，生产过程中半成品和产成品的质量合格率低于75%	
	4．企业生产设备完好率低于80%	
	5．企业生产安全事故发生次数超过2次	

11.1.3 采购目标考核评估标准

采购目标考核评估标准如表 11-3 所示。

表 11-3 采购目标考核评估标准

评价标准	需具备的条件	其他
卓越	1．监控采购计划执行过程，确保采购计划落实率达到100%以上	1．考核内容
	2．按照采购计划和预算情况制订采购预算，采购预算及时制订率达到100%	采购计划与预算管理、供应商开发管理、采购价格管理、采购质量控制、采购成本控制
	3．对供应商进行管理和维护，每季度新增合格供应商数量达到15家以上，核心供应商保有率达到100%（含）以上	2．考核指标
	4．通过成本分析等低价制定方法，设定重要物资的低价确定率达到100%（含）以上	采购计划落实率、采购预算及时制订率、核心供应商保有率、重要物资低价确定率、设备采购合格率
	5．确保各类原材料的合格率达到100%（含）以上，设备采购合格率达到100%	
	6．合理控制采购价格，物资采购价格超过底价的次数为0次	
优秀	1．监控采购计划执行过程，确保采购计划落实率达到100%	
	2．按照采购计划和预算情况制订采购预算，采购预算及时制订率达到100%	

中·小·微企业目标管理实务

评价标准	需具备的条件	其他
优秀	3．对供应商进行管理和维护，每季度新增合格供应商数量达到15家以上，核心供应商保有率达到95%（含）以上	
	4．通过成本分析等低价制定方法，设定重要物资的低价确定率达到95%（含）以上	
	5．确保各类原材料的合格率达到95%（含）以上，设备采购合格率达到100%	
	6．合理控制采购价格，物资采购价格超过底价的次数为0次	
良好	1．监控采购计划执行过程，确保采购计划落实率达到95%（含）以上	3．考核组织管理部门
	2．基本按照采购计划和预算情况制订采购预算，采购预算及时制订率达到90%（含）以上	（1）人力资源部负责采购部目标考核评估的组织实施
	3．对供应商进行管理和维护，每季度新增合格供应商数量达到10家以上，核心供应商保有率达到85%（含）以上	（2）其他相关部门应积极配合目标考核活动的进行，提供考核资料、参与考核评估
	4．通过成本分析等低价制定方法，设定重要物资的低价确定率达到85%（含）以上	4．注意事项
	5．确保各类原材料的合格率达到85%（含）以上，设备采购合格率达到95%	（1）目标设定要根据企业自身的资源、员工业务水平和采购管理体系的支持能力
	6．合理控制采购价格，物资采购价格超过底价的次数为1次	（2）在督促检查的过程中，必须对采购成本做严格控制，既要保证目标的顺利实现，又要把采购成本控制在合理的范围内
及格	1．监控采购计划执行过程，确保采购计划落实率达到80%	
	2．按照采购计划和预算情况制定采购预算，采购预算及时制定率达到80%	
	3．对供应商进行管理和维护，每季度新增合格供应商数量不得少于5家，核心供应商保有率达到75%	（3）设定目标不能太多、太乱甚至互相矛盾，不要设置没有具体考核标准或考核不具备条件的考核项目
	4．通过成本分析等低价制订方法，设定重要物资的低价确定率达到80%（含）以上	
	5．确保各类原材料的合格率达到80%（含）以上，设备采购合格率达到80%	
	6．合理控制采购价格，物资采购价格超过底价的次数为2次	
不及格	1．监控采购计划执行过程，确保采购计划落实率低于80%	
	2．按照采购计划和预算情况制定采购预算，采购预算及时制定率低于80%	
	3．对供应商进行管理和维护，每季度新增合格供应商数量少于5家，核心供应商保有率低于75%	
	4．通过成本分析等低价制定方法，设定重要物资的低价确定率低于80%	
	5．确保各类原材料的合格率低于80%，设备采购合格率低于80%	
	6．合理控制采购价格，物资采购价格超过底价的次数超过2次	

11.1.4　财务目标考核评估标准

财务目标考核评估标准如表 11-4 所示。

表 11-4　财务目标考核评估标准

评价标准	需具备的条件	其他
卓越	1．制定财务考核办法及财务控制措施，制度制定和修改及时率达到100%（含）以上 2．制订企业年度、季度、月度财务收支计划，财务预算达成率达到100%（含）以上 3．根据企业实际经营需要，及时进行成本分析，成本分析的准确率达到100% 4．监督处理各种呆账、坏账，呆坏账处理及时率达到100%（含）以上 5．适时调拨企业内外部资金，资金使用目标达成率达到100%（含）以上 6．结账、对账工作准确率达到100%（含）	1．考核内容 财务制度管理、财务收支计划控制、成本分析管理、呆坏账管理、资金使用管理、账目管理 2．考核指标 制度制定及时率、财务预算达成率、成本分析准确率、呆坏账处理及时率、资金使用目标达成率、结账对账工作准确率 3．考核方法 采用定量与定性相结合、由其他相关部门的负责人根据目标考核标准评价表予以评分 4．注意事项 （1）目标考核评估是财务目标管理的实施方法，设定和达成各项工作指标是目标管理的核心手段 （2）在财务目标考核管理的过程中，必须随时跟踪每一个目标的进展，发现问题及时协商、及时处理、及时采取正确的补救措施，确保目标运行方向正确、进展顺利 （3）尽可能量化或细化财务目标考核项目，由经营规划部门、人力资源部、财务部和考核对象一起沟通，根据历史财务数据和预算，制定详细可执行的衡量标准和相关简明清晰的考核流程和考核表格
优秀	1．制定财务考核办法及财务控制措施，制度制定和修改及时率达到95%（含）以上 2．制订企业年度、季度、月度财务收支计划，财务预算达成率达到95%（含）以上 3．根据企业实际经营需要，及时进行成本分析，成本分析的准确率达到95%（含）以上 4．监督处理各种呆账、坏账，呆坏账处理及时率达到95%（含）以上 5．适时调拨企业内外部资金，资金使用目标达成率达到95%（含）以上 6．结账、对账工作准确率达到95%（含）以上	
良好	1．制定财务考核办法及财务控制措施，制度制定和修改及时率达到80%（含）以上 2．制订企业年度、季度、月度财务收支计划，财务预算达成率达到80%（含）以上 3．根据企业实际经营需要，及时进行成本分析，成本分析的准确率达到85%（含）以上 4．监督处理各种呆账、坏账，呆坏账处理及时率达到85%（含）以上 5．适时调拨企业内外部资金，资金使用目标达成率达到80%（含）以上 6．结账、对账工作准确率达到85%（含）以上	
及格	1．制定财务考核办法及财务控制措施，制度制定和修改及时率达到75%（含）以上 2．制订企业年度、季度、月度财务收支计划，财务预算达成率达到75%（含）以上 3．根据企业实际经营需要，及时进行成本分析，成本分析的准确率达到75%（含）以上 4．监督处理各种呆账、坏账，呆坏账处理及时率达到75%（含）以上	

评价标准	需具备的条件	其他
及格	5．适时调拨企业内外部资金，资金使用目标达成率达到75%（含）以上	
	6．结账、对账工作准确率达到75%（含）以上	
不及格	1．制定财务考核办法及财务控制措施，制度制定和修改及时率达到75%以下	
	2．制订企业年度、季度、月度财务收支计划，财务预算达成率达到75%以下	
	3．根据企业实际经营需要，及时进行成本分析，成本分析的准确率达到75%以下	
	4．监督处理各种呆账、坏账，呆坏账处理及时率达到75%以下	
	5．适时调拨企业内外部资金，资金使用目标达成率达到75%以下	
	6．结账、对账工作准确率达到75%以下	

11.1.5　人力目标考核评估标准

人力目标考核评估标准如表11-5所示。

表 11-5　人力目标考核评估标准

评价标准	需具备的条件	其他
卓越	1．根据企业发展状况，修改企业人力资源各项管理制度，制度修改及时率达到100%	1．考核项目 制度建设与管理、人力资源规划、招聘管理、培训管理、薪酬管理、劳动关系管理 2．考核指标 人力资源制度规范修改及时率、人力资源计划报告上交及时率、培训计划完成率、薪酬总量预算安排达成率、合同变动及时率 3．考核方法 主要有目标管理法、等级评估法、全视角考核法、重要时间法、目标绩效考核法等
	2．拟定企业人力资源计划报告，报告上交及时率达到100%	
	3．根据企业发展需要分析部门对员工的需求状况，员工招聘计划完成率达到100%（含）以上	
	4．编制企业年度培训计划，培训计划完成率达到100%（含）以上	
	5．薪酬总量预算安排达成率达到100%（含）以上	
	6．员工劳动合同签订、变更、续订和终止的及时率达到100%	
优秀	1．根据企业发展状况，修改企业人力资源各项管理制度，制度修改及时率达到95%（含）以上	
	2．拟定企业人力资源计划报告，报告上交及时率达到95%（含）以上	
	3．根据企业发展需要分析部门对员工的需求状况，员工招聘计划完成率达到95%（含）以上	
	4．编制企业年度培训计划，培训计划完成率达到95%（含）以上	
	5．薪酬总量预算安排达成率达到95%（含）以上	
	6．员工劳动合同签订、变更、续订和终止的及时率达到95%（含）以上	
良好	1．根据企业发展状况，修改企业人力资源各项管理制度，制度修改及时率达到85%（含）以上	
	2．拟定企业人力资源计划报告，报告上交及时率达到85%（含）以上	
	3．根据企业发展需要分析部门对员工的需求状况，员工招聘计划完成率达到85%（含）以上	
	4．编制企业年度培训计划，培训计划完成率达到85%（含）以上	

评价标准	需具备的条件	其他
良好	5．薪酬总量预算安排达成率达到85%（含）以上	4．注意事项
	6．员工劳动合同签订、变更、续订和终止的及时率达到85%（含）以上	（1）人力目标考核工作要具有系统管理性。在企业工作任务繁杂，人员又少的情况下，工作任务需要随时抓，设置专职目标考核工作人员，能够将目标考核进一步系统化
及格	1．根据企业发展状况，修改企业人力资源各项管理制度，制度修改及时率达到75%（含）以上	
	2．拟定企业人力资源计划报告，报告上交及时率达到75%（含）以上	
	3．根据企业发展需要分析部门对员工的需求状况，员工招聘计划完成率达到75%（含）以上	（2）人力目标考核的重点是规划。制定适合实际的人力资源规划是人力目标考核的
	4．编制企业年度培训计划，培训计划完成率达到75%（含）以上	
	5．薪酬总量预算安排达成率达到75%（含）以上	基础。当实际情况发生变化时，人力资源管理者应能制订一个新的计划反映来自企业内部或外部的环境变化，使目标考评过程有据可循。
	6．员工劳动合同签订、变更、续订和终止的及时率达到75%（含）以上	
不及格	1．根据企业发展状况，修改企业人力资源各项管理制度，制度修改及时率在75%以下	
	2．拟定企业人力资源计划报告，报告上交及时率在75%以下	
	3．根据企业发展需要分析部门对员工的需求状况，员工招聘计划完成率在75%以下	
	4．编制企业年度培训计划，培训计划完成率在75%以下	
	5．薪酬总量预算安排达成率在75%以下	
	6．员工劳动合同签订、变更、续订和终止的及时率在75%以下	

11.2　中小微企业目标考核分析报告

11.2.1　销售目标考核分析报告

××公司销售目标考核分析报告
一、销售目标考核总体情况
（一）考核依据
根据本公司上一年度销售实施情况及本年度销售计划目标，对公司销售目标实施进行考核，并做出分析报告。
（二）考核指导方针
1．强化销售队伍建设与销售水平的提高，提升企业经济效益。
2．加强目标管理创新与制度创新，完善现代企业目标管理制度。
3．建立科学、合理的价值评价和分配体制。
4．基本完成销售任务保底，高额提成与销售额的增长挂钩。
5．为销售人员提供有利于个人能力发挥的公平、公正、合理的竞争平台。
（三）考核采取的方法
公司销售目标考核采用的方法主要包括自我评定与总结、部门考核与被考核者进行面谈、直接上级评核。
二、销售目标完成结果
公司本年度销售目标具体完成结果如下表所示。

销售目标完成结果

销售目标	说明	计划完成	实际完成
销售增长率	根据企业销售历史数据，采用趋势分析法计算	20%	25%
市场占有率	利用市场预测方法进行预测	增加4%，达到15%	增加3.8%
市场增长率	目标值不得低于行业市场增长率	8%	10%
预期利润	销售毛利率和变动成本率根据企业以往数据进行计算	500万元	550万元

由上表可以得出销售目标分析结论。

1. 公司销售额一直处于增长的状态，本年度销售额比上年增长了5个百分点，新产品销售也呈现良好的趋势。

2. 公司预计本年度销售利润达到500万元，实际完成销售利润比计划增长了50万元，对公司扩大再生产及固定资产的积累和发展具有积极作用。

3. 公司产品虽然在市场总的销售额实现了增长，但是市场占有率并为达到计划中的15%，导致企业产品未进入计划市场领域，在与同行业的销售竞争中将处于劣势地位。

三、问题解决策略

根据企业销售目标完成结果及出现的问题，需要采取相应的措施。

1. 完善销售管理制度及相应考核与激励方案，激发业务人员的工作积极性及岗位职责的落实。

2. 积极进行人员招聘和员工技能培训，建立销售人员淘汰机制，强化营销队伍建设。

3. 定期做好市场调研工作并提交出差报告和市场调研报告。

4. 加强广告宣传形式与方法的研究，扩大宣传效果，及时投放广告。

5. 主动了解市场信息，做好新产品开发。

6. 合理利用媒体，积极配合各策划公司做好新产品上市工作。

7. 加强客户服务与管理。

11.2.2 生产目标考核分析报告

××公司生产目标考核分析报告

为规范公司生产目标考核分析的管理，建立、实施与改进公司的生产管理体系，规范公司生产管理方案的制定、实施、检查和汇报工作，保证公司的生产目标的实现。根据本公司上一年度生产实施情况及本年度生产计划目标，对公司生产目标实施进行分析，并做出分析报告。

一、生产目标考核实施

（一）生产目标完成情况

公司生产目标根据公司生产计划和新产品项目、本生产部生产设备、标准操作、标准工时制定，并根据生产部明确下达目标和部门主要的经济技术指标进行考核。生产目标具体完成情况如下表所示。

生产目标完成情况

销售目标	说明	计划完成	实际完成
生产计划完成率	根据企业上年度产量和本年度生产预算进行计算	100%	120%
新产品产值率	根据新产品与同期所有产品的产值进行核算	40%	45%

续表

销售目标	说明	计划完成	实际完成
生产设备完好率	保障一定未出故障设备的数量	100%	98%
生产成本下降率	本年度生产成本相比上一年度下降的比例	10%	8%
产品质量合格率	生产产品质量与产品总量的比例	100%	96%

由表11-7可以生产目标分析结论，具体如下。

1．企业生产计划超额完成，超出年初计划的20%，对企业生产系统的优化与生产过程的完善具有重要作用。

2．新产品的研发与生产，是一个企业创新和运行的重要因素，本年度企业新产品产值增长了5%，有利于企业生产的更新换代，在市场中占据更大的份额。

3．由于企业生产设备更新速度较慢，实施生产过程中设备出现一定的故障，导致产品质量出现问题，未达到计划的100%合格率。

4．面对原材料市场的价格上涨，企业在生产成本控制方面面临严峻的挑战，生产成本的上升必然导致产品价格上升，随之而来的是企业丧失价格优势，因此需要做到开源节流，严格控制企业产品生产成本。

二、改革建议

1．组织结构的优化。将计划、生产、工艺、设备整合到生产部门，这样在处理工艺问题和设备问题时，反应比较迅速和干脆，沟通也较为顺畅。

2．现场管理。在现场管理实施"5S"，其根本因素是人，人是企业最重要的资源和财富。生产现场的每员工以其自身的能力和意识发挥各自的作用，通过对整理、整顿、清扫、清洁、修养的学习和遵守，使整个企业的生产环境随之改观。

3．绩效管理优化。为了解决考核指标体系存在的问题，将考核指标重新划分为业绩类指标、能力类指标和态度类指标三种，在考核结果中，三类指标分别占有不同的权重。

11.2.3 采购目标考核分析报告

××公司采购目标考核分析报告

一、采购部年度考核结果说明

2013年对于采购部是困难的一年，2013年的订单批量普遍不大，而且货期比较急，这对采购成本控制、供方质量控制、货期控制带来了一定的挑战。采购部在部门领导王经理和分管领导黄总的领导下，克服困难、不断完善部门内部管理，在过去的一年中，采购工作取得良好成绩。下面是对2013年采购目标考核结果的说明。

1．订单分析

采购部根据市场的订单、计划的采购申请执行采购工作，在2013年度，执行采购的订单数量为1 350批次，其中正常回货的订单为1 315批次，及时回货率为97.4%，完成了年初订立的及时回货率达到95%以上的目标。

2．供应商开发与管理

供应商开发与管理的目标是规范供应商的开发、选择、考核及关系管理等工作，使其为企业提供高效和高质量的供应服务。下面是2013年度供应商开发与管理目标的考核情况。

2013年度供应商开发与管理目标的考核情况

总体目标	目标细化	目标执行情况
供应商开发工作目标	完成企业采购信息管理库建设，将企业现有供应商的信息全部录入信息管理库中	企业采购信息管理库建设已初具规模，但只有80%的供应商信息录入到了信息管理库中

总体目标	目标细化	目标执行情况
供应商选择 工作目标	2013年新增合格供应商的数量不少于20家	2013年度实际新增合格供应商的数量达到18家
供应商管理 工作目标	1. 及时实施供应商维护工作，核心供应商保有率达到99% 2. 分别与6月中旬和11月中旬对现有供应商进行考核评价，及时激励优秀供应商，淘汰不合格供应商	1. 2013年有3%的核心供应商流失 2. 已经完成供应商的考核评价工作，其中有3家供应商被淘汰

3. 购质量控制

本企业采购质量控制的目标基本上达到了2013年年初制订的目标计划，其考核结果如下表所示。

采购质量控制目标考核结果

总体目标	细化目标	目标执行情况
采购质量管理 规范目标	1. 保证质量检验标准完整率达到99% 2. 完善采购质量管理工作流程，标准作业程序覆盖率达到100%	1. 质量检验标准完整率达到了99% 2. 标准作业程序覆盖率达到98%
采购物资 质量目标	1. 确保各类原料的采购合格率达到99% 2. 确保采购不合格品及时处理率达到95%	1. 各类原料的采购合格率达到了98.5% 2. 采购不合格品及时处理率达到了100%
采购质量 改善目标	特殊采购和紧急放行控制在3次以内	2013年度总共有两次特出采购任务，无紧急放行情况

二、采购工作值得肯定的地方

1. 采购的各项工作，一直坚持与生产部门的紧密联系，切实满足了订单的生产需求。

2. 与部分供应商建立了良好关系，特别是实现了与____、_____和_____三家著名供应商的战略合作伙伴关系，能够与供应商进行有效的沟通洽商，努力为公司争取了优惠条件，有效减少了采购成本。

3. 在6月~7月资金紧张的状况下，采购部经理积极地与供应商协商，支持公司生产，使公司的损失减少到了最低。

三、采购目标执行工作中出现的问题

1. 材料在采购回来后，由于与财务部没有做好有效交接，未能迅速后清晰的报账，致使财务部工作量加大，减慢其部门工作效率。

2. 在供应商的开发与管理方面，由于采购部人员的缺乏，致使采购信息管理库中的各项数据没有得到及时更新，由于采购人员缺乏对供应商关系管理的维护，致使核心供应商的流失率比较大。

3. 采购质量管理工作流程还有待完善，物资采购的质量意识有待提高。

四、解决措施

1. 对支付采购费用的情况做好记录。让采购部各项支付情况清晰明了并有据可寻。

2. 采购部相关负责人应将供应商关系作为企业供应链上重要的一环加以强调，还需要系统地总结供应商关系管理独特的规律，并且采用信息技术作为现代企业供应关系管理的基础，实现与供应商的共赢。

3. 加强对采购人员的培训，明确其工作规范，提高其质量意识，以确保采购产品的质量、数来那个、价格和其他方面的内容符合企业的采购需求。

11.2.4　财务目标考核分析报告

××公司财务目标考核分析报告

一、财务部目标年度考核结果说明

2013年度公司财务部目标年度考核结果说明如下表所示。

财务部目标年度考核结果

总体目标	目标细化	目标执行情况
筹资管理目标	1．建立职责分工明确、权限划分明确、人员配备合理的筹资委员会 2．筹资方案的通过率达95%以上 3．筹资总额要达到5 000万元以上	1．筹资委员会已经按照年初财务部要求建立 2．2013年筹资方案的通过率达到了98% 3．2013年筹资总额为5 230.1万元
资产管理目标	1．确保资产合理使用，资产使用率达到95%以上 2．资产的盘点工作按计划完成，盘点准确率达到99%以上	1．2013年资产使用率达到了90% 2．2013年按计划完成了盘点工作，盘点准确率为97%
财务分析目标	1．编制财务分析可行性报告，报告编制及时，领导满意度评价达95分以上 2．分析企业财务实际情况，并提出合理化建议达3条	1．领导对财务分析可行性报告的评价为94.5% 2．通过对企业财务实际情况的分析，提出了4条合理化建议，其中两条建议得到采纳
……		

二、财务工作值得肯定的地方

1．对于筹资管理，建立了筹资决策的流程，并禁止越级审批。2013年度的筹资总额高于预期，且财务部门准确、真实的对筹资业务进行了会计记录。

2．在购买固定资产时，经过了认真、细致的调查研究，减少了资金浪费的现象。

3．企业组织建立、健全了财务分析相关制度和财务分析体系。

三、财务目标执行工作中出现的问题

1．在企业设立的筹资委员会中，各成员的职责有交叉现象，容易引起推诿责任的现象产生。

2．在资产管理中，对于闲置资金未进行合理运作，致使存在于账户中，产生大量资金沉淀，资金利用率大打折扣。

3．由于财务部财务分析岗人员异动，致使10月份和11月份的财务分析报告没有按时提交，这在一定程度上延误了一些决策时机。

四、解决措施

1．明确财务部门、筹资委员会等机构的岗位，各岗位的主要职责与不相容职责分开设置，并明确各岗位的权限。

2．通过对企业历史数据的分析、资金利用情况的预测等，在考虑企业发展战略的基础上，做好企业财务预算工作，在预算指标分配、预算执行及预算考核的过程中，注重固定资产和无形资产的合理利用状况，提高资产利用率。

3．与企业人力资源部积极配合，招聘合理的人员来填补财务部岗位空缺，积极引进海外优秀人才，提升财务部人员的整体实力。

11.2.5 人力目标考核分析报告

××公司人力目标考核分析报告
一、人力目标考核总体说明 ××年，公司围绕整体发展战略和年度经营目标，严格按照公司的绩效考核安排，在公司高层领导下，各部门工作人员的主动配合下，人力资源部对目标实现情况积极开展绩效考核工作。为更好地总结考核目标的实现情况，更好地开展人力资源工作，特对本阶段目标考核结果进行分析。 **二、人力目标考核结果** 本年度人力目标考核中包含了员工KPI指标与部门KPI指标，通过对绩效考核相关数据的收集和分析，客观地认定人力目标初步达到了预期考核目标。下面针对各指标的达成情况进行说明。 1. 员工KPI指标达成情况 ××年，员工目标考核成绩分布情况如下表所示。

员工目标考核成绩分布情况

考核分数	区间人数	所占比重
60分以下	0	0
60（含）～75分	2	28.5%
75（含）～90分	4	57.1%
90（含）分以上	1	14.4%

2. 部门KPI指标达成情况

××年，员工目标考核成绩分布情况如下表所示。

员工目标考核成绩分布情况

部门	设定量		完成量		综合得分
	指标项数	权重	指标项数	权重	
人力资源部	10	100%	8	80%	80分

三、人力目标考核结果分析

根据上述人力资源目标结果，人力资源部基本实现了其管理目标，但同时在以下两个指标上还存在不足。一是规章制度不健全；二是已有的制度执行不够，如某些违规处罚措施，人力配置，培训考核评估等。

四、问题解决策略

1. 通过探索和改善，在实践中不断完善和优化各项规章制度，尤其是那些反映问题较多或所占权重较大的规章制度建设。

2. 加大对人力规章制度建设和执行情况的考核力度，让其从思想认识上意识到规章制度建设和实施的重要性。

3. 健全企业自身的组织结构、科学的职位描述，使人力资源部制度建设有据可依。

11.3 中小微企业目标考核改进重点

11.3.1 销售目标考核改进重点

科学技术发展加快，产品生命周期变短，生产能力过剩，竞争激烈，顾客需求变化加快令企业的销售面临巨大挑战。销售目标的实现对于企业的经营发展具有重要的作用，改进销售目标考核结果对于提高销售人员的工作效率具有极为重要的意义。销售目标考核改进重点如图 11-1 所示。

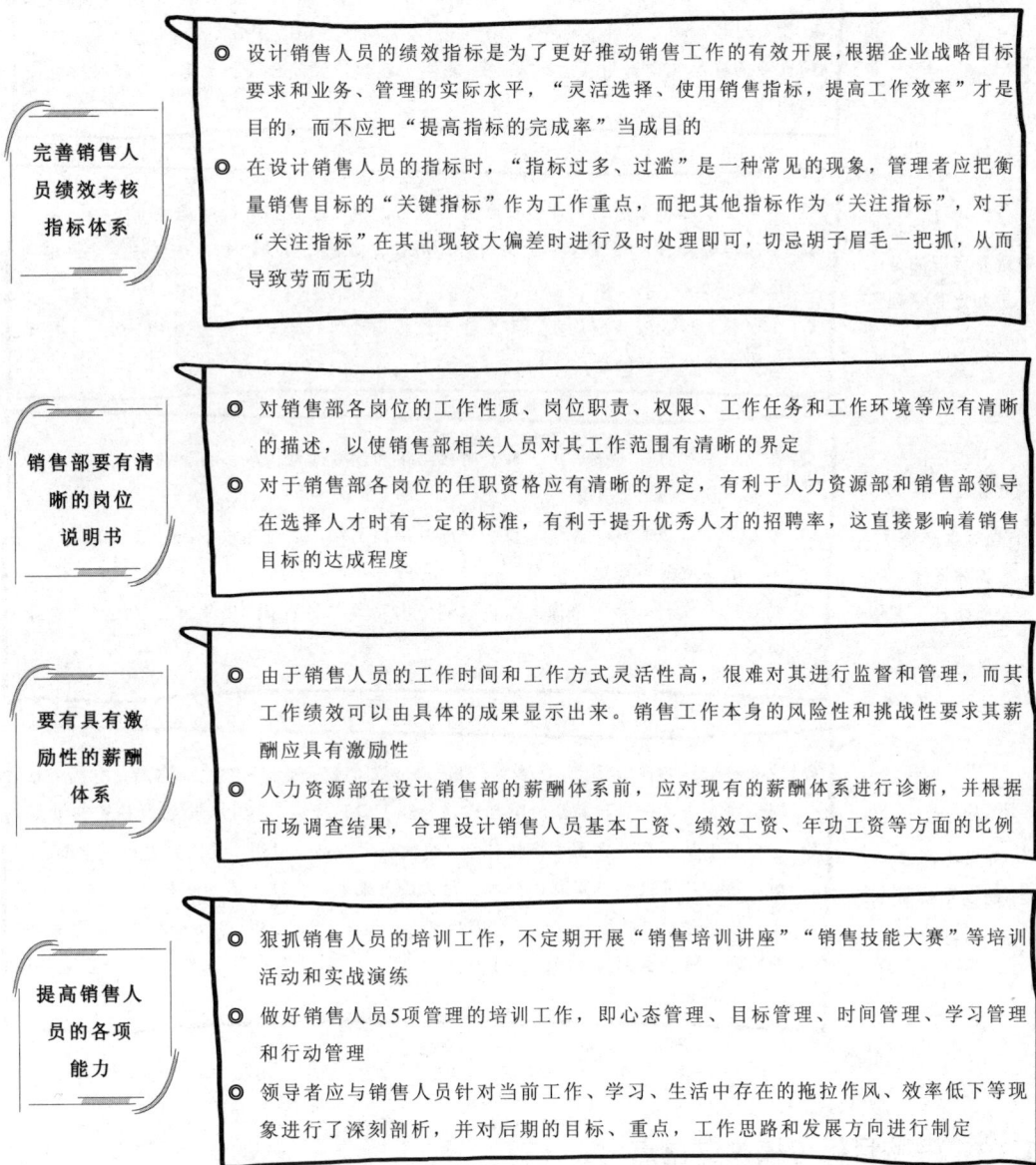

完善销售人员绩效考核指标体系
- 设计销售人员的绩效指标是为了更好推动销售工作的有效开展，根据企业战略目标要求和业务、管理的实际水平，"灵活选择、使用销售指标，提高工作效率"才是目的，而不应把"提高指标的完成率"当成目的
- 在设计销售人员的指标时，"指标过多、过滥"是一种常见的现象，管理者应把衡量销售目标的"关键指标"作为工作重点，而把其他指标作为"关注指标"，对于"关注指标"在其出现较大偏差时进行及时处理即可，切忌胡子眉毛一把抓，从而导致劳而无功

销售部要有清晰的岗位说明书
- 对销售部各岗位的工作性质、岗位职责、权限、工作任务和工作环境等应有清晰的描述，以使销售部相关人员对其工作范围有清晰的界定
- 对于销售部各岗位的任职资格应有清晰的界定，有利于人力资源部和销售部领导在选择人才时有一定的标准，有利于提升优秀人才的招聘率，这直接影响着销售目标的达成程度

要有具有激励性的薪酬体系
- 由于销售人员的工作时间和工作方式灵活性高，很难对其进行监督和管理，而其工作绩效可以由具体的成果显示出来。销售工作本身的风险性和挑战性要求其薪酬应具有激励性
- 人力资源部在设计销售部的薪酬体系前，应对现有的薪酬体系进行诊断，并根据市场调查结果，合理设计销售人员基本工资、绩效工资、年功工资等方面的比例

提高销售人员的各项能力
- 狠抓销售人员的培训工作，不定期开展"销售培训讲座""销售技能大赛"等培训活动和实战演练
- 做好销售人员5项管理的培训工作，即心态管理、目标管理、时间管理、学习管理和行动管理
- 领导者应与销售人员针对当前工作、学习、生活中存在的拖拉作风、效率低下等现象进行了深刻剖析，并对后期的目标、重点，工作思路和发展方向进行制定

图 11-1 销售目标绩效考核改进重点

11.3.2 生产目标考核改进重点

在企业生产经营过程中，生产部主要担任综合管理、生产计划、生产调度、生产物料管理、质量管理、信息管理、设备管理、工艺技术管理、生产成本管理、生产安全管理等工作。以最小的人力、物力、财力等资源消耗实现生产部各工作目标，对于企业效

益的提升具有重要的意义。其中，生产目标考核改进的重点如图 11-2 所示。

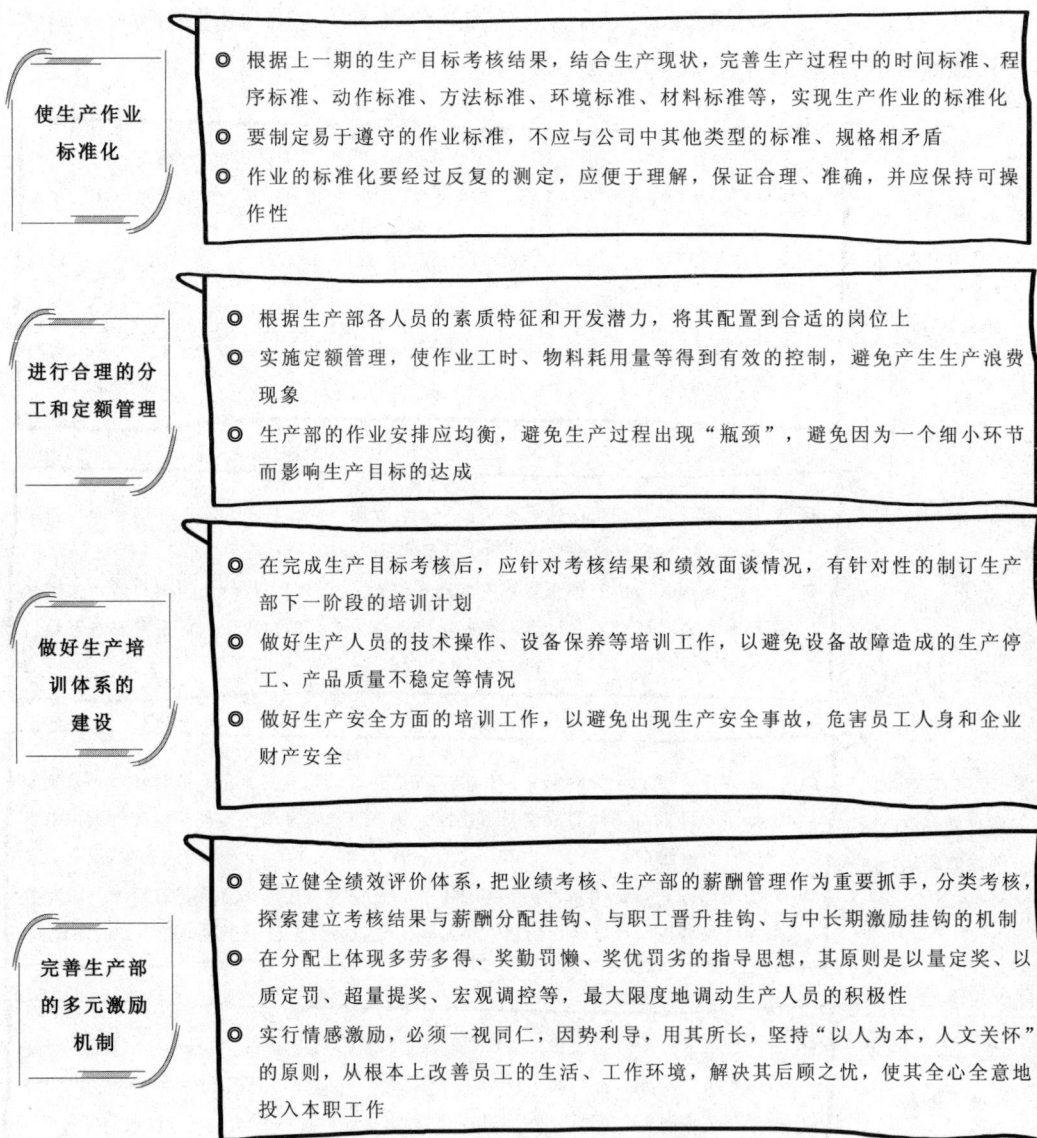

使生产作业标准化	◎ 根据上一期的生产目标考核结果，结合生产现状，完善生产过程中的时间标准、程序标准、动作标准、方法标准、环境标准、材料标准等，实现生产作业的标准化 ◎ 要制定易于遵守的作业标准，不应与公司中其他类型的标准、规格相矛盾 ◎ 作业的标准化要经过反复的测定，应便于理解，保证合理、准确，并应保持可操作性
进行合理的分工和定额管理	◎ 根据生产部各人员的素质特征和开发潜力，将其配置到合适的岗位上 ◎ 实施定额管理，使作业工时、物料耗用量等得到有效的控制，避免产生生产浪费现象 ◎ 生产部的作业安排应均衡，避免生产过程出现"瓶颈"，避免因为一个细小环节而影响生产目标的达成
做好生产培训体系的建设	◎ 在完成生产目标考核后，应针对考核结果和绩效面谈情况，有针对性的制订生产部下一阶段的培训计划 ◎ 做好生产人员的技术操作、设备保养等培训工作，以避免设备故障造成的生产停工、产品质量不稳定等情况 ◎ 做好生产安全方面的培训工作，以避免出现生产安全事故，危害员工人身和企业财产安全
完善生产部的多元激励机制	◎ 建立健全绩效评价体系，把业绩考核、生产部的薪酬管理作为重要抓手，分类考核，探索建立考核结果与薪酬分配挂钩、与职工晋升挂钩、与中长期激励挂钩的机制 ◎ 在分配上体现多劳多得、奖勤罚懒、奖优罚劣的指导思想，其原则是以量定奖、以质定罚、超量提奖、宏观调控等，最大限度地调动生产人员的积极性 ◎ 实行情感激励，必须一视同仁，因势利导，用其所长，坚持"以人为本，人文关怀"的原则，从根本上改善员工的生活、工作环境，解决其后顾之忧，使其全心全意地投入本职工作

图 11-2　生产目标考核改进重点

11.3.3　采购目标考核改进重点

对采购目标进行考核的最终目标是为了提高采购绩效，为企业创造更多的利润，这就迫使企业和采购人员想办法提高采购绩效。采购目标考核结果的改进可以从持续改进计划的制订、采购队伍建设、供应商的管理和采购质量改善等方面着手，具体如图 11-3 所示。

持续改进计划的制订	◎ 确定需改善问题点。采购系统不定期组织分析所负责工作中存在的各种问题,并提炼出重点需要改善问题点,并填写《采购问题改善分析表》中的问题描述栏目
	◎ 拟订采购改进目标和改进计划。相关直接责任人根据相关的问题描述,结合企业目标拟定切实可行、行之有效的改善目标和改善计划
	◎ 对于持续改进计划的重要节点,各执行人要向直接上级汇报相关成果、计划执行过程中风险,由直接上级协调、指导解决

| 加强采购队伍的建设 | ◎ 加强人员业务素质的培养。利用外部培训和内部培训、业务交流相结合的办法开展有目的的培训,加强相关采购人员的专业意识,提高其专业能力 |
| | ◎ 提高采购人员的稳定性。根据业务需要,实行"多奖少罚"的原则,提高采购队伍的积极性,适当的进行内部评比活动,增强员工工作的活跃性 |

加强供应商的管理	◎ 在对供应商业绩表现进行评估的基础上,加强优胜劣汰的淘汰机制执行力
	◎ 增强和供应商的电子数据交换力度,在收集、分析现有供应商业绩表现数据的基础上,提出科学合理的采购策略,并监督该策略的实施
	◎ 修改和细化本公司的采购管理控制程序,和特殊付款供货的供应商协商,并争取一个合理的、最短的交货期,保证资金预付的安全

| 改善采购质量 | ◎ 质量的好坏多用"不合格数与总来料数的比率"来衡量,依据质量"比率"数值的大小,采购部门可对供应商进行排名,并定位出几名最差供应商,令其在规定的时间内改善来料质量 |
| | ◎ 采购部门可帮助一些关键供应商进行质量改进,派出相关技术人员、质量管理人员、采购人员等组成的小组,现场分析研究,与其一起制定改善方案 |

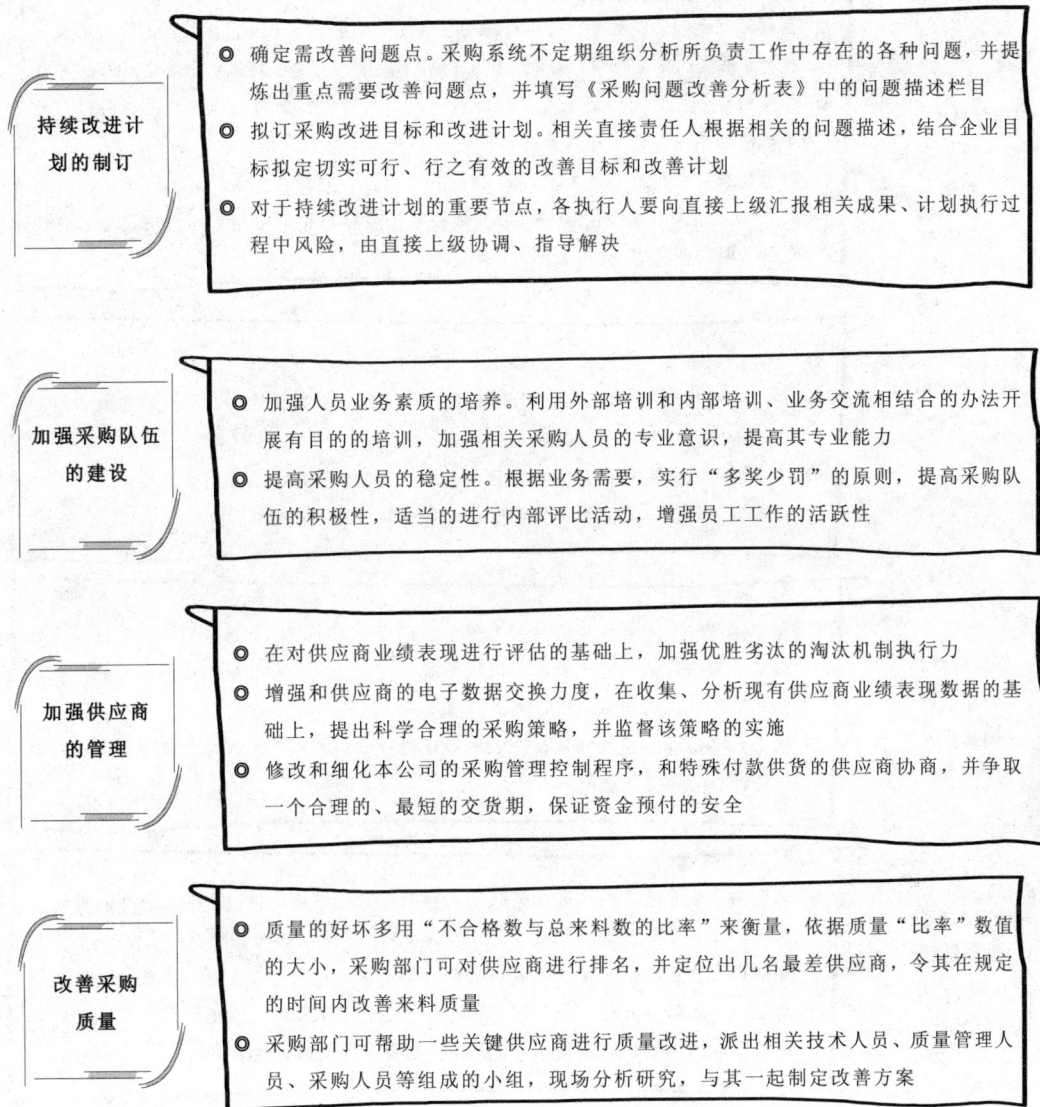

图 11-3 采购目标考核改进重点

11.3.4 财务目标考核改进重点

财务目标在整个财务管理理论体系中具有重要地位,它对财务管理实践具有指导作用。另外,由于企业财务管理依存的经济环境在不断变化和发展,这决定了财务目标的确定应是一个不断丰富、完善和发展的动态过程。财务目标的实现不是单靠某一个部门的努力就能够做到的,它需要整个企业人、财、物、信息等资源的合理配置。在财务目标考核结果的改进中,应重点做好以下工作,如图 11-4 所示。

做好财务目标的动态管理	◎ 企业的近期与远期财务目标所针对的重点是不同的,在选择目标时,需要考虑到企业能够承受的压力范围,必须分析如何的发展模式与速度对于企业才是最为有利的 ◎ 企业应时刻把握市场的动态变化,企业应以可持续发展目标作为企业财务目标的选择依据,以保证短期利益和长期利益的平衡 ◎ 财务指标的短期性与非财务指标的长期性是互补的,在财务目标的考核中,应将两者结合起来,这不仅是对短期经验业绩的肯定,也能够避免因为短期行为而使企业长期利益受到损害
做好财务职能的定位	◎ 企业的财务管理模式应由侧重交易处理向重视决策支持转变,财务人员应提升财务日常操作效率,为企业经营者提供价值创造、绩效管理、公司治理和成本控制方面的支持 ◎ 企业财务部门应做好财务职能定位,具体定位如下:高效的交易处理者、业务部门的合作伙伴、企业的风险管理师、企业价值和绩效的看护人
加强财务核心流程的建设	◎ 根据"统一""集成""高效"等原则,设计本企业的财务管理体系,做到企业战略层面的政策、财务数据、流程的统一,加强财务和业务的集成,太高财务数据的准确性,提升财务核心流程的效率 ◎ 通过财务信息系统的实施使企业的各项管理措施落地,使财务管理工作适应企业管理和各项业务发展的需要
构建多元化财务目标	◎ 从国内外众多学者的研究成果来看,对企业财务目标的描述主要有以下几种:利润最大化、股东财富最大化、企业价值最大化、利益相关者利益最大化 ◎ 经济环境在变化,目标的发展必然是一个动态的过程。企业财务管理的目标应该从单一化走向多元化。企业管理目标、企业经营结构和宏观的经济环境方面的实际情况,决定了企业的财务管理目标必然是多元化的价值取向

图 11-4 财务目标考核改进重点

11.3.5 人力目标考核改进重点

人力资源以人身为天然载体,是一种活的资源,人的体能与智能结合在一起,具有主观能动性,而且还具有不断开发和提高的潜能。人力资源是可以不断开发的资源,人力资源管理视人力资源为重要的特殊的资本性资源。这就说明了对人力资源的合理利用,可以从人力资本的投资中获取丰厚的利润和回报。由于人的发展潜力是很大的,通过强化培训、文化管理和良好的职业生涯规划等,可以使人力目标得到不断提升,具体内容如图 11-5 所示。

强化员工的培训工作	◎ 加大培训工作力度，严格落实培训计划。申报年度培训计划时要坚持统筹兼顾，合理安排，要增强培训计划的预见性和可行性，精心组织实施，提高年度培训计划执行率，并确保取得实效 ◎ 加强培训工作基础建设，加大培训改革创新力度，加强培训工作基础研究，推进培训教材和课程体系建设，逐步建立一支素质优良、规模适当、结构合理、专兼结合的高素质干部培训师资队伍，提高培训质量和成效
完善和谐企业文化	◎ 完善和谐的企业文化是内控制度有效执行和持续改进的合理保证，没有和谐的企业文化氛围，员工会表现为意志消沉、精神涣散，各项内控制度的有效执行将失去基础 ◎ 企业文化是一种特有的价值观念，企业应加强控制力度，使企业领导者成为企业文化建设的表率。企业还应尊重、统一员工的思想观念、思维方式、行为规范、行为方式等，实现人本管理
做好员工的职业生涯规划	◎ 组织应把员工个人的发展与组织的发展相结合，对决定员工个人职业生涯的个人因素、组织因素和社会因素等进行分析，制订员工个人在事业发展上的战略设想与计划安排 ◎ 做好员工的职业生涯规划需要做到：了解组织现状和未来发展、了解员工个人能力和个人发展方向、寻找组织与员工发展的契合点 ◎ 企业应根据员工的职业性质，所在行业特征等，设计符合员工和组织需求的职业生涯通道，比如，横向职业通道、双通道模式、多通道模式等

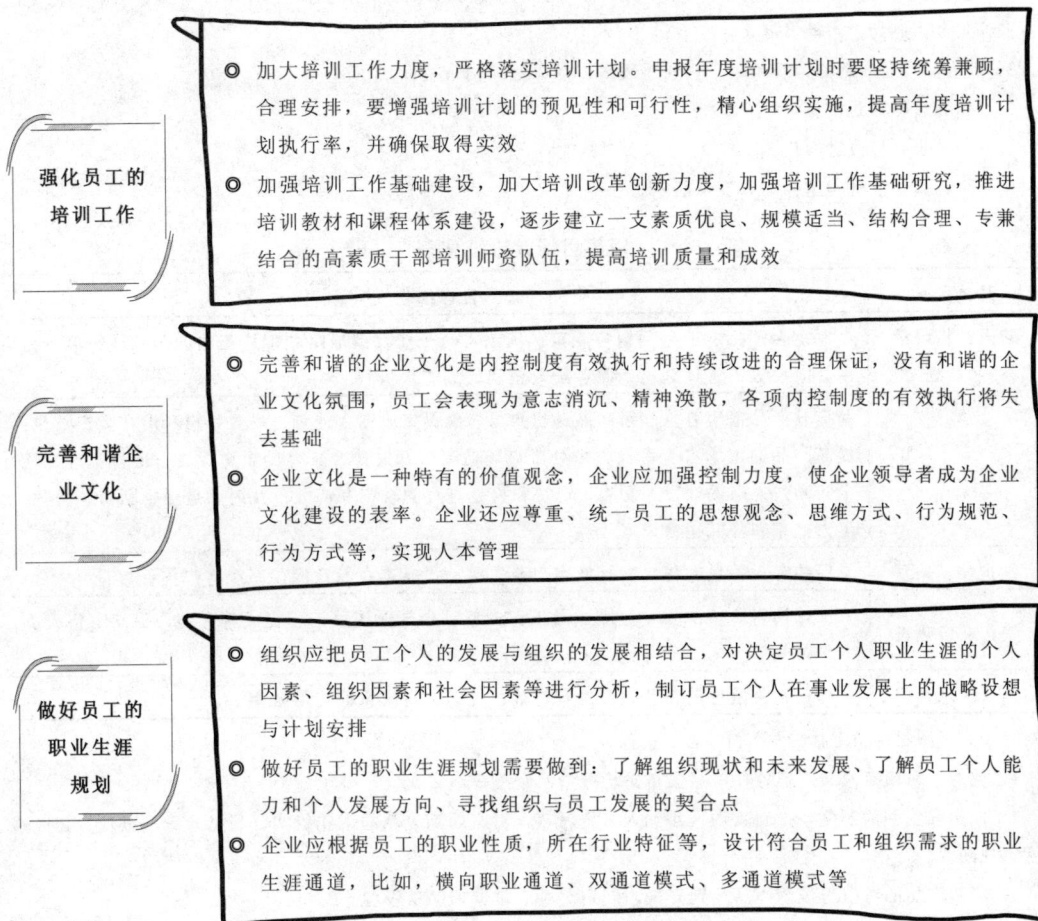

图 11-5　人力目标考核改进重点

11.4　中小微企业目标考核改进方案

11.4.1　销售目标考核改进方案

××公司销售目标考核改进方案

编　　号：	编制部门：	审批人员：	审批日期：

一、方案制定目的

根据企业销售目标考核结果分析报告，针对企业销售现状及存在的问题，为进一步推动销售目标的实现，同时为下一考核周期绩效考核方案的制定提供依据，特制定本考核改进方案。

二、销售现状及存在的问题

1. 销售部员工职责不明，责任不清楚，没有具体的约束制度，全凭自觉与经理口头催促，互相攀比、埋怨，做多做少都会平均分到提成工资，这种情况人员越多矛盾就会越明显。严重制约销售队伍的工作效率，也无法扩大队伍，不符合公司长期发展的目标，更不符合正规公司的销售模式。

2．欠款太多，8个月以上欠款有140余万元。截止到现在总欠款应该在300万元左右。资金周期太长，占用成本太高，严重制约公司的发展。

3．新产品没有完善的销售策略，销售难度大，缺乏近期销售目标。

三、销售目标改进实施

（一）销售目标改进细化

销售目标具体改进实施标准如下表所示。

销售目标改进细化表

总体目标	目标细化
管理销售政策和计划	制定合理完善的各项销售政策；编制符合企业发展战略和销售策略的年度、季度、月度、区域等销售计划；确保各项政策和计划有效执行
销售业务目标	提升产品销售总量和新产品销售数量，确保完成销售计划；提升客户和潜在客户数量；提高产品的市场占有率，力求处于市场前列；开发符合条件的渠道成员，维持渠道的稳定和高效；确保订货、发货、退货和换货过程的规范和高效；及时、足额收回销售回款；尽力控制和降低销售成本
维护客户关系	保持客户关系的稳定，降低客户流失率；提高客户满意度，减少客户投诉数量
销售队伍建设	维持销售队伍的稳定，减少员工流失率；合理采用培训、提成等方式，提高销售人员工作绩效
销售信息管理	确保销售信息的完整、准确和有效；提高销售信息的使用效率

（二）考核目标改进措施

1．整理公司现有网站，把各种信息渠道平均分给两个工作组。

2．制定强制回款制度，把回款进一步纳入工资考核，对有超期欠款的工作组实行罚息政策，以使责任人高度重视回款。

3．将新产品的考核与传统产品区别开来，制定奖励政策以调动积极性。

4．适当增加过程性考核，销售部每人每天上报销售科长客户信息登记表。

实施对象：　　　　　　　　　　　　　　　实施日期：　　　年　　月　　日

11.4.2　生产目标考核改进方案

××公司生产目标考核改进方案

编　　号：　　　　　编制部门：　　　　　审批人员：　　　　　审批日期：

一、方案制定目的

企业根据生产目标考核结果分析报告发现生产部在多方面还需要进一步改进，为了进一步促进生产目标的实现，合理有效的配置生产资源，以最低的成本按规定的技术要求和期限生产满足市场所需要的最佳质量的产品，特制定本考核改进方案。

二、生产现状及存在的问题

1．生产目标的制定依据不全面，且可参考性不高。再加上管理方式上的缺陷和内部员工多年来并没有接受相关的知识培训，于是制定生产目标时往往只是凭借自身的经验来做，时间久了，也就不会去考虑加入其他方面的制约因素作为目标制定的依据了。

2．基础数据不够真实。各个工序的生产能力只能使用经验总结的方法来核算，生产计划部门不能准确推算出各个产品零部件的出产时间。

3．生产计划部门职能不清晰。目标和计划的制订人员专业性不够，对公司产品工艺了解不透彻，同时计划部门的岗位与职责不明确。公司管理层对计划部的认知不够，未能明确生产目标的意义和作用。

三、生产目标改进实施步骤

新的生产目标制定方法大致可划分以下3个步骤。

1. 确定生产需求，编制月生产计划。生产需求是某一日期段需要生产的数量，可能是一个月，也可能是一周。然后将该需求日期段的数量分配到天，得到日生产需求量。分配时，需要使用批量规则。

2. 安排委外计划。在月生产计划制订出以后，所有的月所需产品均已确定，因此，只需将这些产品的完工日期和所需数量进行分析，生产计划部便会自动对这些产品的零部件进行分解，包括委外加工的产品和所需外购的零部件及标准件等。

3. 生产计划部职能尽快完善，针对生产计划部各岗位进行专业水平的培训，同时培训产品的工艺流程，让其尽快熟悉企业产品工艺、了解产品结构，落实各岗位工作内容，规范各岗位的工作职责。

实施对象：　　　　　　　　　　　　　　　　实施日期：　　年　　月　　日

11.4.3　采购目标考核改进方案

采购目标考核改进方案

编　号：　　　　　编制部门：　　　　　审批人员：　　　　　审批日期：

一、方案制定目的

针对采购目标考核结果分析报告所提出的问题，为了进一步保证企业所需物资的及时供应，保障企业的正常运营，降低库存成本并提高采购物资质量及企业产品质量，降低企业总成本，解决上一考核周期所发现的目标未实现问题，特制定本目标改进方案。

二、采购目标考核存在问题

1. 采购缺乏有效的信息沟通。

2. 采购工作缺少监督制衡机制。

3. 企业对供应商的管理有待加强。

三、采购目标改进实施

（一）重点改进目标指标

需要改进的采购目标具体如下表所示。

采购目标改进细化表

总体目标	目标细化
采购制度建设目标	依据企业管理制度改进采购部门规章制度，以进一步规范采购人员的工作行为；改进采购管理制定体系，确保部门内各模块工作有章可循
供应商开发管理目标	认证供应商数量年增长___%，并且保持稳定；维护和管理现有供应商，与其保持良好的合作关系
采购质量管理目标	制订各类采购物资的质量检验标准和规范，并监督落实情况；妥善处理采购过程中出现的物资质量问题，确保入库物资合格率达100%
采购成本管理目标	制定采购成本控制目标和计划，确保采购成本控制工作的有序开展；监督下属人员采购成本控制计划的实施情况，有效控制采购成本

（二）采购目标考核改进内容

公司采购将具体从以下8个方面予以改进。

1. 细化采购管理流程。企业管理水平的差异最明显的体现在流程管理上的差异，流程管理成熟度是衡量企业是否进入规范化的主要标志，公司从规范化进入精细化管理阶段最重要的前提是建立强大的流程管理体系。抓住公司推行流程管理的契机，细化采购管理流程，从而全面提高公司采购管理水平。

2. 制定采购预算与估计成本。制订采购预算是在具体实施项目采购行为之前对项目采购成本的一种估计和预测，是对整个项目资金的一种理性的规划。它不单对项目采购资金进行了合理的配置和分发，还同时建立了一个资金的使用标准，以便对采购实施行为中的资金使用进行随时的检测与控制，确保项目资金的使用在一定的合理范围内浮动。

3. 改进供应商的选择。在进行供应商数量的选择时既要避免单一货源，寻求多家供应，同时又要保证所选供应商承担的供应份额充足，以获取供应商的优惠政策，降低物资的价格和采购成本。

4. 建立重要货物供应商信息的数据库。便于在需要时候能随时找到相应的供应商，以及这些供应商的产品或服务的规格性能及其他方面的可靠信息。

5. 建立同一类货物的价格目录。便于采购者能进行比较和选择，充分利用竞争的办法来获得价格上的利益。

6. 建立重要货物供应商信息的数据库。以便在需要的时候能随时找到相应的供应商，以及这些供应商的产品或服务的规格性能及其他方面的可靠信息。

7. 建立同一类货物的价格目录。以便采购者能进行比较和选择，充分利用竞争的办法来获得价格上的利益。

8. 采购员根据图纸提前介入询价。设计图纸出来后，采购部提前介入，争取赢得时间，降低采购成本。

实施对象：　　　　　　　　　　　　　　　　　　　　　实施日期：　　年　　月　　日

11.4.4 财务目标考核改进方案

财务目标考核改进方案

编　号：　　　　　　编制部门：　　　　　　审批人员：　　　　　　审批日期：

一、方案制定目的

根据财务目标考核分析报告所提出的财务目标未实现问题，为了进一步强化企业的成本管理，努力降低成本，增收节支，实现财务目标，特制定本考核改进方案。

二、财务目标考核存在问题

1. 资金严重不足。生产规模小，难以形成规模效益，管理落后，经营风险大，短期行为较为普遍。

2. 日常管理不严，财务控制薄弱。

3. 财务管理人员素质不高，对工作重视不够。

三、财务目标改进实施

（一）重点改进目标指标

需要改进的财务目标具体如下表所示。

财务目标改进细化表

总体目标	目标细分
制度建设目标	依据国家有关财务制度、会计准则及企业相关规定，制定并不断完善企业财务管理规章制度，制度内容全面、完善
预算与成本目标管理	组织编制企业年度、季度、月度预算，并监督预算的执行，确保各项财务预算目标顺利达成，各部门费用开支控制在预算范围内；制定成本控制制度，提出成本控制策略措施，年度企业成本比上年度降低___%
部门与员工管理目标	负责指导、监督分管部门下属人员的业务工作，分管部门工作计划完成率达到100%；根据公司的要求对财务人员进行目标考核，考核工作按时完成，考核结果客观、准确

（二）财务目标考核改进内容

1. 认真执行国家规定的财税相关法律法规、方针、政策，严格按《会计法》和《基本建设财务制度》办事，科学决策、合理准确、及时地处理基本建设会计业务。

2．建立科学的会计核算体系，做好财务核算工作。根据会计业务正确的使用会计科目、设立会计账簿、编制会计凭证和报表，保证会计信息完整、真实、准确。

3．根据企业项目进度，按照上级单位批准的投资计划，执行项目资金的管理工作。做好资金筹措、调度、合理使用。确保项目的需求的同时，合理利用资金，节约融资成本。

4．建立财务管理体系，编制和完善财务制度，完善财务付款流程，做好财务管控，防范风险。结合企业概算，严格控制各类费用在可控范围之内，确保工程款及时支付、安全准确。

5．做好项目过程中各类付款的财务审核和稽查工作。各项付款流程中，核查单据是否真实合理。手续是否齐全，对不符合规定的票据手续不合格付款，拒绝办理，确保资金安全。

6．加强人员财务知识及其他相关知识的学习，掌握最新的基建知识，培养和储备人才，在实践中，岗位明确、以老带新、合理轮岗，尽快提升财务人员的业务水平。

实施对象：　　　　　　　　　　　　　　　实施日期：　　　年　　月　　日

11.4.5　人力目标考核改进方案

人力目标考核改进方案

编　　号：　　　　　编制部门：　　　　　审批人员：　　　　　审批日期：

一、方案制定目标

针对人力目标考核分析报告所分析的考核结果及发现的问题，为进一步解决发现的问题，合理调配人力资源，充分发挥人力资源部的作用，实现人力资源管理目标，特制定本方案。

二、人力目标考核存在问题

1．缺乏对公司人力资源的系统开发。

2．对人力资源管理理念陈旧。

3．培训目标有待完善。

4．缺乏长期有效的激励目标机制。

三、财务目标改进实施

（一）重点改进目标指标

需要改进的人力目标具体如下表所示。

人力目标改进细化表

总体目标	目标细化
完善各项人力资源制度	建立健全员工招聘、入职、培训、职位异动、奖惩等各项人力资源管理制度；确保企业内部各项人力资源管理制度符合国家和地方的有关法规和政策
确保企业在需要的岗位、需要的时间及时获得各种所需人才	建立充足的人才储备，确保企业发展对人才需求的数量和质量；及时有效地补充企业所需的人力资源，保证企业中各岗位对人才的需求；企业各职能部门对新进人员的满意度评价达到___分以上
提升企业员工的专业技能和业务素质	制订科学合理的培训计划，提升员工职业技能和综合能力，岗位任职资格达标率达到___%；建立并不断完善员工职业发展体系
优化薪酬绩效激励机制	设计具有激励导向的薪酬体系和绩效考核体系；不断补充和完善各项员工福利保障制度

（二）财务目标考核改进内容

1．围绕公司的发展战略和下一年度销售目标，对公司的组织构架进行梳理与整合。

2．做好部门内各岗位工作分析，梳理工作关系，明确各岗位的岗位职责，制定工作标准程序和工作流程。

3．加强对用人部门招聘岗位的评估、测评工具的使用，避免招聘的盲目性和随意性。

4．加强公司培训体系建设，做到培训工作的合理性、计划性、及时和有效性。

5．建立并完善公司的考核体系，真正做到目标考核的客观和公正。

6．建立基于能力项的薪资福利体系，不断完善职工薪资福利等相关制度，以减少员工的过度流失，实现公司可持续发展。

实施对象：　　　　　　　　　　　　　　　　　　实施日期：　　　年　　月　　日

读者意见反馈表

亲爱的读者：

感谢您对中国铁道出版社的支持，您的建议是我们不断改进工作的信息来源，您的需求是我们不断开拓创新的基础。为了更好地服务读者，出版更多的精品图书，希望您能在百忙之中抽出时间填写这份意见反馈表发给我们。随书纸制表格请在填好后剪下寄到：北京市西城区右安门西街8号中国铁道出版社综合编辑部 王佩 收（邮编：100054）。或者采用传真（010-63549458）方式发送。此外，读者也可以直接通过电子邮件把意见反馈给我们，E-mail地址是：1958793918@qq.com。我们将选出意见中肯的热心读者，赠送本社的其他图书作为奖励。同时，我们将充分考虑您的意见和建议，并尽可能地给您满意的答复。谢谢！

- -

所购书名：_____

个人资料：

姓名：_____ 性别：_____ 年龄：_____ 文化程度：_____

职业：_____ 电话：_____ E-mail：_____

通信地址：_____ 邮编：_____

- -

您是如何得知本书的：

□书店宣传 □网络宣传 □展会促销 □出版社图书目录 □老师指定 □杂志、报纸等的介绍 □别人推荐
□其他（请指明）

您从何处得到本书的：

□书店 □邮购 □商场、超市等卖场 □图书销售的网站 □培训学校 □其他

影响您购买本书的因素（可多选）：

□内容实用 □价格合理 □装帧设计精美 □带多媒体教学光盘 □优惠促销 □书评广告 □出版社知名度
□作者名气 □工作、生活和学习的需要 □其他

您对本书封面设计的满意程度：

□很满意 □比较满意 □一般 □不满意 □改进建议

您对本书的总体满意程度：

从文字的角度 □很满意 □比较满意 □一般 □不满意
从技术的角度 □很满意 □比较满意 □一般 □不满意

您希望书中图的比例是多少：

□少量的图片辅以大量的文字 □图文比例相当 □大量的图片辅以少量的文字

您希望本书的定价是多少：

本书最令您满意的是：

1.

2.

您在使用本书时遇到哪些困难：

1.

2.

您希望本书在哪些方面进行改进：

1.

2.

您需要购买哪些方面的图书？对我社现有图书有什么好的建议？

您更喜欢阅读哪些类型和层次的理财类书籍（可多选）？

□入门类 □精通类 □综合类 □问答类 □图解类 □查询手册类

您在学习计算机的过程中有什么困难？

您的其他要求：